제2 IMF 외환위기
다시 오는가?

외환위기 가능성 30%

환율 84% 확률로 상승

글로벌 시가총액 비중

미국60%, 한국1.6%

미국 주식투자로 환율상승 대비하라.

김대종 지음

리치이코노믹스 출판사

김 대 종 (金大鍾, KIM DAE JONG)

연락처: 010-8366-5552,

이메일: daejong68@sejong.ac.kr

daejong1968@gmail.com

^현現) 세종대학교 경영학과 교수

한국경영경제연구소 소장

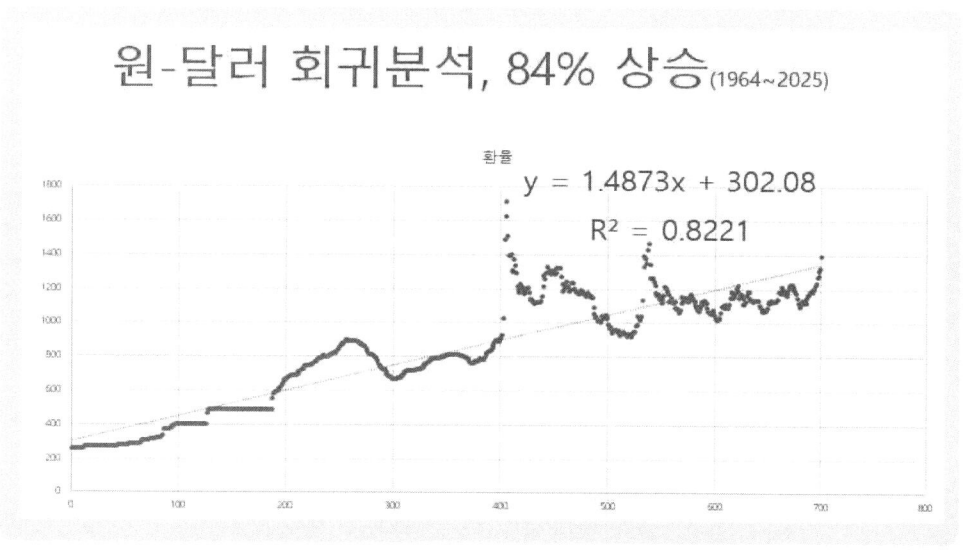

원-달러 회귀분석, 84% 상승 (1964~2025)

목 차

원-달러 회귀분석, 84% 상승

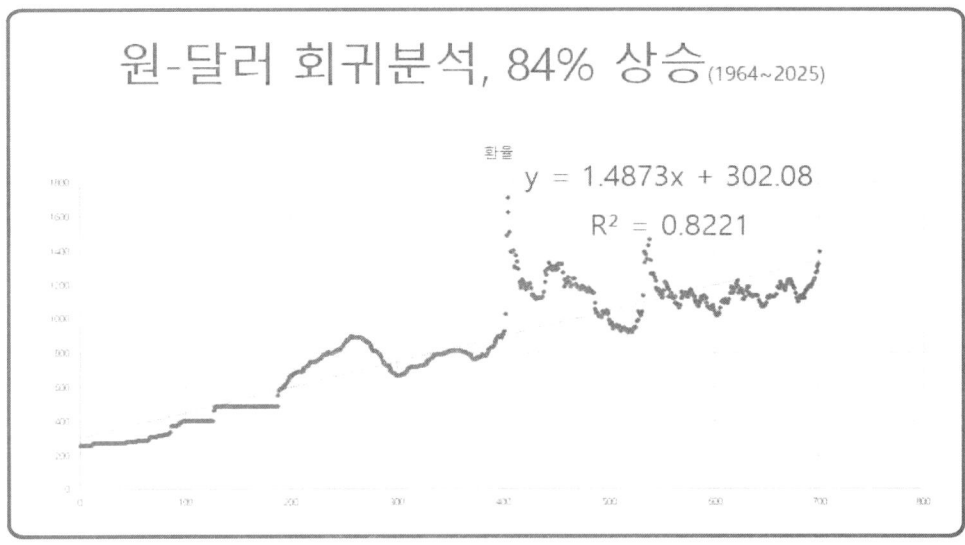

원-달러 회귀분석, 84% 상승 (1964~2025)

환율

$y = 1.4873x + 302.08$

$R^2 = 0.8221$

한국 원-달러는 84% 확률로 계속 우상향 할 것이다.

글로벌 시가총액 비중에서 미국 60%, 한국1.5%다. 따라서 가장 좋은 주식투자비율은 90% 미국, 한국 10%로 분산투자가 좋다.

미국 시가총액 1등 엔비디어, 또는 나스닥지수, S&P500 ETF투자도 좋다.

주요국(외환보유액/ GDP) 비중 . (2025.8월) 한국은행, 통계청

국가명	GDP(억달러)	외환보유액 (억달러)	외환보유액 /GDP 비중
스위스	8,129	10,222	124%
홍콩	3,681	4,254	116%
대만	7,749	5,974	77%
사우디	8,335	4,564	53%
러시아	17,758	6,895	38%
한국	18,102	4,220	23%
인도	31,734	6,954	22%

한국에서 외환위기 가능성은 30%정도로 추정된다. 정부의 확장재정이 지속되면 그 가능성은 더 빨리 올 것이다.

트럼프 대통령 3500억달러 현금투자 요구로 한국 적정외환보유고 논란이 더 커졌다. 필자는 20년 전 부터 강조하여 외환보유고가 부족하다고 주장했다.

2025년 10월 기준 대만은 외환보유고가 6000억 달러로 국가 GDP 77%다. 한국은 4200억 달러로 GDP대비 23%다.

한국은행과 정부가 협력하여 외환보유고를 9200억 달러까지 비축해야 한다.

2026년 기준 한국 국가부채율은 50%정도다. IMF는 비 기축국가는 국가부채율이 60%를 넘어서면 위험하다고 본다.

한국은 군인연금 공무원연금 공기업 부채 등을 포함하면 이미 국가부채율은 100%를 넘는다.

1	미국 달러	39.92%
2	유럽연합 유로	36.56
3	영국 파운드	6.30
4	중국 위안	3.20
5	일본 엔	2.79
6	캐나다 달러	1.62
7	호주 달러	1.25
8	홍콩 달러	1.13
9	싱가포르 달러	0.93
10	태국 바트	0.75
11	스웨덴 크로나	0.67
12	스위스 스위스프랑	0.64
13	노르웨이 크로네	0.63
14	폴란드 즈워티	0.54
15	덴마크 크로네	0.36
16	말레이시아 링깃	0.36
17	남아프리카공화국 랜드	0.28
18	뉴질랜드 달러	0.25
19	멕시코 페소	0.20
20	헝가리 포린트	0.18

자료=국제은행간통신협회(SWIFT

개인과 기업은 미국 주식투자로 환율상승에 대비해야 한다.

정부는 코스피 5,000을 달성하기 위하여 주식시장을 부양하여 기업하기 좋은 환경을 만들어야 한다.

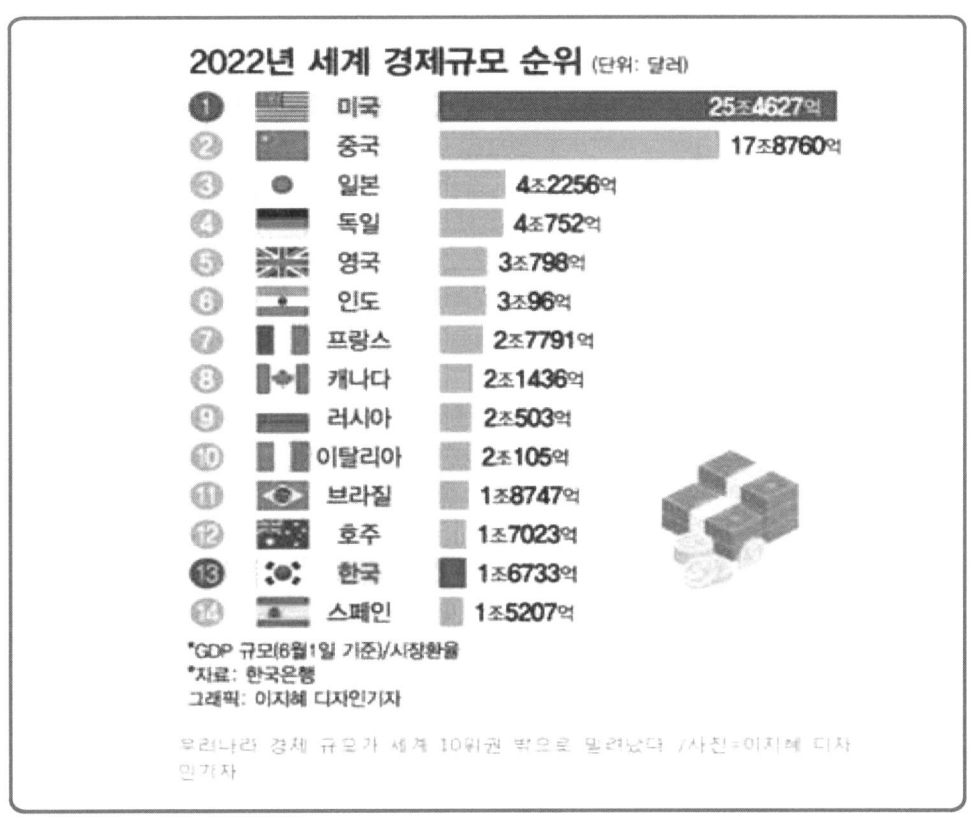

미국 주식은 매년 평균 35%성장한다. 환율상승 대비를 위해서 여유자금은 미국 시가총액 1등 주식이 좋다. 엔비디어는 시가총액 6조 달러에 육박한다.

한국은 무역의존도 75%로 세계2위로 수출과 수입으로 먹고산다.

한국은 GDP 세계10위, 제조업 세계5위, 원화의 국제금융 이용률은 0.1%로 세계 35위정도다.

환율상승 등 국가, 기업 개인은 외환위기와 금융위기에 대비해야 한다.

KBS, MBC, SBS, YTN, 연합TV, 채널A, TV조선, 한국경제TV, SBS BIZ, BBC

등에서 활발한 방송과 기고를 하고 있다.

한국은 무역의존도 75% 세계 2위로 수출과 수입으로 먹고산다.

그는 국회 예산정책처, 2026년 국가예산공청회, 기획재정위원회, 정무위원회, 산업자원부, 한국전력, 대한상공회의소와 주요 공공기관에서 강의와 발표를 하고 있다.

호남제주권역FTA통상진흥기관협의회, 자랑스러운 중소기업인 특강, 충북수출중소벤처기업, 여성경제인협회, 한미글로벌, 한국도레이, (주)고우넷, 고려대 MBA, 대구상공회의소, 대구테크노파크, 부산일보, 토마토뉴스, 신아일보, 매일신문, 충청상공회의소, 한세대학교, 능인고등학교, 서울성동구상공회의소, 서울중랑구상공회의소, 서울동대문구상공회의소, 서울강북상공회의소, 서울강남상공회의소, 서울구로상공회의소, 서울영등포상공회의소, 서울마포상공회의소 등에서 특강을 하고 있다.

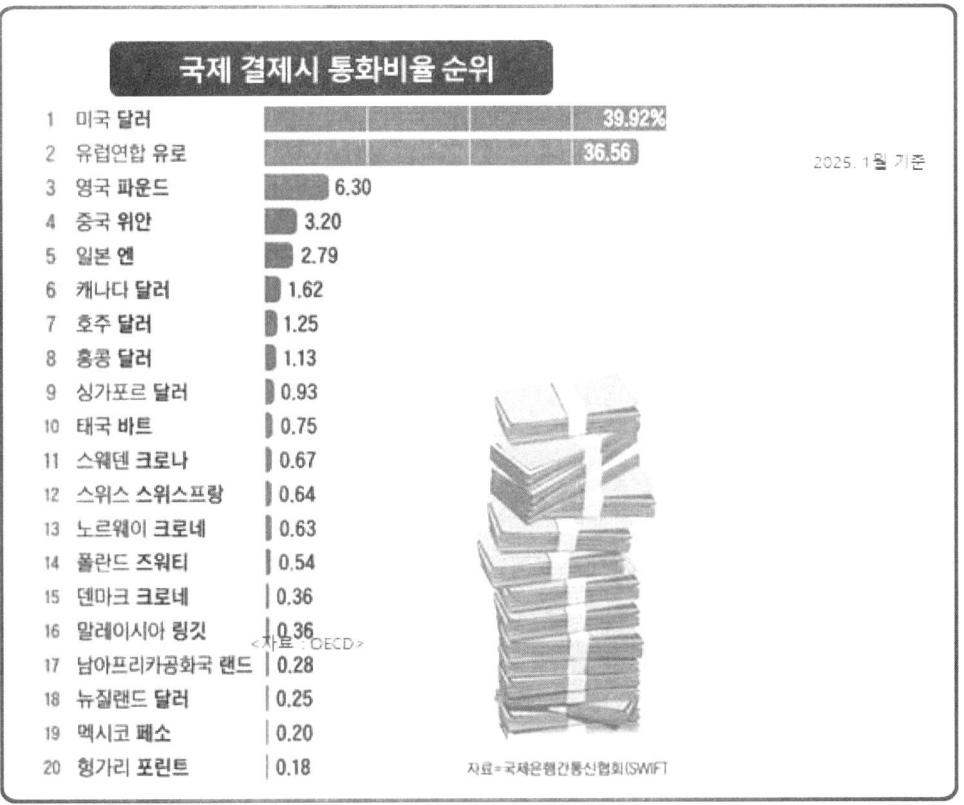

국제 결제시 통화비율 순위

순위	통화	비율
1	미국 달러	39.92%
2	유럽연합 유로	36.56
3	영국 파운드	6.30
4	중국 위안	3.20
5	일본 엔	2.79
6	캐나다 달러	1.62
7	호주 달러	1.25
8	홍콩 달러	1.13
9	싱가포르 달러	0.93
10	태국 바트	0.75
11	스웨덴 크로나	0.67
12	스위스 스위스프랑	0.64
13	노르웨이 크로네	0.63
14	폴란드 즈워티	0.54
15	덴마크 크로네	0.36
16	말레이시아 링깃	0.36
17	남아프리카공화국 랜드	0.28
18	뉴질랜드 달러	0.25
19	멕시코 페소	0.20
20	헝가리 포린트	0.18

2025. 1월 기준

<자료 : OECD>

자료=국제은행간통신협회(SWIFT)

〈강의주제〉

〈세계경제 변화와 ceo 대응전략〉

〈제2 IMF 외한위기 다시오는가?〉

〈도약하는 2026년 경제대전망〉,

〈신정부의 경제전망과 기업 대응전략〉

〈신정부 금융정책과 주식시장 전망〉

〈이재명 정부의 금융전망과 대응전략〉,

〈새정부 출범에 따른 경제비전과 중소기업 대응전략〉,

〈저출산·고령화 저성장을 위한 여성기업의 역할〉

〈국제 금융시장 전망과 한국대응전략〉

〈트럼프귀환, 한국 생존전략〉

〈관세전쟁 시대, 기업 대응 전략〉,

〈트럼프 2기, 한국 중소기업 생존전략〉

〈3高(물가,금리,환율)시대 중소기업 생존전략〉,

〈글로벌무역의 새물결, 트럼프2기 시대의 국제무역 이해하기〉

〈부자트렌드 – 1조 자산가의 투자비법〉

〈부자트렌드– 한국1% 부자, 순자산30억, 평균55억〉

〈청약통장 비밀, 아파트 청약 성공 사례〉

주요국(외환보유액/ GDP) 비중 (2025.8월) 한국은행, 통계청			
국가명	GDP(억달러)	외환보유액 (억달러)	외환보유액 /GDP 비중
스위스	8,129	10,052	124%
홍콩	3,681	4,254	116%
대만	7,749	5,979	77%
사우디	8,335	4,439	53%
러시아	17,758	6,815	38%
한국	18,102	4,113	23%
인도	31,734	6,901	22%

〈대학생, 청년 때 꼭 해야 할 15가지〉

〈4차 산업혁명 창업, 손정의 한국투자〉

〈대학생이 꼭 알아야 하는 금융 공부〉

〈언택트 이코노미 잡아라, 구독경제가 필수다〉

〈가상화폐, 블록체인이 무엇인가〉

〈부동산 해법, 시장경제에 맡기자〉

〈우크라이나 전쟁과 세계 경제전망〉
〈중소기업 창업과 ESG 〉
〈한국 반도체 산업 발전방향 〉

〈세계무역과 시장경제를 통한 우리의 기회〉
〈한국 제조업 발전방향〉
〈국민연금 대표소송의 문제점과 영향〉
〈4차 산업혁명 시대 기술인력 양성 방안〉
〈시장경제란 무엇인가?〉
〈한국금융산업과 핀테크 발전방향〉

등 다양한 경제 주제로 특강을 하고 있다.

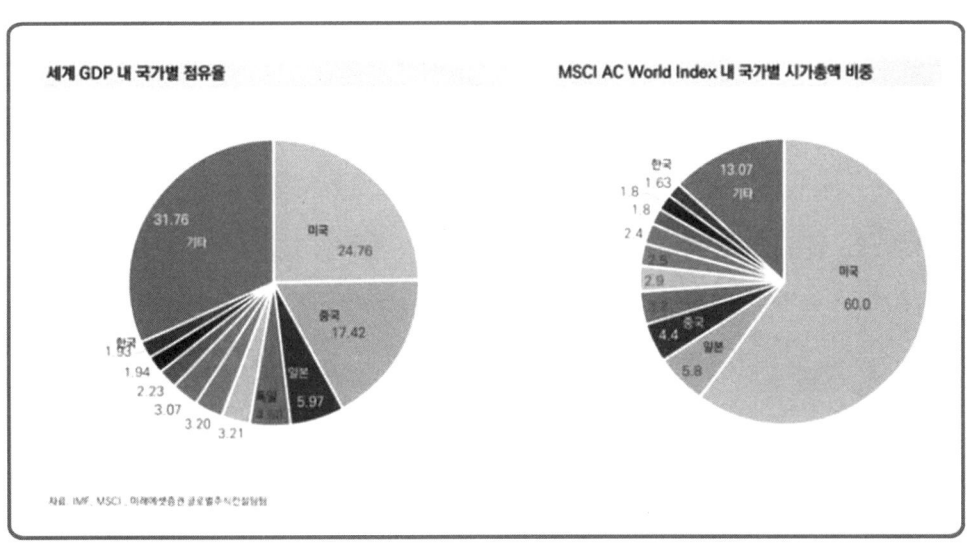

국내와 해외포럼에서 한국경제전망과 산업전망을 강의하고 있다.

기업이 생존하려면 모바일 전략, 정부조달, 구독경제, 온라인진출, 인공지능 도입이 가장 중요하다.

"개인은 지속적인 공부, 직장에서 최고 인재되기, 한강이남 아파트 분양, 세계 시가총액 1등 주식- 엔비디어 투자"가 부자되는 지름길이라고 가르치고 있다.

한국외대 경제학과 수석졸업, 고려대 MBA, 서강대학교에서 경제학 박사학위를 받았다. 뉴욕대 MBA(현대금융), 컬럼비아대학교에서 방문교수로 연구 활동을 했다.

그는 세종대 경영학부교수이며, 홍보실장이다.

서울구로로타리클럽 회장, 국제로타리3640지구 공공이미지 위원장으로 봉사활동을 계속하고 있다.

현대모비스, LG전자, 현대증권과 CJ증권 이코노미스트, 한국경제신문사, 국회 4급 정책연구원 10년, 대통령직 인수위원회 자문위원을 했다. 삼성, LG, 현대그룹 국내 3대 대기업에서 모두 직장경험을 했다.

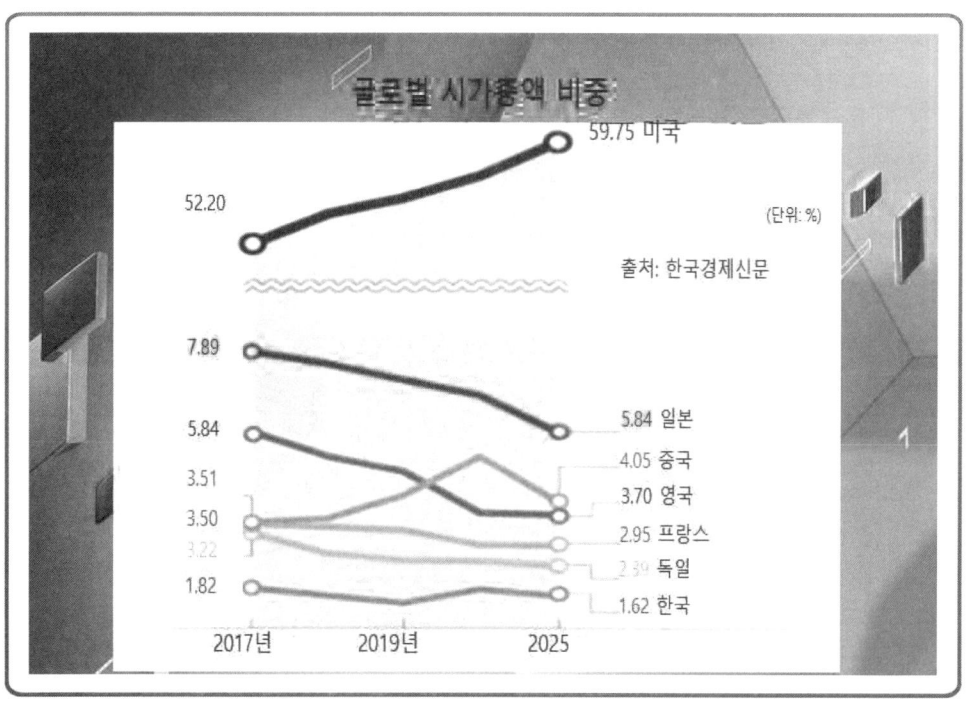

세계 3대 인명사전 후즈후 등재, 서울총장포럼 사무국장, 소방청, 동반성장위원회 등에서 활동하고 있다.

저서와 논문 등은 다음과 같다.

〈외환위기 다시 오는가?〉

〈도약하는 2026년 경제대전망〉, 〈부자트렌드-삶을 위한 디자인〉, 〈이재명 경제大전망〉, 〈트럼프2기 한국생존전략〉, 〈2025년 경제대전망〉, 〈김대종의 부자학〉, 〈채권시장과 금시장 전망〉, 〈4차 산업혁명 인재 양성방안〉, 〈생활재테크〉, 〈기업경제학〉, 한국적정외환보유고, 중소기업 성장 연구, 무역과 인공지능 논문 등 200여 편이 있다.

한국시장경제연구회장, 한국경제평론가협회와 한국글로벌무역학회·한국구매조달학회 부회장, 한국지능시스템학회·한국중소기업학회 이사다.

LG그룹 연암장학재단 회장, 고려대학교 MBA 상임이사, 한국외대 총동문회 이사다. 엘지전자, 현대증권, 증권연수원에서 최우수 사원상을 수상했다. 국방부 장관상과 소방청장 표창을 받았다.

11:34 5G 93

키움상위 실시간순위 시세분석 **순위검색**

시가총액 상위 | 설정 | 목록

순위	종목명	현재가	등락(대비)	시가총액(천)
1	엔비디아 NVDA	183.1600	-4.89% ▼ 9.4100	4,450,788,000
2	마이크로소프트 MSFT	510.9600	-2.19% ▼ 11.4400	3,798,052,543
3	애플 AAPL	245.2700	-3.45% ▼ 8.7700	3,639,904,908
4	아마존닷컴 AMZN	216.3700	-4.99% ▼ 11.3700	2,307,564,413
5	브로드컴 AVGO	324.6300	-5.91% ▼ 20.3900	1,533,022,973
6	메타 플랫폼스(페이스북) META	705.3000	-3.85% ▼ 28.2100	1,529,767,488
7	알파벳 A GOOGL	236.5700	-2.05% ▼ 4.9600	1,376,127,690
8	테슬라 TSLA	413.4900	-5.06% ▼ 22.0500	1,374,916,274
9	알파벳 C GOOG	237.4900	-1.95% ▼ 4.7200	1,289,570,700
10	넷플릭스 NFLX	1,220.0800	-0.89% ▼ 10.9900	518,443,714

S&P500 6,552.51 ▼ 182.60 2.71%

메뉴 소수점 ETF현재가 ETF분석 **시세분석**

원-달러 환율은 84% 확률로 상승한다

환율은 한 나라의 경제 체력과 국제 경쟁력을 가늠하는 핵심 지표다. 대한민국의 원·달러 환율은 지난 50여 년간 장기적으로 꾸준히 상승해왔다. 1970년 1달러에 200원이던 환율은 2025년 10월 1,400원 수준까지 올랐다.

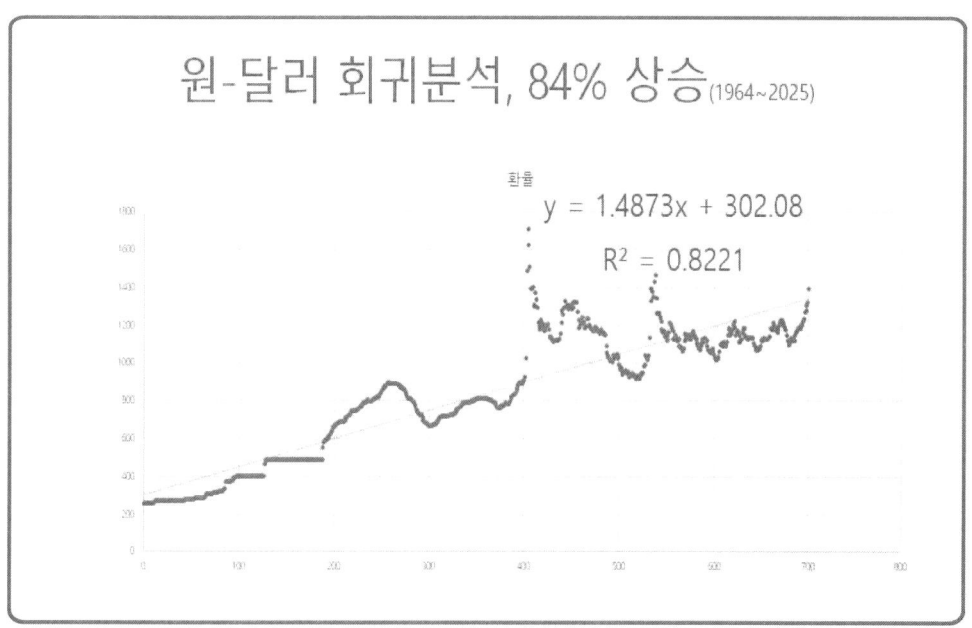

원-달러 회귀분석, 84% 상승(1964~2025)

환율
$$y = 1.4873x + 302.08$$
$$R^2 = 0.8221$$

통계적으로 환율은 84% 확률로 우상향한다.

글로벌 경제에서 달러의 지배력이 지속되는 한, 원화 약세와 환율 상승의 장기 흐름은 계속될 가능성이 높다. 이런 이유로 한국은 외환보유고를 확충하고 위기에 대비하는 '환율 안보' 전략을 강화해야 한다.

첫째 부족한 외환보유고가 위기를 키웠다.

대한민국은 외환 위기를 경험했다. 1997년의 IMF 외환위기 당시, 한국의 외환보유액은 200억 달러 수준으로 턱없이 부족했다. 기업과 금융권의 과도한 외채 의존, 단기차입금 비중 증가 등이 복합적으로 작용하면서 환율은 2,000원 가까이 폭등했다.

외환이 고갈되자 한국 경제는 국제통화기금(IMF)의 긴급 구제금융을 요청할 수밖에 없었다.

2008년 글로벌 금융위기 때에도 상황은 비슷했다. 미국의 서브프라임 모기지 사태로 세계 금융시장이 급격히 경색되자 달러 유동성이 부족해졌고, 원·달러 환율은 1,600원까지 급등했다. 당시 한미통화스와프 600억 달러와 한일통화스와프 700억 달러 체결로 위기를 극복할 수 있었다.

국가명	GDP(억달러)	외환보유액 (억달러)	외환보유액 /GDP 비중
스위스	8,129	10,222	124%
홍콩	3,681	4,254	116%
대만	7,749	5,974	77%
사우디	8,335	4,564	53%
러시아	17,758	6,895	38%
한국	18,102	4,220	23%
인도	31,734	6,954	22%

주요국(외환보유액/ GDP) 비중. (2025.8월) 한국은행, 통계청

둘째 한국 외환보유고는 충분하지 않다. 2025년 8월 외환보유액은 약 4,100억 달러로, 국내총생산(GDP)의 약 23% 수준이다. 국제결제은행(BIS)이 권고하는 적정 외환보유고는 9,200억 달러로 경상지급액 3개월치, 외국인 투자금의 33% 등으로 계산한다. 한국은 2025년 10월 보유액의 두 배 이상을 비축해야 위기 상황에서 환율을 방어할 수 있다.

특히 미국의 글로벌 공급망 재편, 지정학적 리스크 등 외부 요인이 복합적으로 작용하면서 원화 가치는 점점 더 약세 압력을 받고 있다. 달러는 여전히 전 세계 결제 통화의 60% 이상을 차지하고 있다.

□ **2025년 8월말 기준 우리나라의 외환보유액 규모는 세계 10위 수준**

주요국의 외환보유액
(2025.8월말 현재)

(억달러)

순위	국 가	외환보유액		순위	국 가	외환보유액	
1	중 국	33,222	(+299)	6	대 만	5,974	(-4)
2	일 본	13,242	(+198)	7	독 일	4,682	(+109)
3	스 위 스	10,222	(+170)	8	사우디 아라비아	4,564	(+124)
4	인 도	6,954	(+52)	9	홍 콩	4,216	(-38)
5	러 시 아	6,895	(+80)	10	한 국	4,163	(+50)

주: 1) ( )내는 전월말 대비 증감액
자료: IMF, 각국 중앙은행 홈페이지

셋째 한미·한일 통화스와프는 외환안보에서 중요하다.

한국 정부는 외환안보의 핵심 수단으로 한미통화스와프 체결을 추진하고 있다. 트럼프 대통령이 한국에 대해 외환보유액 중 3,500억 달러를 미국에 직접 투자하라는 요구를 하고 있다.

그러나 이는 매우 위험한 제안이다. 한국의 외환보유액 중 약 90%는 이미 미국 국채, 정부기관채, 기업채 등 간접투자 형태로 운용되고 있다. 만약 이를 직접투자로 전환하면 외환 유동성이 급격히 줄어들고, 위기 시 즉각적인 달러 조달이 어려워진다.

따라서 한미통화스와프 체결은 단순한 금융협정이 아니라, 외환위기를 막는 국가안보의 핵심 장치다. 여기에 더해 한일 통화스와프를 병행 추진함으로써 외환안정망을 다층적으로 확보해야 한다. 외환위기는 언제든 외부 충격으로 찾아올 수 있다.

넷째 기업과 개인도 환율 상승에 대비해야 한다.

환율은 1970년 이후 84% 확률로 상승세를 유지해왔다. 개인이 환율상승에 대비하기 위한 가장 현명한 방법은 글로벌 분산 투자다.

전 세계 시가총액 비중을 보면 미국 60%, 한국 1.5%다. 한국 자산에만 집중된 투자는 환율 리스크에 취약하다. 특히 엔비디아, 마이크로소프트, 애플 등 미국 우량 기술주에 장기적으로 투자하면 원화 가치 하락 시 오히려 환차익을 얻을 수 있다. 이는 환율 상승기에 자산가치를 방어할 수 있는 가장 현실적인 전략이다.

대한민국의 환율 안보 전략에서 지금이 골든타임이다. 앞으로 세계 경제는 인공지능, 반도체, 에너지, 그리고 통화 패권을 중심으로 재편될 것이다. 그 과정에서 환율은 단순한 수치가 아니라 국가 경쟁력의 핵심 변수로 작용할 것이다.

한국은 외환보유고를 9,200억 달러 수준으로 확대하고, 한미·한일 통화스와프를 동시에 유지하며, 환율 방어를 위한 재정·금융 정책을 통합적으로 운용해야 한다.

환율은 84% 확률로 상승한다. 그러나 위기는 100% 대비할 수 있다. 대한민국이 외환안보를 국가 전략으로 격상시킬 때, 미래의 환율 파도는 더 이상 공포가 아니라 기회가 될 것이다. 지금이 바로 환율안보의 골든타임이다.

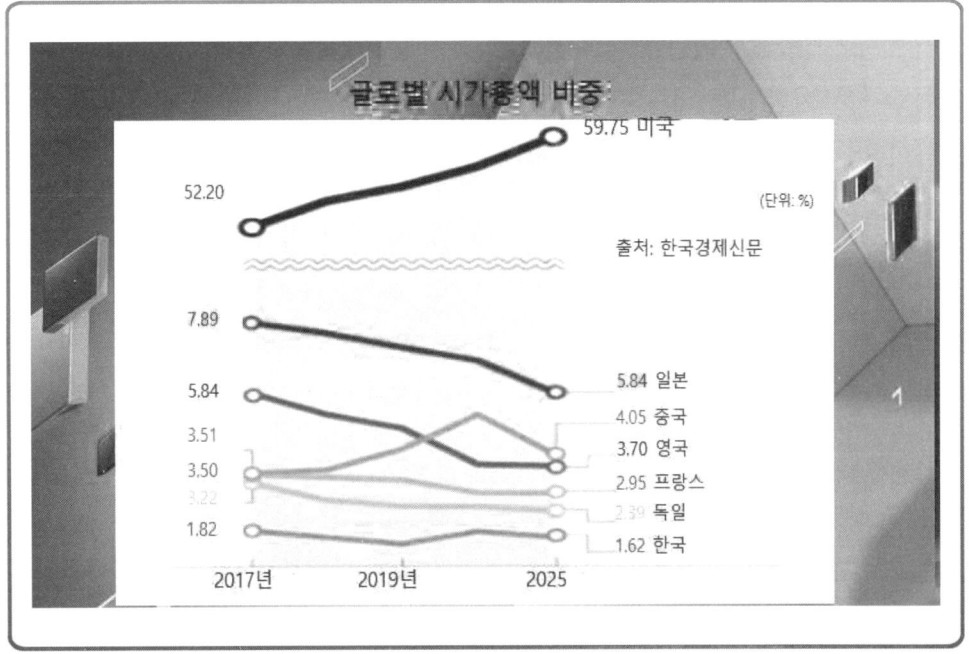

외환위기는 반드시 막아야 한다

대한민국은 외환보유고 1조달러 비축으로 위기에 대비해야 한다. 역사는 반복된다. 외환위기와 금융위기는 잊을 만하면 다시 찾아온다. 아르헨티나는 올해 열 번째 외환위기를 맞았고, 2025년 파키스탄·스리랑카 등 10개국이 IMF 구제금융을 받고 있다. 위기의 원인은 다르지만 결말은 같다. 외환보유고가 부족하고, 달러 유동성이 끊기면 국가는 무너진다. 대한민국은 더 이상 같은 실수를 반복해서는 안 된다.

□ 외환보유액은 유가증권 3,784.2억달러(89.7%), 예치금 185.4억달러(4.4%),
  SDR 157.8억달러(3.7%), 금 47.9억달러(1.1%), IMF포지션 44.9억달러
  (1.1%)로 구성

외환보유액 추이

(억달러, %)

	2021년말	2022년말	2023년말	2024년말	2025.8월말 (a)	2025.9월말 (b)		전월대비 증감 (b-a)[1]
외환보유액	4,631.2	4,231.6	4,201.5	4,156.0	4,162.9	4,220.2	(100.0)	57.3
유가증권[2]	4,216.9	3,696.9	3,736.7	3,666.7	3,661.6	3,784.2	(89.7)	122.5
예 치 금	166.3	293.5	219.8	252.2	250.0	185.4	(4.4)	-64.7
S D R	153.7	148.4	150.8	147.1	157.8	157.8	(3.7)	0.0
금	47.9	47.9	47.9	47.9	47.9	47.9	(1.1)	0.0
IMF포지션[3]	46.3	44.9	46.3	42.0	45.4	44.9	(1.1)	-0.5

IMF의 교훈을 잊은 한국이다. 1997년 외환위기 때 대한민국은 외환보유액이 부족했다. 기업들은 과도한 단기 외채에 의존했고, 금융권은 달러 유동성을 확보하지 못했다.

외국 자본이 빠져나가자 환율은 2,000원을 돌파했고, 한국은 IMF 구제금융을 요청해야 했다. 국민은 금을 모아 나라를 살렸지만, 경제적 상처는 깊었다.

주요국(외환보유액/ GDP) 비중 (2025.8월) 한국은행, 통계청

국가명	GDP(억달러)	외환보유액 (억달러)	외환보유액 /GDP 비중
스위스	8,129	10,222	124%
홍콩	3,681	4,254	116%
대만	7,749	5,974	77%
사우디	8,335	4,564	53%
러시아	17,758	6,895	38%
한국	18,102	4,220	23%
인도	31,734	6,954	22%

그로부터 27년이 지났지만, 한국의 외환 구조는 여전히 취약하다. 그러나 아직도 대비는 충분하지 않다. 다음과 같이 정부에 제언한다.

첫째, 외환보유고를 1조 달러까지 늘려야 한다

한국의 외환보유액은 2025년 8월 기준 4,100억 달러다. 국내총생산(GDP) 대비 23% 수준으로, 국제결제은행(BIS)이 제시한 적정 기준 9,200억 달러에 한참 못 미친다. IMF가 제시한 최소 기준 7,000억 달러보다도 낮다. 대만은 GDP의 77%에 해당하는 6,000억 달러를 보유하고 있다.

대만의 경제 규모는 한국의 절반에 불과하지만 외환보유액은 한국보다 훨씬 많다. 외환보유고는 단순한 통계가 아니라 국가의 신뢰와 생존력이다. 외환이 부족하면 국가 신용등급이 하락하고, 외국 자본은 빠져나간다.

대한민국은 반드시 외환보유고를 1조 달러 수준으로 확충해야 한다. 무역흑자가 발생할 때마다 외환을 축적하고, GDP 대비 70% 수준까지 끌어올려야 한다. 외환보유고는 평화 시에는 부담이지만, 위기 때는 생명선이다.

둘째, 개인과 기업은 환율상승에 대비해야 한다

1970년 이후 원·달러 환율은 200원에서 1,400원까지 올랐다. 84% 확률로

꾸준히 상승해온 것이다. 환율은 결국 달러의 힘을 반영한다.

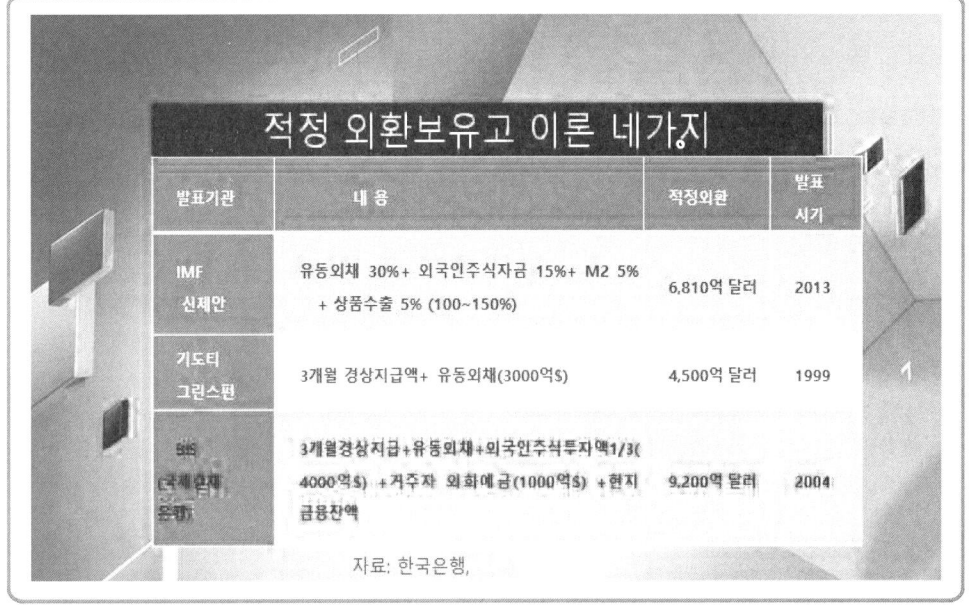

적정 외환보유고 이론 네가지

발표기관	내 용	적정외환	발표 시기
IMF 신체안	유동외채 30%+ 외국인주식자금 15%+ M2 5% + 상품수출 5% (100~150%)	6,810억 달러	2013
기도티 그린스펀	3개월 경상지급액+ 유동외채(3000억$)	4,500억 달러	1999
BIS (국제결제은행)	3개월경상지급+유동외채+외국인주식투자액1/3(4000억$) +거주자 외화예금(1000억$) +현지 금융잔액	9,200억 달러	2004

자료: 한국은행,

개인과 기업은 환율 상승에 대비해야 한다. 가장 좋은 방법은 글로벌 분산투자다.

세계 시가총액에서 미국은 60%, 한국은 1.6%다. 국내 자산에만 집중하는 것은 위험하다.

엔비디아, 마이크로소프트, 애플 등 미국의 우량주에 90%를, 한국 주식에 10%를 투자하는 것이 합리적이다. 이렇게 하면 원화 약세 시 자산가치 하락을 막고, 환차익을 얻을 수 있다. 환율은 불안정하지만, 준비된 투자자는 그 속에서 기회를 찾는다.

셋째, 한미·한일 통화스와프를 재체결해야 한다

통화스와프는 외환보유고를 대신할 수 있는 '보이지 않는 보험'이다.

2008년 한국이 위기를 넘긴 이유는 통화스와프 덕분이다. 정부는 반드시 미국과 일본과의 통화스와프를 재체결해야 한다.

트럼프 대통령은 한국의 외환보유액 중 3,500억 달러를 미국에 '직접 투자'하라고 요구하고 있다. 그러나 이는 위험한 요구다. 2025년 10월 한국의 외환보유고 중 90% 이상이 이미 미국의 국채, 정부기관채, 회사채 등에 간접 투자 형태로 묶여 있다. 이를 직접 투자로 전환하면 외환 유동성이 급격히 줄고, 위기 시 사용할 수 있는 달러가 사라진다.

한국은 세계 10위권의 경제 대국이지만, 외환 구조는 여전히 불안하다. 수출로 달러를 벌어들이면서도 충분히 비축하지 못하고 있다. 외환보유고가 4,000억 달러 수준에 머무른다면, 또다시 1997년의 악몽이 반복될 수 있다.

금융위기는 경제의 지진이다. 지진을 예측할 수 없듯, 금융위기도 예고 없이 찾아온다. 하지만 대비한 나라는 무너지지 않는다. 외환보유고 1조 달러, 한미·한일 통화스와프, 그리고 국민의 환율 인식 전환이 바로 그 대비책이다.

경제는 곧 안보다. 달러가 무기라면, 외환보유고는 방패다. 대한민국은 이 방패를 단단히 쥐고 있어야 한다. 그래야 다가올 금융의 파도를 넘어설 수 있다. 위기는 막을 수 없다. 그러나 대비하면 이길 수 있다. 지금이 바로 대한민국 외환안보의 시간이다.

한국은행 외화자산 구성(2025)	
	비중(%)
정부채	36.9
정부기관채	23
회사채	14.8
자산유동화채(MBS)	13.1
주식	7.7
예치금	4.6
계	100.0

대한민국 환율전망과 재정전망

요 약

국가 재정과 외환안정은 대한민국의 생존 전략이다

정부가 발표한 2026년도 예산안은 728조 원으로, 전년 대비 8.7% 증가한 규모다. 이는 물가상승률 2%를 훨씬 웃도는 수준으로, 과도한 재정 팽창은 국가 신용도와 물가안정에 심각한 부담을 초래할 수 있다.

정부는 물가상승률 2% 이내의 재정 운용 원칙을 확립해야 한다. 최저임금 상승률도 2.9% 수준으로 제한했다. 국가예산도 물가와 임금수준 2%로 균형을 유지해야 한다.

한국은 표면적으로는 안정된 경제를 유지하고 있지만, 실질적인 국가 부채율은 이미 위험수준이다. 정부가 발표하는 국가채무는 2026년 50% 수준이지만, 여기에 공무원연금과 군인연금, 공기업 부채를 포함하면 국가부채율은 100%에 육박한다. 특히 국채 기준으로도 2029년에는 60%정도에 이를 전망이다.

IMF는 국가부채 비율이 60%를 초과하면 재정위험 국가로 분류된다. 이는 향후 외국인 투자자 신뢰 저하와 국가 신용등급 하락으로 이어질 수 있다.

한국은 현재 기축통화국인 미국, 유럽연합, 일본 등과 달리 "非기축통화국'이다. 국제금융시장에서 원화가 결제되는 비중은 0.1%로 세계40위권이다.

이는 금융시장 신뢰가 완전하지 않음을 의미하며, 외환위기 가능성이 여전히 존재함을 시사한다. 1997년 외환위기와 같은 사태가 재발하지 않기 위해서는 재정건전성과 외환안정이 무엇보다 중요하다.

외환보유액 확대는 국가안보 수준의 과제다. 한국의 현재 외환보유액은 4,200억 달러 수준으로, 대만의 6,000억 달러보다 적다. 대만은 GDP대비 외환보유율이 77%에 달해, 어떠한 금융위기에도 대비할 수 있는 안정적 구조를 확보했다.

반면 한국은 무역의존도75% 세계 2위로 높고, 수출 감소나 글로벌 금리 변동에 취약하다. 따라서 외환보유액을 최소 9,200억 달러까지 확대해야 한다. 이를 위해 수출확대, 원화신뢰 제고, 무역수지 흑자 기조 유지가 필수적이다.

정부와 국회는 단기적 인기 위주의 예산 확대 정책을 멈추고, 건전재정·안정통화'라는 국가 생존 전략으로 돌아가야 한다. 예산 증액 경쟁보다 중요한 것은 국민의 세금으로 나라의 미래를 지키는 일이다. 물가상승률 2% 이내의 재정운용 원칙을 확립하고, 외환보유액을 확충해 국제 금융 불안에 대비해야 한다.

국가 재정의 건전성과 외환의 안정은 단순한 숫자의 문제가 아니라, 대한민국 경제의 신뢰와 생존을 좌우하는 핵심 가치이다. 지금 우리가 해야 할 일은 성장보다 안정, 확장보다 내실이다. 재정과 외환이 안정되어야만 지속 가능한 성장이 가능하다.

정부는 재정지출을 절제하고, 국회는 외환안정 예산을 최우선으로 지원해야 한다. 그것이 대한민국이 다시는 외환위기에 빠지지 않는 길이다.

1. 서론 : 2026년 예산의 규모와 특징

□ 국가예산 728조원(8.7%)

o 물가 2.1%, 최저임금 2.9% 수준으로 낮춰야 한다.
o 재정확대는 바람직하지 않다.
o 원화결제비중 0.1% 세계40위권

구 분	2025년 본예산(A)	2026년 예산안(B)	증 감 (B-A) (억원,%)
총 계	5,747,696	6,247,634	499,938 (+8.7)
◇ 일반회계	4,736,594	5,074,468	337,873 (+7.1)
◇ 특별회계	1,011,102	1,173,167	162,065 (+16.0)

2026년도 대한민국의 국가 예산은 총 728조 원으로 제출됐다. 이는 전년 대비 약 8.7% 인상된 규모다.

물가상승률이 약 2.1%, 최저임금 인상률이 2.9% 수준임을 고려할 때, 이러한 예산 증가는 실질적인 경기부양을 목표로 한 확장적 재정정책이다.

그러나 대한민국은 비(非)기축통화국으로서 원화의 국제적 신뢰도와 결제 비중은 0.1% 세계40위권이다.

한국 경제 SWOT

강 점	기 회
세계 최고 교육, 우수한 인재, 대학진학80%	모바일(95%),온라인,구독경제 ,AI
세계 최상 IT, 통신 인프라, 스마트폰 1위	반도체, SW인재 양성, 전자정부
지정학적 위치(중국, 일본)	시가총액: 미국60%,한국1.5%, 부동산90%상승
2025년 제조업 세계5위, GDP 13위, 금융40위	4차 산업혁명, IT 융합, 벤처 육성
신속한 의사결정, 정확성, 창의성	우수한 기술, 브랜드(한강 노벨상, 한류, BTS)

약 점	위 험
고임금,고물가,고환율(25~26년 1400~1,600원)	-트럼프 25% 고관세 정책 → 한국 가장 큰 타격
에너지99%수입,상법개정, 노란봉투법,강력 노조	-미 연준 물가목표(9%→2%)
4차 산업혁명 규제(허가)—>네거(불법외 허용)	외환위기, 금융위기: 한미, 한일통화스와프
규제확대: 법인세26%, 소득세(45%),상속세(60%)	중국침체, 북핵과 참전, 전쟁지속→조선,방위
해외직접(FDI):유출2-5배>유입, 청년취업율45%	미중 패권전쟁, 인구 71년 105만명-> 23만명

이 같은 상황에서, 이러한 확대 재정 기조는 심각한 거시경제적 리스크를 초래할 가능성이 크다. 트럼프 대통령은 외환보유고 90%에 육박하는 3500억 달러를 미국에 직접투자하라고 요구한다.

2026년 예산안의 핵심은 성장률 둔화 국면에서의 경기 방어, 복지 확대, 산업 전환 지원에 있으나, 국가 부채의 증가 속도와 외환보유액의 취약성은 장기적으로 경제 안정성에 심대한 부담을 줄 수 있다.

2. 대한민국의 통화 지위와 재정 리스크

□ 국가예산 728조원(8.7%)

o 물가수준2.1%, 최저임금 2.9% 수준으로 낮춰야 한다.
o 재정확대는 바람직하지 않다.
o 원화결제비중 0.1% 세계40위권
o 복지예산---〉 성장, 투자와 성장 예산 전환

주요국(외환보유액/ GDP) 비중 .(2025.8월) 한국은행, 통계청

국가명	GDP(억달러)	외환보유액 (억달러)	외환보유액 /GDP 비중
스위스	8,129	10,222	124%
홍콩	3,681	4,254	116%
대만	7,749	5,974	77%
사우디	8,335	4,564	53%
러시아	17,758	6,895	38%
한국	18,102	4,220	23%
인도	31,734	6,954	22%

현재 원화의 국제 결제 비중은 0.1% 수준에 불과하며, 세계 통화 순위로는 40위 정도다. 즉, 대한민국은 달러, 유로, 엔화, 위안화 등 주요 기축통화국과 달리 통화 신뢰도가 낮고, 외화 유동성 충격에 취약한 구조를 갖고 있다.

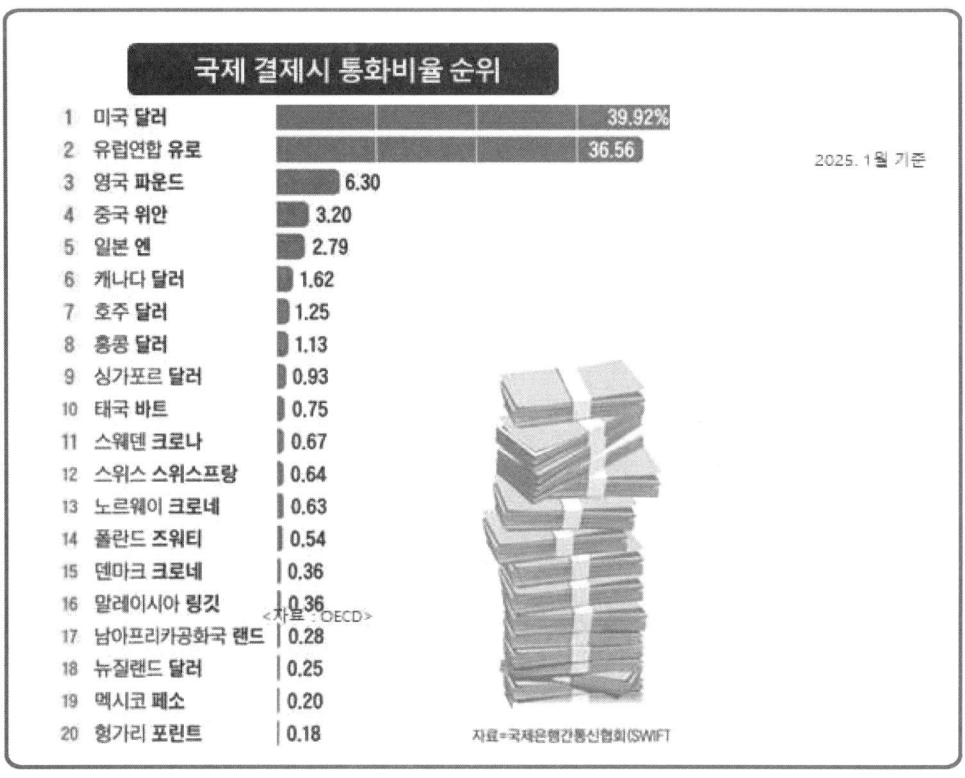

이러한 상황에서 국가 예산을 8% 이상 확대하는 것은 비기축통화국으로서 매우 위험한 선택이다.

기축통화국은 자국 통화로 부채를 조달할 수 있고, 위기 시 중앙은행의 유동성 공급이 가능하지만, 비 기축통화국은 외화 조달 능력이 제한되어 재정 확대가 곧바로 통화가치 하락과 외환위기 가능성으로 이어진다.

국제통화기금(IMF)은 비기축통화국의 국가부채비율이 GDP의 60%를 초과할 경우 위험 수준으로 판단한다. 한국의 경우 2029년까지 국가부채비율이 58%에 도달할 것으로 예상된다. 따라서 현 재정정책은 국제기준상'경고 구간'에 진입한 셈이다.

3. 외환보유액과 대외 건전성

□ 외환보유액 4200억 달러(한국 GDP 23%)

○ 대만 6000억 달러 (대만 GDP 77%)
○ 한국 원화결제비중 0.1%, 세계40위권
○ 국제결제은행(BIS)한국적정외환보유고 9200억 달러 제안

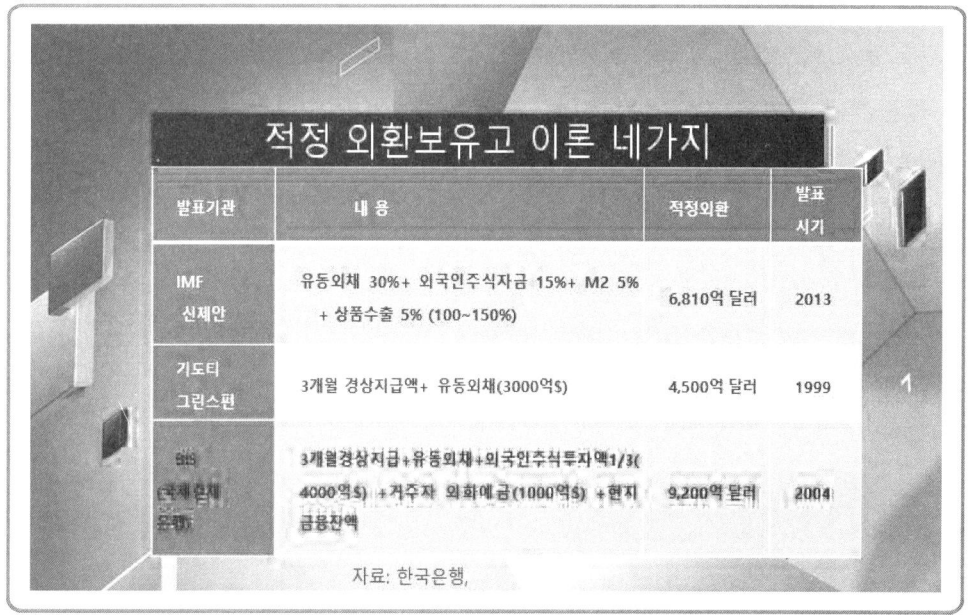

적정 외환보유고 이론 네가지

발표기관	내 용	적정외환	발표시기
IMF 신제안	유동외채 30%+ 외국인주식자금 15%+ M2 5% + 상품수출 5% (100~150%)	6,810억 달러	2013
기도티 그린스펀	3개월 경상지급액+ 유동외채(3000억$)	4,500억 달러	1999
앤외 (국제결제 은행)	3개월경상지급+유동외채+외국인주식투자액1/3(4000억$) +거주자 외화예금(1000억$) +현지 금융잔액	9,200억 달러	2004

자료: 한국은행,

2025년 10월 기준 대한민국의 외환보유액은 4,200억 달러로, GDP 대비 약 23%에 불과하다.

반면, 대만은 외환보유액이 GDP 대비 77%에 달한다. 대만은 1997년 외환위기 당시 아시아 국가 중 유일하게 충격을 피해갈 수 있었는데, 이는 충분한 외환보유액을 미리 확보했기 때문이다.

한국의 경우 트럼프 미국 대통령이 외환보유액 중 3,500억 달러를 미국에 직접 투자하라고 요구하고 있다.

2025년 10월 현재 외환보유액의 90% 이상이 미국 자산에 간접 투자된 상태다. 만약 이를 직접 투자 형태로 전환할 경우, 한국의 단기 외화 유동성은 급격히 악화되어 외환위기가 재발할 위험이 있다.

이에 따라 한국은 반드시 한미통화스와프를 장기(최소 10년) 체결해야 하며, 동시에 한일 통화스와프 700억 달러도 재개하여 위기 시 다중 방어선을 구축해야 한다.

국제결제은행(BIS)은 한국이 9,200억 달러의 외환유동성을 상시 확보해야 한다고 권고했다.

한국은 무역의존도가 75%에 달하고, 세계 5위 제조·수출국임에도 불구하고, 외환보유고의 규모는 매우 부족하다.

4. 재정정책의 방향 전환 필요성

□ 국가예산 728조원 (8.7%)

한국은행 외화자산 구성(2025)	비중(%)
정부채	36.9
정부기관채	23
회사채	14.8
자산유동화채(MBS)	13.1
주식	7.7
예치금	4.6
계	100.0

물가가 2%, 최저임금이 2.9% 상승한 상황에서 국가예산을 8.7% 증액하는 것은 지나친 확장 재정이다. 물가 안정률을 고려할 때, 적정 예산 증가율은 2% 수준이 되어야 한다.

정부가 예산을 과도하게 늘리면 단기적으로는 경기부양 효과가 있을 수 있으나, 중장기적으로는 국가부채 증가 → 통화가치 하락 → 외국인 투자이탈 → 환율 급등 → 물가 재상승으로 이어지는 악순환이 발생할 수 있다.

이러한 경로는 과거 1997년 외환위기 당시와 유사하다. 당시에도 정부의 부채 확대와 기업의 단기외채 집중이 복합적으로 작용해 국가 신용위기를 불러왔다.

5. 한국 외환보유고 9200억 달러 확충 전략

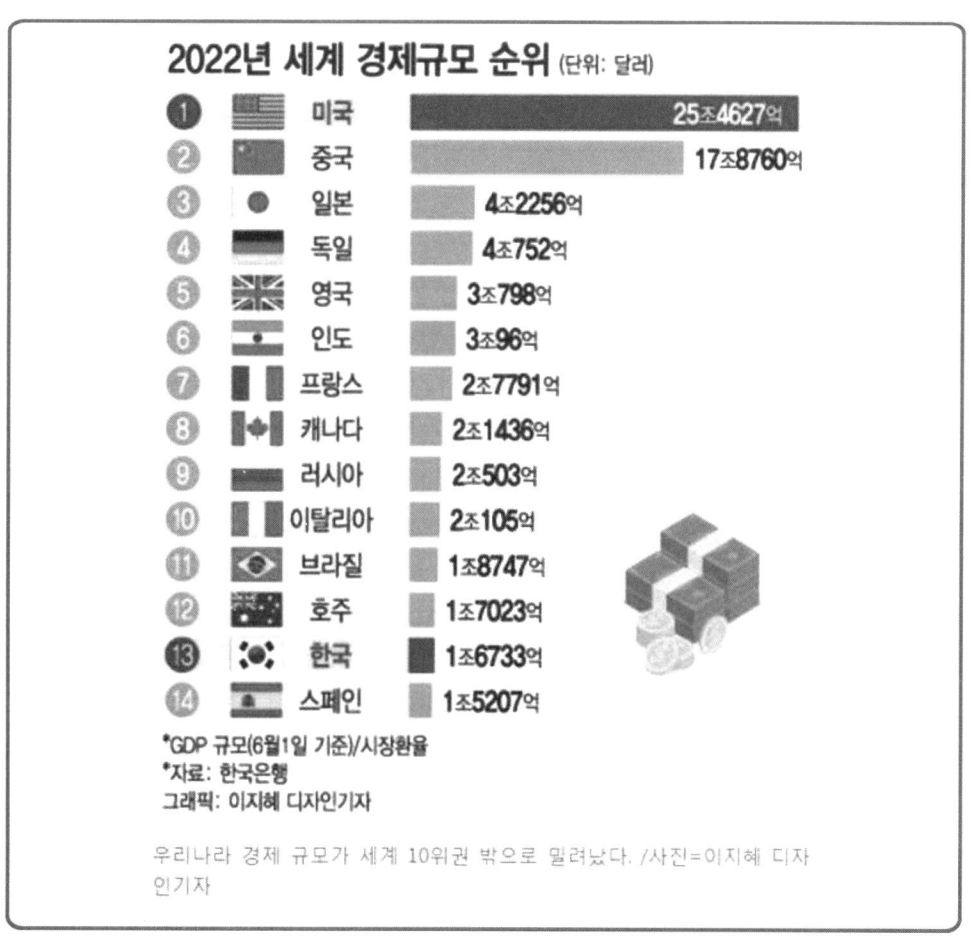

2022년 세계 경제규모 순위 (단위: 달러)

①	🇺🇸	미국	25조4627억
②	🇨🇳	중국	17조8760억
③	🇯🇵	일본	4조2256억
④	🇩🇪	독일	4조752억
⑤	🇬🇧	영국	3조798억
⑥	🇮🇳	인도	3조96억
⑦	🇫🇷	프랑스	2조7791억
⑧	🇨🇦	캐나다	2조1436억
⑨	🇷🇺	러시아	2조503억
⑩	🇮🇹	이탈리아	2조105억
⑪	🇧🇷	브라질	1조8747억
⑫	🇦🇺	호주	1조7023억
⑬	🇰🇷	한국	1조6733억
⑭	🇪🇸	스페인	1조5207억

*GDP 규모(6월1일 기준)/시장환율
*자료: 한국은행
그래픽: 이지혜 디자인기자

우리나라 경제 규모가 세계 10위권 밖으로 밀려났다. /사진=이지혜 디자인기자

대한민국은 제조업 강국이자 무역 대국으로서, 환율 안정이 곧 산업 경쟁력의

근간이다. 따라서 지금 시점에서 가장 시급한 과제는 재정확대가 아니라 외환보유고 확충이다.

한국은 외환보유고를 최소 9,200억 달러, 장기적으로는 1조 달러 이상 비축해야 한다.

이를 위해 다음과 같은 전략이 필요하다:

1) 무역흑자분의 일부를 외환보유고로 직접 적립

수출대금 중 일부를 달러화로 직접 축적하여 중앙은행 보유고를 확대해야 한다.

2) 한미·한일 통화스와프의 조기 체결 및 장기화

단기적 환율 방어뿐 아니라 장기적 유동성 확보를 위한 제도적 안전망이 필수적이다.

3) 해외직접투자(FDI) 속도 조절 및 외화유출 관리

대규모 해외 부동산 및 인수합병 투자로 인한 외화유출을 제한 하고, 외화자산의 내재화를 추진해야 한다.

4) 외환시장 투명성 강화와 민간 외화자산 활용 촉진

기업 및 개인의 달러보유 자산을 일정 부분 중앙은행 유동성 관 리체계로 편입시킬 수 있는 제도적 장치가 필요하다.

6. 한국 경제의 구조적 특성과 국제 비교

한국은 세계 12위 경제대국이며, 제조업 수출액 세계 5위, 무역의존도 75% 세계 2위 수준이다.

이처럼 대외의존도가 높은 경제는 환율·외환위기에 특히 취약하다. 반면, 미국·일본·EU 등 주요 기축통화국은 모두 무제한 통화스와프 체결을 통해 위기 시 상호 유동성을 보장받고 있다.

한국 역시 외환위기 이후 꾸준히 재정 건전성을 강화해 왔으나, 최근의 확장적 예산 정책은 과거의 교훈을 잊게 만든다.

대만, 싱가포르 등 주변국은 긴축적 재정운영과 대규모 외환비축을 통해 국제신용등급을 유지하고 있다.

한국도 이러한 전략적 균형을 되찾아야 한다.

7. 결론: 건전재정과 외환방어의 균형

□ **2025**년 **8**월말 기준 우리나라의 외환보유액 규모는 세계 **10**위 수준

주요국의 외환보유액
(2025.8월말 현재)

(억달러)

순위	국 가	외환보유액		순위	국 가	외환보유액	
1	중 국	33,222	(+299)	6	대 만	5,974	(-4)
2	일 본	13,242	(+198)	7	독 일	4,682	(+109)
3	스 위 스	10,222	(+170)	8	사우디 아라비아	4,564	(+124)
4	인 도	6,954	(+52)	9	홍 콩	4,216	(-38)
5	러 시 아	6,895	(+80)	10	한 국	4,163	(+50)

주: 1) ( )내는 전월말 대비 증감액
자료: IMF, 각국 중앙은행 홈페이지

2026년 대한민국의 재정정책은 경제활성화라는 명분 아래 지속가능성의 경고선을 넘어서고 있다.

물가상승률 2%, 최저임금 인상률 2.9%라는 안정된 물가 환경 속에서 8.7%의 예산증가는 명백히 정책적 과잉이다.

대한민국은 비기축통화국으로서 재정 팽창보다는 외환보유고 확충, 통화스와프 네트워크 확대, 건전재정 유지에 정책의 초점을 맞춰야 한다.

국가 부채 증가를 억제하고, 외환위기 재발 가능성을 차단하는 것이야말로 대한민국의 경제주권을 지키는 길이다.

국회와 정부는 협력하여 외환보유고를 1조 달러 이상 확보하고, 장기적 재정 안정성을 담보하는 중기 재정운용계획을 수립해야 한다.

1997년의 위기를 되풀이하지 않기 위해, 지금이야말로 재정의 방향을 "팽창에서 건전으로" 전환해야 할 때다.

발자취

〈조선일보 1〉

김대종 세종대 교수, 충주상공회의소 특강 "관세전쟁 시대, 기업 대응전략 전략" "한국 적정외환보유고 9200억 달러"

입력 2025.10.01 15:15

▲ 김대종 교수와 참석자들이 화이팅하고 있다.

세종대학교(총장 엄종화)는 "경영학부 김대종 교수가 9월 30일 한국폴리텍대학교 충주캠퍼스에서 열린 충주상공회의소 초청 강연에서 「관세전쟁시대, 기업 대응 전략」을 주제로 특강을 진행했다"고 밝혔다.

이번 특강에서 김대종 교수는 "한국은 대외 경제 불확실성에 대비해 외환보유액을 확대해야 한다"며 "현재 한국의 외환보유액은 약 4,100억 달러로 GDP의 23% 수준이다.

외환보유고를 GDP 70% 9200억 달러로 늘려야 위기 상황에서도 국가 경제를 지킬 수 있다"고 강조했다.

김 교수는 "원·달러 환율은 84% 확률로 계속 상승세다"며 "정부는 한국 외환보유고를 국제결제은행이 제시한 9200억 달러 이상 비축해 금융위기에 대비해야 한다"고 말했다.

그는"대만은 GDP 77%인 6000억 달러를 비축했으며, 스위스 홍콩은 GDP 100% 넘게 비축하고 있다"고 지적했다.

김 교수는 중소기업의 생존 전략으로 구독경제와 온라인 쇼핑, 정부 구매 확대를 제시했다. 그는 "중소기업은 구독 모델을 통해 매출을 안정적으로 확보해야 한다"며 "소비자에게는 30%에서 최대 90%까지 할인된 가격으로 제공하고, 기업은 지속적인 구독 기반 매출을 통해 위기를 극복할 수 있다"고 설명했다.

이어 그는 "앞으로 기업들은 모바일 전략과 구독 경제를 적극 도입해야 한다"며 "정부 또한 공공조달을 통해 중소기업 판로를 지원해야 한다"고 제언했다.

박광석 충주상공회의소 회장은 "최근 미·중 무역 갈등을 비롯한 글로벌 보호무역주의 확산은 우리 기업들에게 그 어느 때보다 큰 도전으로 다가오고 있다"며 "현재의 위기를 냉정하게 진단하고, 그 속에서 새로운 기회를 발견해 내일의 성장을 모색할 필요가 있다"고 말했다.

이번 특강은 충주상공회의소 회원 기업들에게 큰 호응을 얻었으며, 기업들의 위기 대응 전략에 실질적인 인사이트를 제공한 자리였다.

〈조선일보 2〉

김대종 세종대 교수 "2025년 경제大전망" 성동구상공회 특강 "2025년 환율 1500원까지 상승한다"

2024.12.30 14:11

▲ 김대종 교수가 성동구상공회 2024년 송년회에서 "탄핵과 트럼프, 2025년 경제대전망" 특강을 했다.

세종대학교(총장 엄종화)는 "김대종 경영학부 교수가 12월 23일 서울상공회의소 성동구상공회 송년회에서 '탄핵과 트럼프, 2025년 경제大전망' 주제로 특강을 했다"고 밝혔다.

김대종 교수는 "2025년 환율은 최고 1600원까지 오를 것이다. 국회와 정부는 환율상승을 막기 위해 정치적 안정, 외환보유고 9300억 달러 비축, 한미·한일통화스와프를 맺는 것이 가장 중요하다"고 말했다.

그는 "경제는 여야가 없다. 여·야·정부는 긴밀히 협의하여 경제위기를 극복해야 한다. 환율은 조만간 1,500원을 넘을 것이다"라며, "한국 외환보유고 4100억 달러는 GDP 대비 23% 전 세계에서 가장 낮은 수준이다. 현재 한미통화스와프와 한일통화스와프가 없다. 한국은 무역의존도 75%로 세계 2위로 달러가 부족하다"라고 말했다.

김 교수는 "환율상승은 1997년 국가부도 악몽을 다시 떠 올린다. 아르헨티나는 12번째 외환위기를 겪고 있으며, 현재 20개 나라가 IMF 구제금융을 받고 있다. 국제금융위기는 언제나 반복된다. 한국은행과 국회, 정부는 환율이 안정되도록 정치적 불확실성 제거가 필요하다"고 주장했다.

김 교수는 트럼프 대통령이 2025년 1월 20일 취임한다. 한국 생존전략은 "미국 공화당 네트워크 확대, 미국 현지 생산증대, 미국중심 무역전환, 한국 국회 4차 산업혁명 규제완화"라며, "중소기업이 살아남으려면 정부조달, 구독경제, 온라인쇼핑, 그리고 모바일 전략"이라고 말했다.

김 교수는 "트럼프 당선의 가장 큰 이유는 경제문제다. 그의 핵심정책은 미국 우선주의다"라며, "한국은 중국산 부품을 줄이고, 미국 수준으로 기업하기 좋은 환경을 만들어야 한다"고 말했다.

한국은 국가안보와 경제에서 큰 위기다. 트럼프는 "중국에 60% 고관세, 한국에 10% 관세를 부과한다. 미국은 법인세 21%를 15%로 낮추고, 규제 70%를 없앤다"고 말했다.

김 교수는 "한국 수출 국가별 비중은 중국과 홍콩 33%, 미국 20%, 일본 6%다. 한국은 중국 비중을 15%로 낮추고, 미국 30%로 늘려야 한다"고 주장했다. 중국은 간첩법으로 외국인투자 90%가 급감했고, 관광객 95% 줄었다. 2025년 중국 경제성장률은 4.1%다.

미국이 자국 우선주의로 나갈 때, 한국은 무역을 다변화하고 교역을 확대해야 한다.

첫째, 트럼프 취임으로 한국 수출은 15% 정도 급감하며 큰 위기다. 한국 자동차, 배터리, 석유화학, 반도체가 어렵다. 법인세는 한국 26%, 미국과 OECD 21%, 싱가포르 17%, 아일랜드 12%다. 2024년 외국인직접투자(FDI) 유입액보다 유출액이 2배 많다. 한국 기업이 미국과 베트남 등으로 공장을 옮기면서, 대학생 청년취업률은 45%다.

둘째, 국회는 4차 산업혁명 규제를 완화해야 한다. 외국인이 한국에서 가장 놀라는 것은 우버가 금지된 것이다. 우버만 허용돼도 국내에 수백만 개 일자리가 생긴다. 트럼프는 일론 머스크를 정부 효율부 위원장으로 임명해 규제를 70% 철폐한다.

셋째, 트럼프 정부와 네트워크가 중요하다. 트럼프는 탑다운 방식이며 사적관계를 중시한다. 트럼프 취임 후 한국 조선업과 방위산업은 기회다. 2025년 6월 우크라이나 전쟁이 종식되면 해외건설업이 크게 성장한다.

유기현 성동구상공회 회장은 "김대종 교수의 2025년 경제전망 매우 감사하다. 트럼프 취임으로 2025년 한국경제가 어렵지만 위기에 잘 대응하겠다. 구독경제와 4차 산업혁명을 적극 활용해 국가 경제발전에 기여하겠다"고 힘주어 말했다.

외환위기와 한국경제 현황, 전망

1. 한국은행 보도자료, 2025년 9월말 외환보유액

한국은행은 매월 말 외환보유액을 발표한다.

세계 10위라고 말한다.

그러나 한국은 제조업 수출액 기준 세계5위다.

원화가 국제결제에서 이용되는 비율은 0.1%로 세계 40위 정도다. 개인과 기업이 철저하게 환율상승에 대비해야 한다.

1997년에도 한국은 안전하다고 했지만 외환위기를 맞았다. 외환위기는 반복되어 일어난다. 각자도생이다. 국가와 한국은행을 믿지말자.

주요국(외환보유액/ GDP) 비중 (2025.8월) 한국은행, 통계청			
국가명	GDP(억달러)	외환보유액 (억달러)	외환보유액 /GDP 비중
스위스	8,129	10,222	124%
홍콩	3,681	4,254	116%
대만	7,749	5,974	77%
사우디	8,335	4,564	53%
러시아	17,758	6,895	38%
한국	18,102	4,220	23%
인도	31,734	6,954	22%

개인은 미국주식 투자로 위험에 대비해야 한다.

한국 국가부채율도 50%를 넘는다. 이렇게 국가부채율이 올라가면 한국 제2

외환위기 가능성은 50%까지 상승한다.

트럼프 대통령 3500억 달러요구로 한국의 외환보유고가 얼마나 적은지 세상이 알게됐다.

개인은 철저하게 대비해야 한다. 2026년 환율은 1500원을 넘어서며 84% 확률로 계속 상승한다.

보도자료

2025년 10월 10일 공보 2025-10-01호

보도자료

이 자료는 10월 10일(금) 석간부터 취급하여 주십시오. 단, 통신/방송/인터넷 매체는 10월 10일(금) 06:00 이후부터 취급 가능

제 목 : 2025년 9월말 외환보유액

□ **2025년 9월말** 우리나라의 외환보유액은 **4,220.2억달러**로 전월말 대비 **57.3억달러 증가**

o 운용수익 증가, 분기말 효과로 인한 금융기관의 외화예수금 증가 등에 주로 기인

□ **2025년 8월말** 기준 우리나라의 외환보유액 규모는 **세계 10위** 수준

※ 자세한 내용은 (붙임) 참조

문의처 : 국제국 외환회계팀 과장 김영웅, 팀장 황문우

　　　　　Tel : (02) 759-5815, 5861 Fax : (02) 759-5820 E-mail : bokfxbt@bok.or.kr

공보실 : Tel : (02) 759-4028, 4016

"한국은행 보도자료는 인터넷(http://www.bok.or.kr)에 수록되어 있습니다."

한국은행
BANK OF KOREA

(붙 임)

2025년 9월말 외환보유액

□ 2025년 9월말 우리나라의 외환보유액은 4,220.2억달러로 전월말 (4,162.9억달러) 대비 57.3억달러 증가

ㅇ 운용수익 증가, 분기말 효과로 인한 금융기관의 외화예수금 증가 등에 주로 기인

□ 외환보유액은 유가증권 3,784.2억달러(89.7%), 예치금 185.4억달러 (4.4%), SDR 157.8억달러(3.7%), 금 47.9억달러(1.1%), IMF포지션 44.9억달러(1.1%)로 구성

외환보유액 추이
(억달러, %)

	2021년말	2022년말	2023년말	2024년말	2025.8월말 (a)	2025.9월말 (b)		전월대비 증감 (b-a)[1]
외환보유액	4,631.2	4,231.6	4,201.5	4,156.0	4,162.9	4,220.2	(100.0)	57.3
유가증권[2]	4,216.9	3,696.9	3,736.7	3,666.7	3,661.6	3,784.2	(89.7)	122.5
예 치 금	166.3	293.5	219.8	252.2	250.0	185.4	(4.4)	-64.7
S D R	153.7	148.4	150.8	147.1	157.8	157.8	(3.7)	0.0
금	47.9	47.9	47.9	47.9	47.9	47.9	(1.1)	0.0
IMF포지션[3]	46.3	44.9	46.3	42.0	45.4	44.9	(1.1)	-0.5

주: 1) 반올림 오차로 차이가 날 수 있음
    2) 국채, 정부기관채, 회사채, 자산유동화증권(MBS, 커버드본드)
    3) IMF 회원국이 출자금 납입, 융자 등으로 보유하게 되는 IMF 관련 청구권

□ 2025년 8월말 기준 우리나라의 외환보유액 규모는 세계 10위 수준

주요국의 외환보유액
(2025.8월말 현재)
(억달러)

순위	국 가	외환보유액		순위	국 가	외환보유액	
1	중국	33,222	(+299)	6	대만	5,974	(-4)
2	일본	13,242	(+198)	7	독일	4,682	(+109)
3	스위스	10,222	(+170)	8	사우디아라비아	4,564	(+124)
4	인도	6,954	(+52)	9	홍콩	4,216	(-38)
5	러시아	6,895	(+80)	10	한국	4,163	(+50)

주: 1) ( )내는 전월말 대비 증감액
자료: IMF, 각국 중앙은행 홈페이지

<조선경제>

이재명 정부 '확장 재정'

IMF 경고에도… 이재명 정부 '확장 재정' 고수
"장기적 재정 개혁 필요" 지적

김지섭 기자
2025.09.25.

국제통화기금(IMF)은 24일 한국과 연례협의 보고서에서 한국의 재정 개혁의 시급성을 강조하는 데 상당 부분을 할애했다. IMF는 A4 용지 2장 분량의 보고서에서 '재정(fiscal)'이라는 용어를 객관적 의미로 사용한 경우(4회)를 빼고도, 10회나 쓰면서 "(한국은) 재정 건전화 노력과 지속 가능성을 확보하는 것이 중요하다"고 지적했다.

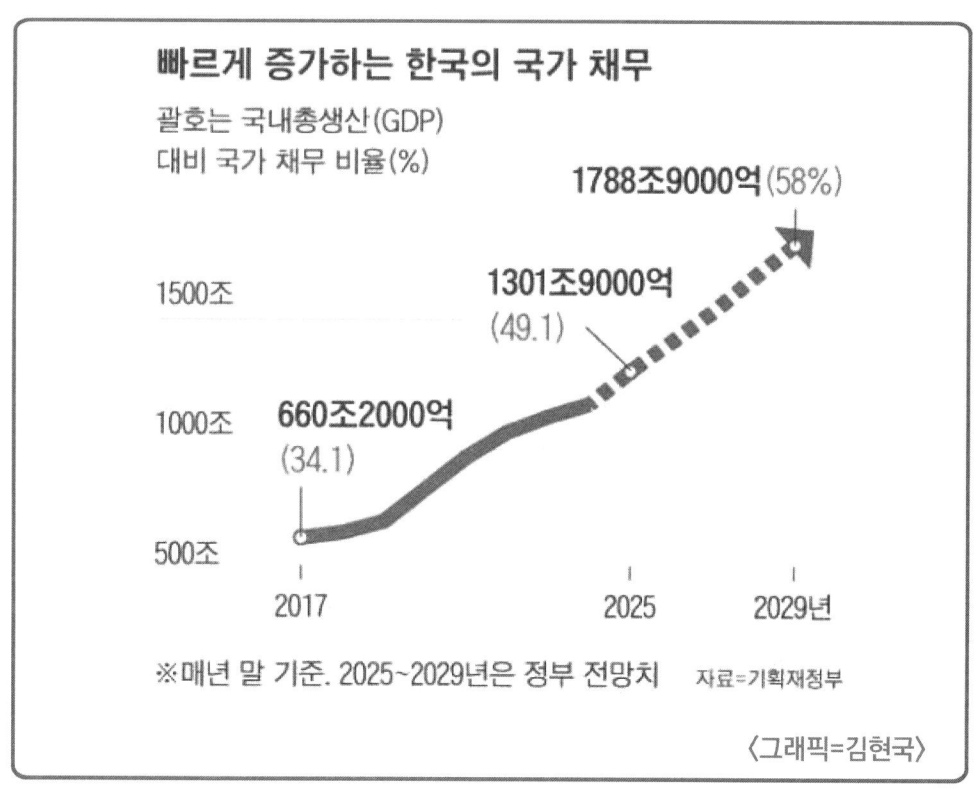

빠르게 증가하는 한국의 국가 채무

괄호는 국내총생산(GDP)
대비 국가 채무 비율(%)

1788조9000억 (58%)

1500조

1301조9000억 (49.1)

660조2000억 (34.1)

1000조

500조

2017   2025   2029년

※매년 말 기준. 2025~2029년은 정부 전망치   자료=기획재정부

〈그래픽=김현국〉

IMF는 보고서에서 "(한국의) 성장률이 잠재 성장률(물가 자극 없이 달성 가능한 최대 성장률)에 수렴함에 따라, 장기 대규모 재정 지출 압력에 대응할 여력을 확보하기 위해 재정 건전화 노력이 재개되어야 한다"고 했다. 앞으로 한국 경제의 성장 속도가 둔화할 것으로 보이는 만큼, 늘어날 복지비와 고령화 부담에 대비해 지금부터 재정을 관리하고 빚이 늘어나는 속도를 조절해야 한다는 것이다.

◎ 국내외 주요 기관들 "재정 건전성 관리해야"

나랏빚이 빠른 속도로 불어나고 있는 한국에 "재정 건전성을 관리해야 한다"고 경고한 기관은 IMF뿐만이 아니다. 경제협력개발기구(OECD)는 지난해 보고서에서 한국에 대해 "코로나 이후 국가 부채가 빠른 속도로 증가했다"며 "고령화와 연금제도, 공기업 관련 재정 리스크가 장기적 재정 안정성에 큰 부담이 될 수 있다"고 지적한 바 있다. 한국개발연구원(KDI)과 같은 국책 연구기관을 비롯해 국회예산정책처, 한국은행 등 국내 주요 기관도 최근 1~2년 사이 연구 보고서에서 "저출산·고령화와 저성장으로 국가 부채가 빠르게 늘고 있어 무리한 정부 지출을 지양해야 한다"고 지적했다.

실제 정부의 재정 운용 계획에 따르면, 우리나라의 국가 채무는 올해 말 1301조9000억원에서 2029년 말 1788조9000억원으로 4년 새 40% 가까이 급증할 것으로 보인다. 국내총생산(GDP) 대비 국가 부채 비율은 같은 기간 49.1%에서 58%로 10%포인트 가까이 상승한다. 국제금융시장에서 통용되는 국가 채무 안전 기준인 동시에 유럽연합(EU)이 재정 준칙으로 삼고 있는 '국가채무 비율 60%'에 가까워지는 것이다.

◎ 경고에도 '확장 재정' 고수하는 정부

이러한 상황에도 나랏돈을 푸는 '확장 재정' 기조를 끌고 나가려 하는 현 정부에 대한 우려가 커지고 있다. 이재명 정부는 내년 예산(728조원)을 역대 가장 큰 폭(55조원)으로 늘린 데 이어 나랏빚 급증세에 대한 국내외 주요 기관의 잇단 경고에도 확장 재정 의지를 고수하고 있다.

이재명 대통령은 지난 11일 취임 100일 기자회견에서 새 정부의 확장 재정 기조에 대해 "터닝 포인트(전환점)를 만들기 위한 불가피한 조치"라고 밝혔다. 이 대통령은 2025년 10월 50% 안팎인 우리나라의 국가 부채 비율을 거론하며 "다른 나라의 경우를 보면 대개 100%가 넘고 있다"고도 했다. 하지만 GDP 대비 정부 부채 비율이 100%를 넘는 미국(122.5%), 일본(234.9%), 프랑스(116.3%) 등의 주요 선진국과 달리 우리나라는 기축통화국이 아니기 때문에 직접 비교는 어렵다는 것이 전문가들의 지적이다. 김대종 세종대 교수는 "한국과 같은 비기축통화국은 신용 위기 상황이 오면 자국 통화를 찍어내 빚을 갚을 수 없다"며 "GDP 대비 국가 부채 비율이 60%를 넘기면 큰 위기가 올 수 있다"고 말했다.

IMF는 이날 보고서에서 잠재성장률을 높이기 위한 구조 개혁의 필요성도 수차례 강조했다. 정부는 2025년 10월 2% 밑으로 떨어진 잠재성장률을 3%까지 끌어올리는 것을 목표로 하고 있다. IMF는 "생산성을 높이고, 노동 공급 감소에 대응하며, 자본 배분을 개선하기 위해 구조 개혁을 가속화하는 것은 성장 잠재력을 확충하기 위한 중요한 과제"라고 밝혔다. 라훌 아난드 IMF 한국미션단장은 "2% 성장률까지 가는 과정에서는 지금의 통화·재정 정책이 적절하지만, 3% 성장률까지 가려면 구조 개혁이 단행돼야 한다"고 말했다.

한편 IMF는 이날 우리나라의 올해 성장률 전망치를 2차 추가경정예산 효과 등을 반영해 0.8%에서 0.9%로 0.1%포인트 높였다.

IMF "고령화 빠른 한국, 나랏빚 급증" 경고

10년 뒤 GDP 대비 채무비율 70.5%
"非기축통화국, 60% 넘으면 위기"

김지섭 기자
2025.09.24.

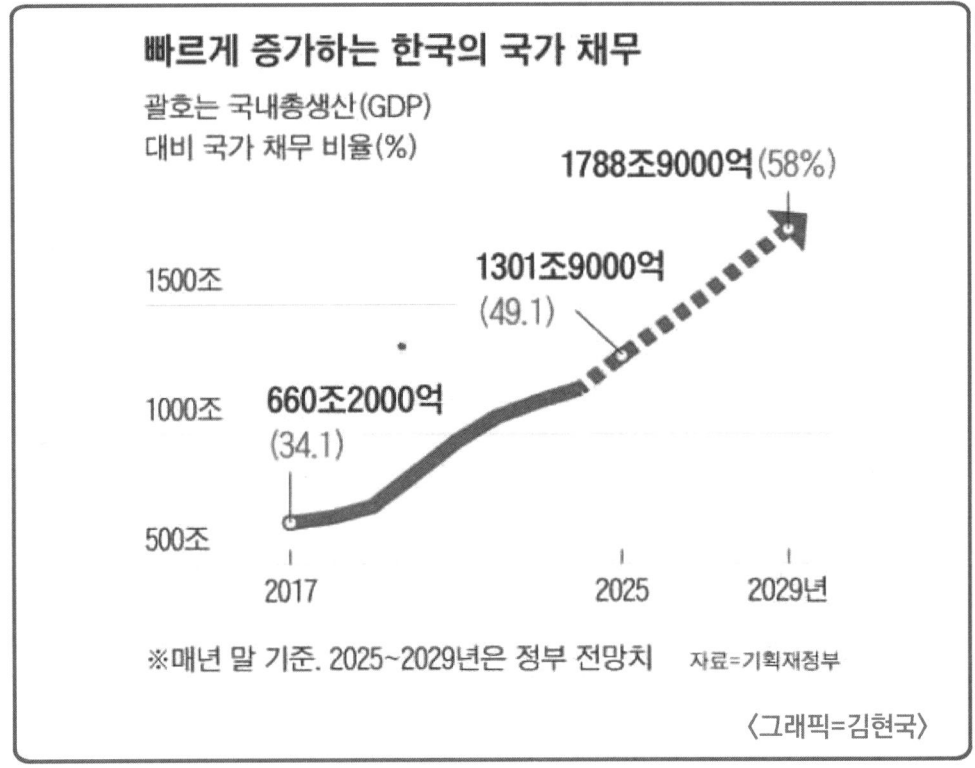

빠르게 증가하는 한국의 국가 채무

괄호는 국내총생산(GDP)
대비 국가 채무 비율(%)

1788조9000억 (58%)

1301조9000억
(49.1)

1500조

660조2000억
(34.1)

1000조

500조

2017   2025   2029년

※매년 말 기준. 2025~2029년은 정부 전망치   자료=기획재정부

〈그래픽=김현국〉

국제통화기금(IMF)이 세계에서 가장 빠른 속도로 고령화가 진행되고 있는 한국에 "장기적인 재정 개혁이 필요하다"는 경고 메시지를 던졌다. IMF는 24일 한국과 연례협의 보고서에서 "재정의 지속 가능성을 확보하는 한편 향후 고령화와 관련한 지출 압력을 수용하기 위해 장기적인 재정 개혁이 필요하다"고 했다.

IMF는 보고서에서 "신뢰 가능한 중기적 재정 앵커(anchor·목표치)를 도입하는 것이 장기 재정의 지속 가능성을 확보하는 데 도움이 될 것"이라고 했다. 재정 앵커는 나랏빚을 미리 정한 비율 이하로 관리하는 '재정 준칙'과 비슷한 개념이다. 즉, IMF는 우리나라에 '앞으로 3~5년 이상의 중장기 재정 계획을 세울 때, 국가 부채나 재정 적자 등에 구체적 목표를 걸어두라'고 권고한 것이다.

정부는 국내총생산(GDP) 대비 국가 채무 비율을 60% 이내, 재정 적자 비율을 -3% 이내로 관리하는 내용의 '한국형 재정 준칙'을 2020년 국회에 제출했지만, 여전히 상임위에 계류돼 있다. 기획재정부 추계에 따르면, 우리나라가 구조 개혁을 하지 않으면 올해 말 49.1%인 GDP 대비 국가 채무 비율은 10년 뒤 71.5%까지 뛰고, 40년 뒤인 2065년에는 156.3%까지 상승한다.

라훌 아난드 IMF 한국미션단장은 이날 기자회견에서 "성장률이 잠재성장률 (물가 자극 없이 달성 가능한 최대 성장률)을 밑도는 상황에서 한국 정부의 재정 정책 기조는 적절하다"면서도 "한국은 고령화 사회이기에 앞으로 굉장히 많은 지출 요구가 있는 만큼 재정 개혁도 수반돼야 한다"고 말했다.

IMF의 경고는 확장 재정 기조 속에서 급증하는 나랏빚을 대수롭지 않게 여기는 현 정부의 기조와 대비된다. 이재명 대통령은 최근 취임 100일 기자회견에서 "국채 규모의 절대액은 별로 중요하지 않다"며 "국채를 발행하면 (국내총생산 대비) 부채 비율이 약 50%를 약간 넘는 정도가 될 것인데, 다른 나라의 경우를 보면 대개 100%가 넘고 있다"고 했다.

⊙ IMF 경고에도… 이재명 정부 '확장 재정' 고수

국제통화기금(IMF)은 이날 내놓은 한국과 연례협의 보고서에서 한국의 재정 개혁의 시급성을 강조하는 데 상당 부분을 할애했다. IMF는 A4 용지 2장 분량의 보고서에서 '재정(fiscal)'이라는 용어를 객관적 의미로 사용한 경우(4회)를 빼고도, 10회나 쓰면서 "(한국은) 재정 건전화 노력과 지속 가능성을 확보하는 것이 중요하다"고 지적했다.

IMF는 보고서에서 "(한국의) 성장률이 잠재 성장률(물가 자극 없이 달성 가능한 최대 성장률)에 수렴함에 따라, 장기 대규모 재정 지출 압력에 대응할 여력을 확보하기 위해 재정 건전화 노력이 재개되어야 한다"고 했다. 앞으로 한국 경제의 성장 속도가 둔화할 것으로 보이는 만큼, 늘어날 복지비와 고령화 부담에 대비해 지금부터 재정을 관리하고 빚이 늘어나는 속도를 조절해야 한다는 것이다.

◎ 국내외 주요 기관들 "재정 건전성 관리해야"

나랏빚이 빠른 속도로 불어나고 있는 한국에 "재정 건전성을 관리해야 한다"고 경고한 기관은 IMF뿐만이 아니다. 경제협력개발기구(OECD)는 지난해 보고서에서 한국에 대해 "코로나 이후 국가 부채가 빠른 속도로 증가했다"며 "고령화와 연금제도, 공기업 관련 재정 리스크가 장기적 재정 안정성에 큰 부담이 될 수 있다"고 지적한 바 있다.

한국개발연구원(KDI)과 같은 국책 연구기관을 비롯해 국회예산정책처, 한국은행 등 국내 주요 기관도 최근 1~2년 사이 연구 보고서에서 "저출산·고령화와 저성장으로 국가 부채가 빠르게 늘고 있어 무리한 정부 지출을 지양해야 한다"고 지적했다.

실제 정부의 재정 운용 계획에 따르면, 우리나라의 국가 채무는 올해 말 1301조9000억원에서 2029년 말 1788조9000억원으로 4년 새 40% 가까이 급증할 것으로 보인다. 국내총생산(GDP) 대비 국가 부채 비율은 같은 기간 49.1%에서 58%로 10%포인트 가까이 상승한다. 국제금융시장에서 통용되는 국가 채무 안전 기준인 동시에 유럽연합(EU)이 재정 준칙으로 삼고 있는 '국가채무 비율 60%'에 가까워지는 것이다.

◎ "非기축통화국 한국, 선진국과 처지 달라"

이러한 상황에도 나랏돈을 푸는 '확장 재정' 기조를 끌고 나가려 하는 현 정부에 대한 우려가 커지고 있다. 이재명 정부는 내년 예산(728조원)을 역대 가장 큰 폭(55조원)으로 늘린 데 이어 나랏빚 급증세에 대한 국내외 주요 기관의 잇단 경고에도 확장 재정 의지를 고수하고 있다.

이재명 대통령은 지난 11일 취임 100일 기자회견에서 새 정부의 확장 재정 기조에 대해 "터닝 포인트(전환점)를 만들기 위한 불가피한 조치"라고 밝혔다. 이 대통령은 2025년 10월 50% 안팎인 우리나라의 국가 부채 비율을 거론하며 "다른 나라의 경우를 보면 대개 100%가 넘고 있다"고도 했다. 하지만 GDP 대비 정부 부채 비율이 100%를 넘는 미국(122.5%), 일본(234.9%), 프랑스(116.3%) 등의 주요 선진국과 달리 우리나라는 기축통화국이 아니기 때문에 직접 비교는 어렵다는 것이 전문가들의 지적이다.

김대종 세종대 교수는 "한국과 같은 비기축통화국은 신용 위기 상황이 오면 자국 통화를 찍어내 빚을 갚을 수 없다"며 "GDP 대비 국가 부채 비율이 60%를 넘기면 큰 위기가 올 수 있다"고 말했다.

IMF는 이날 보고서에서 잠재성장률을 높이기 위한 구조 개혁의 필요성도 수차례 강조했다. 정부는 2025년 10월 2% 밑으로 떨어진 잠재성장률을 3%까지 끌어올리는 것을 목표로 하고 있다. IMF는 "생산성을 높이고, 노동 공급 감소에 대응하며, 자본 배분을 개선하기 위해 구조 개혁을 가속화하는 것은 성장 잠재력을 확충하기 위한 중요한 과제"라고 밝혔다.

라훌 아난드 IMF 한국미션단장은 "2% 성장률까지 가는 과정에서는 지금의 통화·재정 정책이 적절하지만, 3% 성장률까지 가려면 구조 개혁이 단행돼야 한다"고 말했다.

한편 IMF는 이날 우리나라의 올해 성장률 전망치를 2차 추가경정예산 효과 등을 반영해 0.8%에서 0.9%로 0.1%포인트 높였다.

<조선경제>

1. 나랏빚 늘수록… '유로' 쓰는 佛보다 한국이 외환위기 취약

'기축국'은 자국 돈 찍어 방어 가능
韓, '非기축국' 중에서도 위험군

김지섭 기자
2025.09.10.

우리나라의 국내총생산(GDP) 대비 국가 채무 비율은 올해 말 기준 49.1%로, 프랑스(113.9%)의 절반도 안 된다. 120%대의 미국, 250%쯤인 일본 등 다른 주요 선진국보다도 훨씬 낮다. 일각에선 이를 근거로 "우리나라의 나랏빚 상황은 아직 크게 우려할 단계가 아니다"라고 주장한다.

하지만 프랑스를 비롯해 미국·일본 등은 달러·유로·엔화를 쓰는 기축통화국인 반면 우리나라는 비(非)기축통화국이기 때문에 동일 선상에서 비교해선 안 된다는 지적이 나온다. 기축통화국은 유사시 자국 돈을 찍어 나랏빚을 갚을 수 있다. 하지만 비기축통화국은 나랏빚이 불어 국가 신용 등급이 떨어지는 위기 상황이 오면 자국 통화로 해외 빚을 갚기 어렵기 때문에 외환 위기에 처할 수 있다.

비기축통화국 중에서 우리나라의 정부 부채 비율은 꽤 높은 편이다. 국제통화기금(IMF)에 따르면, 한국의 올해 GDP 대비 일반 정부 부채 비율(54.5%)은 IMF가 선진국으로 분류한 37국 중 비기축통화국인 11국 평균(54.3%)보다 높다. 여기서 일반 정부 부채는 국가 채무에 비영리 공공기관 부채를 합한 것이다. 한국이 비기축통화국 평균을 넘은 것은 올해가 처음이다. 11국 중에선 4위다.

IMF는 우리나라 정부 부채 비율이 2029년 말 58.4%까지 불어나면서 싱가포르(177.6%), 이스라엘(70%)에 이어 3위에 오를 것으로 내다보고 있다. 그런데 싱가포르는 국부 펀드 투자를 위한 채권 발행이 회계상 부채로 잡힌 특수한 경우이고, 이스라엘은 전쟁 비용, 전쟁 피해에 따른 복지비 지출 등으로 빚이 많다. 이런 점을 감안하면 사실상 한국이 비기축통화국 중 가장 위험한 수준이라 볼 수 있다.

김대종 세종대 경영학부 교수는 "주요 선진국보다 부채 비율이 낮다고 여유를 부리다가 또 외환 위기가 닥칠 수 있다"고 말했다.

2026년 주요 핵심 경제트렌드

한국 안보·경제·해양 전략의 대전환 필요하다.

安美經中에서 安美經美로 전환해야 한다.

안보는 미국, 경제는 중국---〉 안보와 경제 모두 미국으로 전환해야 한다.

한국 수출국 비중: 중국·홍콩33%, 미국20%, 일본6%

트럼프 "미국에 공장을 세우고 일자리를 만들어 달라".

트럼프"법인세 21%---〉 15%인하 제조업 세계 1위로 기업하기 좋은 나라 만든다".

한국 무역의존도 75% 세계2위, 미국 보호무역 대응해 한국 교역확대 필요. CPTTP가입 필요.

◉ 한미정상회담: 국운을 좌우한다.

2025년 8월 25일, 미국 워싱턴 D.C.에서 대한민국 대통령 이재명과 미국 대통령 트럼프가 역사적인 첫 정상회담을 개최했다. 6·25전쟁 75주년이라는 역사적인 해다. 전장에서 맺어진 한미동맹이 다시 한 번 새로운 시대의 도전에 맞서 결속을 다지는 상징적 순간이 돼야 한다.

미국 제46대 대통령으로 다시 취임한 도널드 트럼프는, 첫 임기 때부터 강력하게 밀어붙였던 '미국 우선주의(America First)' 기조를 더욱 강화하고 있다. 그는 재집권 직후부터 미국 제조업 부흥, 무역 불균형 시정, 동맹국의 방위비 분담 확대를 우선 과제로 제시했다. 한국과의 첫 정상회담은 이러한 의제들을 직접 다루는 무대였다.

트럼프 재집권과 국제사회 정세
도널드 트럼프 전 대통령, 11월 5일(현지시간) 치러진 미국 대선 승리

한국·일본·대만·호주 등 인도·태평양 동맹국
안보·방위 협력 약화 우려

북대서양조약기구(NATO·나토)·유럽연합(EU)
방위비 부담 증가와 안보우산 약화 우려

중국
관세 폭탄 등 무역 마찰 우려

러시아
트럼프의 전쟁 신속 종전
공약에 따른 현상 변화 기대

우크라이나
서방 지원 중단 우려

이란
관계 개선 전망 어두워

이스라엘
최우방국 밀착 관계 강화

이탈리아
우호·전략적 연대 강화

연합뉴스

세계 질서의 상황도 급변하고 있다. 미·중 패권 경쟁은 기술·무역·군사·외교 전 영역에서 심화되고 있고, 러시아-우크라이나 전쟁, 중동의 지정학적 긴장, 글로벌 공급망 재편 등 복합 위기가 겹쳐 있다. 각국은 자국의 생존과 번영을 위해 전략적 동맹을 강화하거나 새롭게 조정해야 하는 시점이다.

한국의 입장에서 이번 회담은 국가 안보, 경제 생존, 해양 전략이라는 세 가지 큰 축을 어떻게 설계하느냐가 향후 수십 년의 국운을 좌우할 것이다.

2024년 한국은 약 6,900억 달러(1,000조 원) 수출과 약 6,490억 달러(900조 원)의 수입을 기록했다. 100조 원 흑자 중 대미 무역흑자가 약 85조 원이다.

트럼프 1기

저금리·저물가 시대

- ✓ America First
- ✓ 취임 당일 1개 행정명령
- ✓ 중국 고관세 기조
- ✓ 중국 견제 목표의 기술 패권
- ✓ 니어쇼어링 (미국 인근 국가로 공급망 이전)

트럼프 2기

중금리·중물가 시대

- ✓ America Only
- ✓ 취임 당일 26개 행정명령 및 관세 확대론자
  ·대중국 강경파 중심 내각 구성 →MAGA
  정책 고속화
- ✓ 중국 + 모든 국가 관세 기조
- ✓ 기술(AI) 패권 + 화석연료 기반 에너지 패권
- ✓ 온쇼어링 (미국 '안'으로 공급망 이전)

한국의 대응 전략

미국 '안'에서 돌파구 찾기 ＋ 에너지가 통상 협상의 Key

세부 산업 측면

전망	한국 5대 대미 수출품* 고관세 빨간불 * 자동차, 반도체, 철강, 알루미늄, 의약품 25% 관세 예고	화석기반 에너지(LNG, SMR), AI, 방산 분야에서 한국 산업 수혜 전망
전략	대미 수출 제조업 ↓ 미국 생산 현지화 전략	화석연료 기반 에너지 ↓ 미국산 에너지 수입 확대	AI, 방산 ↓ 대미 수출 확대

◆…(사진=삼일PwC)

한국은 수출 비중에서 중국·홍콩33%, 미국20%, 일본6%다. 세계 수출시장에서 중국 비중은 15%다. 한국은 중국에 대한 비중을 절반으로 줄이고, 미국과 교역을 확대해야 한다.

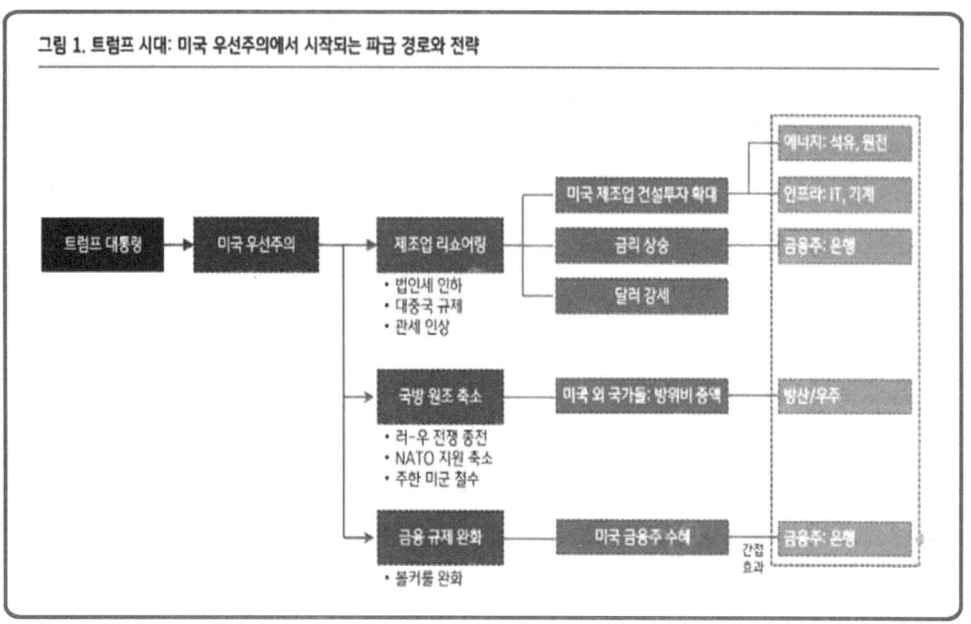

그림 1. 트럼프 시대: 미국 우선주의에서 시작되는 파급 경로와 전략

　2023년 시진핑 30년 집권이 시작되면서 중국은 간첩법이 발동됐다. 간첩법으로 외국인투자 90% 감소, 관광객 95% 급감하면서, 2025년 4.1% 경제성장할 것이다. 시장경제에서 계획경제로, 개방경제에서 폐쇄경제로 전환되면서 중국경제가 어렵다.

　중국에 진출한 롯데와 신세계는 사드사태 등 불매운동으로 100% 철수했다. 현대자동차 5개 공장 중 90%가 폐쇄했다. 중국은 토지를 공산당이 소유하며, 외국기업에게는 일정기간 임차권만 준다. 언제든지 중국 정부가 뺏을 수 있다. 사유재산을 인정하지 않는 중국이 과거로 돌아가고 있다.

　한국 입장에서 미국은 제1위 안보 동맹이자 2위 교역 파트너다. 미국 입장에서 보면 한국은 기술력과 제조업 경쟁력을 갖춘 중요한 아시아 동맹국이다.

　트럼프 대통령은 첫 집권기부터 무역흑자를 기록하는 동맹국들에 대해 미국 산 에너지와 농산물을 더 구매하라는 압박을 가했고, 미국 내 공장 건설과 고용 창출을 강조했다.

　한미관세 협상에서 관세 15%, 한국은 3500억 달러 투자, 1000억 달러 LNG구매를 약속했다.

COVER STORY
美·中 무역전쟁

〈2025-10-12〉

이번 회담에서도 더 높은 수준 투자를 요구 할 것이다. 트럼프가 원하는 것은 "미국에 공장을 세우고 일자리를 만들어 달라는 것"이다.

안보 측면에서는 주한미군의 '전략적 유연성'이 핵심 의제다. 2025년 10월 주한미군 2만 8천명은 한반도 방위 임무를 수행하고 있지만, 트럼프 행정부는 주한미군의 작전 범위를 대만해협과 남중국해까지 확대하려 한다. 이는 중국 견제와 인도·태평양 전략의 강화로 해석되지만, 한국 입장에서는 한반도 방위 공백을 최소화하는 방안이 필수적이다.

첫째는 윈스턴 처칠의 경구다. "전쟁을 두려워해서는 전쟁을 막을 수 없다."이는 힘의 공백이 전쟁을 유발한다는 냉혹한 국제정치의 진실을 담고 있다. 한국은 전쟁 억지력을 확보하기 위해 언제든 전쟁을 수행할 수 있는 국방력을 유지해야 한다.

둘째는 17세기 영국 탐험가이자 정치가 Sir Walter Raleigh의 말이다.

"바다를 지배하는 자가 무역을 지배하고, 무역을 지배하는 자가 세계를 지배한다."이는 해양 전략과 경제 패권의 상관관계를 명확히 드러내는 문장으로, 한국과 같이 해양 무역에 의존하는 국가에겐 절대적인 진리다.

○ 안보·군사 전략과 처칠의 명언의 함의

트럼프 대통령과 이재명 대통령의 첫 정상회담에서 가장 중요한 의제 중 하나는 '안보'다.

전략자산 순환 배치의 확대로 한국 안보를 지켜야 한다. 양 정상은 회담에서 북한뿐 아니라 중국·러시아에 대한 전쟁억지 신호를 강력히 보여야 한다. 트럼프 행정부는 이를 '힘을 통한 평화(Peace through Strength)'라는 외교·안보 기조의 일환이다.

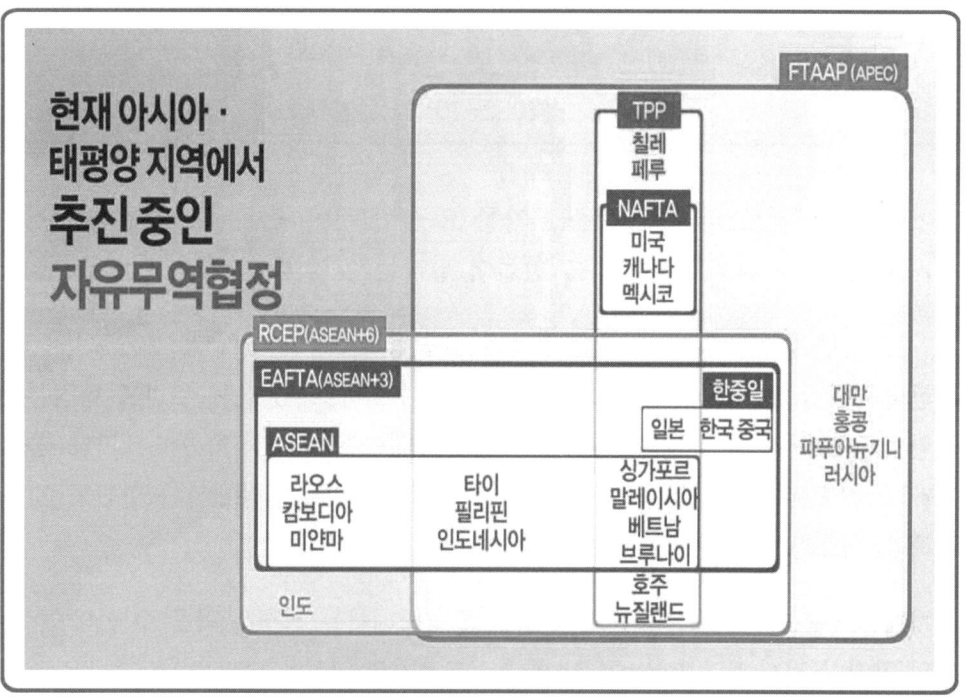

이재명 대통령에게 가장 중요한 임무는 국가 보위다. 더욱 굳건한 한미동맹을 만들어야 한다.

또 하나의 중요한 변화는 주한미군 감축과 임무 범위 확장이다. 지금까지 주한미군은 주로 한반도 방어에 초점을 맞춰왔으나, 이번 회담에서는 그 역할을 대만해협과 남중국해 등 인도·태평양 전역으로 확대하는 '전략적 유연성'강화다.

한국이 언제든 전쟁을 수행할 수 있을 만큼의 군사력을 보유하는 것은 전쟁 가능성을 낮추는 방법이다. 북한이 핵 100여기 보유와 증산 또한 미사일을 지속적으로 개발하고 있는 현실에서, 한국과 미국이 강력한 연합 전력을 유지하는 것은 전쟁 억지의 필수 조건이다.

- 방위비 분담금 협상에서 양측은 방위비 인상분을 전략자산 배치, 첨단 무기 도입, 한미 연합훈련 강화 등 실질적 안보 강화에 투입할 것을 요구해야 한다. 한국 안보에 직결되도록 해야 한다.

- 한국군의 자주국방 역량 강화다. 미국과의 방위산업 협력이다. 한국은 방위산업 수출고 100조원으로 세계2위다. 방산 수출은 군사력 강화와 경제 성장이라는 두 마리 토끼를 잡을 수 있는 전략 자산이다.

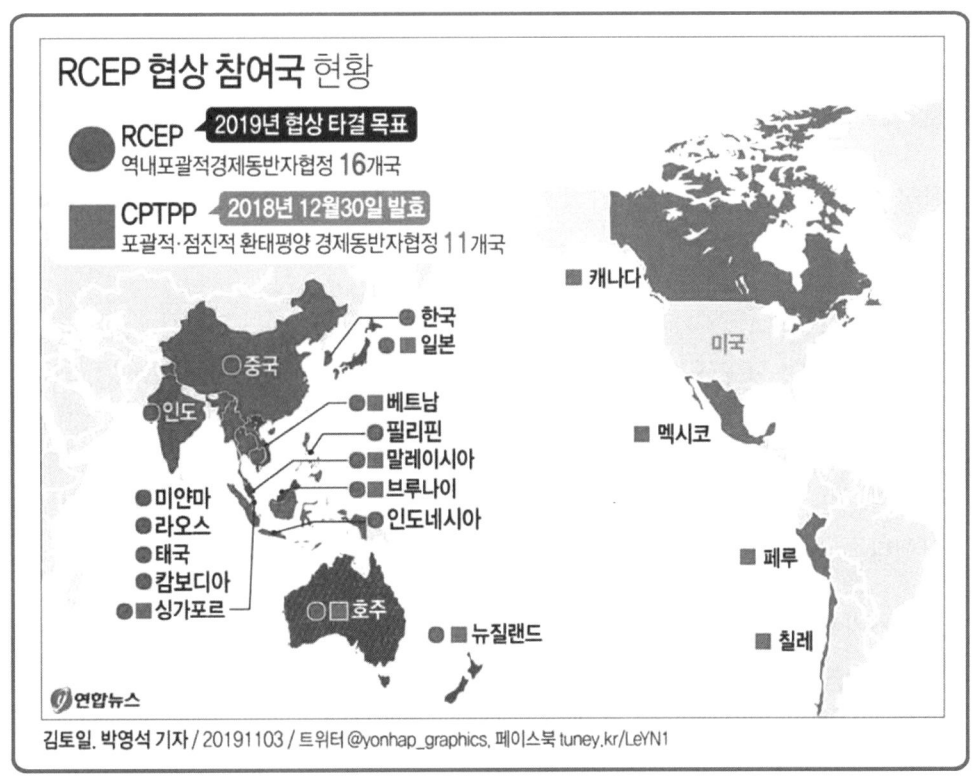

RCEP 협상 참여국 현황

RCEP 2019년 협상 타결 목표
역내포괄적경제동반자협정 16개국

CPTPP 2018년 12월30일 발효
포괄적·점진적 환태평양 경제동반자협정 11개국

한국
일본
중국
인도
베트남
필리핀
말레이시아
브루나이
인도네시아
미얀마
라오스
태국
캄보디아
싱가포르
호주
뉴질랜드

캐나다
미국
멕시코
페루
칠레

연합뉴스
김토일, 박영석 기자 / 20191103 / 트위터 @yonhap_graphics, 페이스북 tuney.kr/LeYN1

⭕ 경제·통상·투자 전략과 미국 현지 생산 분석

첫 정상회담에서 안보만큼이나 비중이 큰 의제가 바로 경제·통상 분야다. 양국은 상호 무역 구조의 불균형, 에너지·원자재 협력, 첨단 산업 공급망이다, 한국은 미국 현지 투자의 장단점을 놓고 철저하게 준비해야 한다.

⭕ 대미 무역 구조와 불균형 문제를 해소해야 한다.

트럼프 대통령은 "무역에서 미국이 손해 보고 있다"는 프레임을 강하게 내세웠다. 그는 특히 한국, 일본, 독일, 중국과 같은 무역흑자국을 대상으로 에너지·농산물 구매 확대와 제조업 투자 확대를 직접 요구했다.

미국은 농산물 수출 세계1위다. 미국은 농업이 미국경제에서 가장 중요한 역할을 한다.

⭕ 미국 산 에너지·농산물 수입 확대 필요하다.

한국은 에너지 100%수입한다. 한국은 원유 수입 1위가 이미 미국이며 2위 사우디다. 한국은 미국산 원유와 가스 수입을 늘여서 무역흑자를 줄여야 한다.

한국은 무역 불균형 해소를 위해 미국산 LNG, 원유, 옥수수, 대두 등의 수입을 확대하는 방안도 좋다.

⭕ 첨단 산업 공급망 협력이다.

이번 회담의 경제 의제 중 핵심은 반도체·배터리·첨단소재 공급망의 공동 관리였다. 미국은 중국을 견제하기 위해 '칩4 동맹'(미국·한국·일본·대만)을 추진했다.

삼성전자는 미국 텍사스에 약 60조 원을 투자해 최첨단 반도체 공장을 건설 중이며, 2026년 완공 예정이다. 현대차그룹은 30조 원을 투입해 조지아주에 전기차 전용 공장을 세우고 있다.

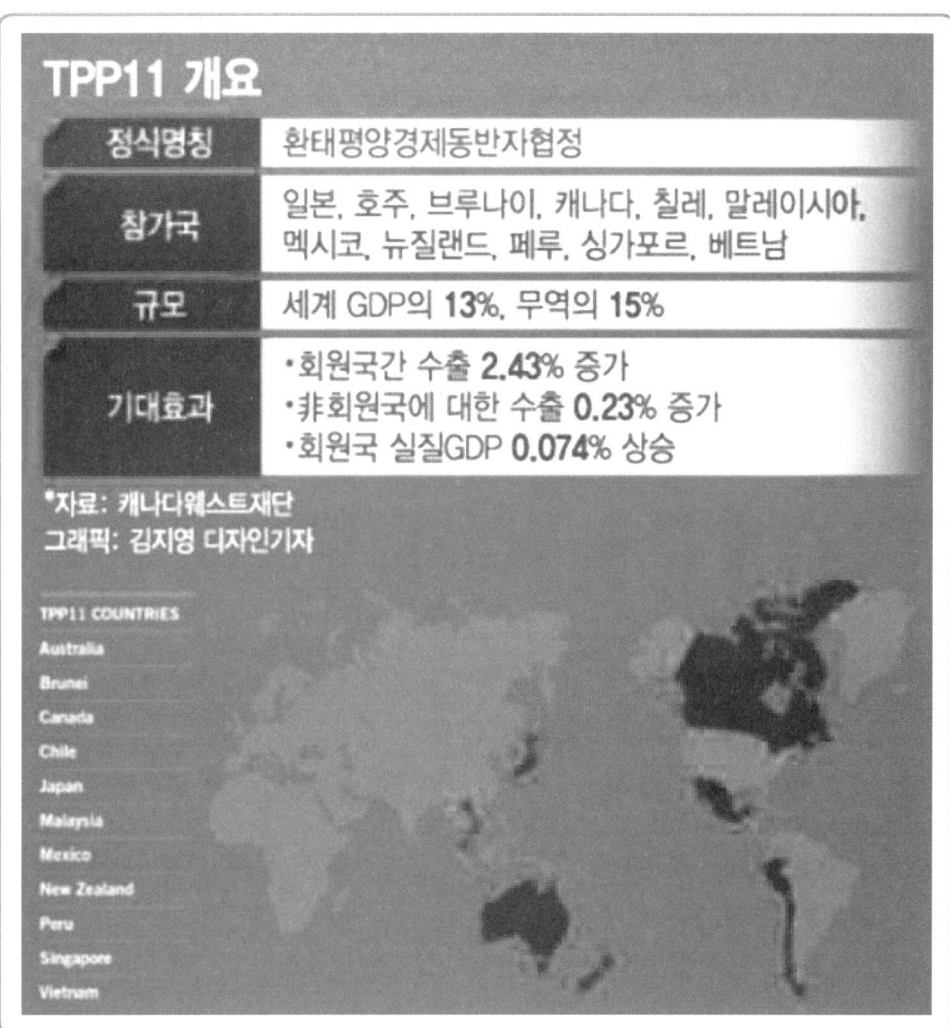

TPP11 개요

정식명칭	환태평양경제동반자협정
참가국	일본, 호주, 브루나이, 캐나다, 칠레, 말레이시아, 멕시코, 뉴질랜드, 페루, 싱가포르, 베트남
규모	세계 GDP의 **13%**, 무역의 **15%**
기대효과	•회원국간 수출 **2.43%** 증가 •非회원국에 대한 수출 **0.23%** 증가 •회원국 실질GDP **0.074%** 상승

*자료: 캐나다웨스트재단
그래픽: 김지영 디자인기자

TPP11 COUNTRIES
Australia
Brunei
Canada
Chile
Japan
Malaysia
Mexico
New Zealand
Peru
Singapore
Vietnam

- 미국 현지 생산 확대 장점은 15% 관세 회피, 미국소비시장 접근성 확대, 브랜드 인지도 상승이다. 현대차는 미국내 생산시설 확대 후 판매량이 세배정도 증가했으며 미국 5위 수준이다. 미국 현지 생산확대가 성장에 큰 기여를 했다.

- 미국 현지 생산 단점은 한국 일자리 감소다. 국내 기업의 해외 공장 건설확대로 국내 제조업 고용이 줄어들며, 특히 청년층 취업률 하락이 우려된다. 2025년 대학생 취업률은 약 45%로 추가 하락 가능성이 있다.

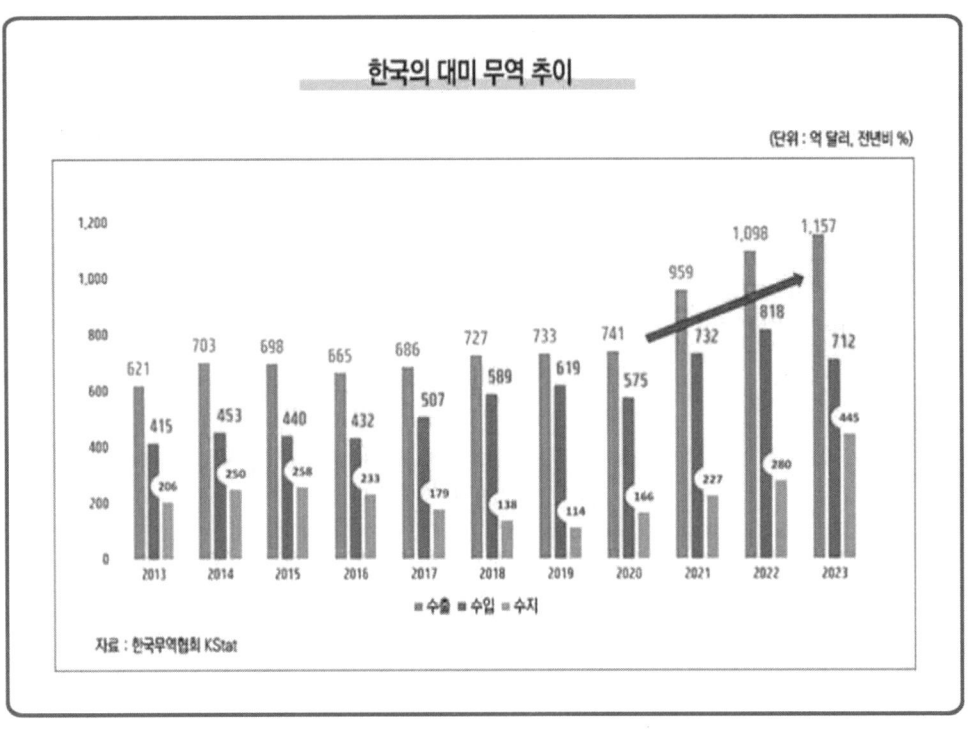

한국의 대미 무역 추이

(단위 : 억 달러, 전년비 %)

자료 : 한국무역협회 KStat

한국 산업 공동화가 우려된다. 핵심 제조 설비와 기술 인력이 해외로 이전되면 국내 산업 생태계가 약화된다.

최근 외국인직접투자(FDI)에서 유출이 유입보다 2~5배 많은 상황을 개선하도록, 정부는 기업하기 좋은 환경을 만들어야 한다.

○ 정상회담에서 대미 협력의 확대와 전략적 전환이 돼야 한다.

한미 관세 협상에서 15% 관세로 합의된 것은 당장의 불확실성을 줄였지만, 여전히 안심할 수 없다. 트럼프 대통령은 반도체에 최대 100% 관세를 부과할 수 있다는 입장을 밝힌 바 있어, 구두 약속이 문서로 확정되기 전까지 철저한 대비가 필요하다. 트럼프 대통령은 개인 자산 10조원 사업가 출신으로, 철저히 자국 이익 중심으로 판단한다.

◎ 미국과 한국 해양·조선 협상 전략이 필요하다.

해양은 전 세계 교역량의 약 90%가 통과하는 '경제의 대동맥'이자, 분쟁과 협력의 경계선이다. 한국 수출 99%는 바다로 수출된다.

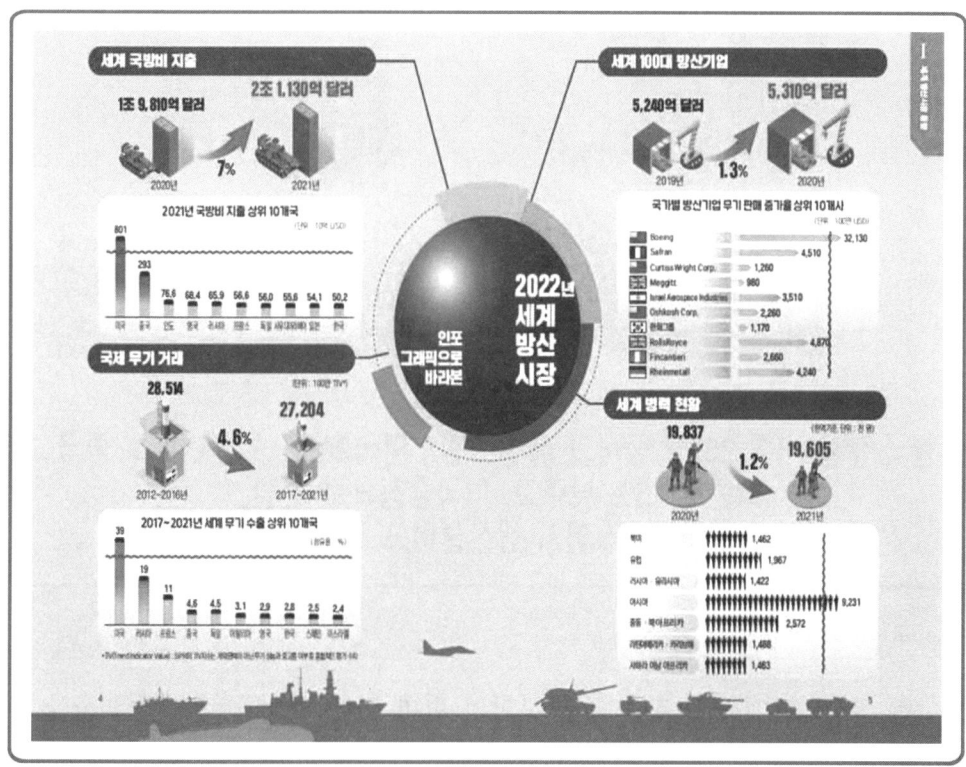

한국과 같이 수출 의존도가 높고, 전략물자의 대부분을 해상 운송에 의존하는 나라는 해양 전략이 곧 국가 전략이라 해도 과언이 아니다.

◎ 한국 조선산업 미국과 협력확대 하자.

한국은 2024년 조선 수주량에서 전 세계 1위를 차지했다. HD현대, 삼성중공업, 한화오션 등 대형 조선사들은 LNG 운반선, 초대형 유조선(VLCC), 군함, 잠수함 등 고부가가치 선박에서 독보적인 경쟁력을 갖고 있다.

조선산업은 단순 제조업이 아니라, 국가 안보·해양 전략의 핵심 기반이기도 하다. 함정, 해양플랜트, 군수지원선 등은 국가의 해상 방위력과 직결된다.

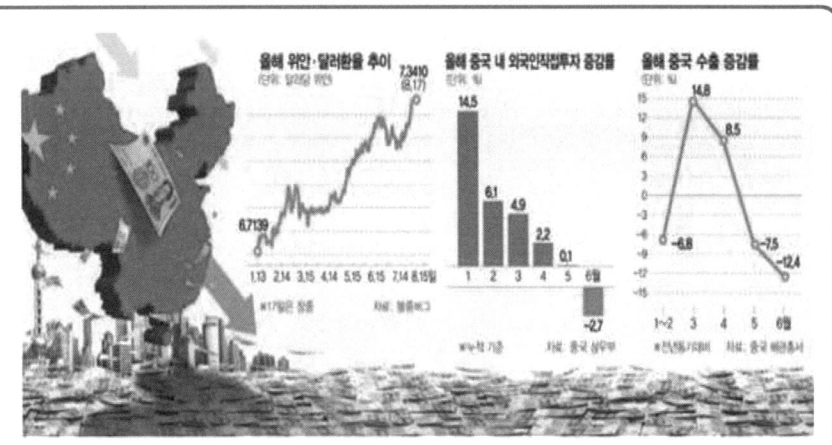

<서울경제 2024>

한국 수출 비중 2025: 중국과 홍콩 33%, 미국20%, 일본6%-→ 중국 의존도 15% 낮추고, 미국중심으로 전환, 미국 고관세 우려, 미국 현지 생산늘이고, 중국산 부품 줄이자.

이번 정상회담에서는 조선·해양 분야의 한미 협력 확대가 주요 합의사항 중 하나로 포함됐다.

이재명 대통령은 정상회담 직후 필라델피아 조선소를 직접 방문예정이다.

트럼프 대통령은"한미동맹이 안보를 넘어 산업과 일자리 동맹으로 확장되는 사례"라고 말했다.

미국 시장은 규모와 기술 요구 수준이 높아, 진출 자체가 경쟁력 검증을 의미한다. 따라서 이번 정상회담을 계기로, 한국 기업들이 미국에 생산 거점과 연구개발 센터를 확대하는 전략이 필요하다. 이는 매출 증대뿐 아니라 글로벌 공급망에서 한국의 입지를 공고히 하는 계기가 될 것이다.

◯ 결론: 강력한 동맹 위에 번영을

한미 정상회담은 단순한 외교 이벤트가 아니라 국가 전략의 분기점이다.

안보와 경제 모두에서 미국과의 협력을 심화시켜야, 한국은 생존하고 번영할 수 있다.

튼튼한 국방 없이는 경제 성장도 없고, 안정된 경제 기반 없이는 국방 강화도 지속될 수 없다.

이재명 대통령과 트럼프 대통령의 정상회담이 양국의 번영과 세계 평화에 기여하는 길을 열기를 기대한다. 대한민국은 강력한 안보와 전략적 경제 협력을 통해 선진국으로 도약해야 하며, 이번 회담이 그 초석이 되어야 한다.

이재명 대통령의 성공적인 한미 정상회담을 바란다.

> 김대종 교수는 세종대 경영학부 교수, 한국경영경제연구소 소장이다.
>
> 한국시장경제교수협의회 회장, 대통령직인수위원회, 세계3대 인명사전 후즈후 등재됐다. 2026년 경제대전망, 이재명 경제대전망, 트럼프2기 한국생존전략, 부자트렌드 등을 저술했다.

2026년 한국 기업 성장엔진 실려라

한국 경제 SWOT	
강 점	**기 회**
세계 최고 교육, 우수한 인재, 대학진학80%	모바일(95%),온라인,구독경제
세계 최상 IT, 통신 인프라, 스마트폰 1위	반도체, SW인재 양성, 전자정부
지정학적 위치(중국, 일본)	시가총액: 미국60%,한국1.5%, 부동산90%상승
2025년 제조업 세계5위, 경제 9위, 금융35위,	4차 산업혁명, IT 융합, 벤처 육성
신속한 의사결정, 정확성, 창의성	우수한 기술, 브랜드(한강 노벨상, 한류, BTS)
약 점	**위 험**
고임금,고물가,고환율(24~25년 1400~1,600원)	-트럼프 25% 고관세 정책 → 한국 가장 큰 타격
에너지 99%수입, 주52시간제, 강력한 노조	-미 연준 물가목표(9%→2%)
4차 산업혁명 규제(허가)—>네거(불법외 허용)	외환위기, 금융위기: 한미, 한일 통화스와프
규제: 법인세26%, 소득세(45%), 상속세(60%)	중국침체, 북핵과 참전, 전쟁지속→조선,방위
해외직접(FDI):유출2-5배>유입, 청년취업율45%	미중 패권전쟁, 인구 71년 105만명--> 23만명

한국 기업이 생존하려면 4차 산업혁명의 거대한 물결을 함께 해야만 한다.

이재명 대통령의 상생기금으로 경기가 부양되고 있다. 2025년 경제성장률은 1.2%로 올랐다.

정치가 안정되면서 경제가 정상화되고 있다.

한국 코스피도 3600를 돌파했다. 이재명 신정부의 역할이 중요하다. 2026년 예산은 730조원 정도다.

기업들은 생존하기 위해 "구독경제, 온라인시장 80% 확대 , 정부조달, 모바일시대" 등을 준비해야 한다. 2025년 우리나라 소매액 600 조원 중 52%가 온라인이다. 앞으로 이 비중은 80%까지 증가 하게 될 것이다.

온라인 쇼핑 산업 확대, 미국 현지 생산증가, 인공지능 성장 등에 대비해야 한다. 기업은 세계적인 큰 흐름을 따라 가고 혁신해야 한다.

한국도 혁신적인 정책을 펼쳐야 한다.

2024년 외국인직접투자(FDI) 유출이 유입보다 두 배 많다. 대학생 청년 취업율이 45%다.

한국 4차 산업혁명 높은 규제, 우버 금지와 강력한 노조 등으로 인하여 한국 기업 유출이 계속 증가하고 있다.

한국은 기업하기 좋은 환경을 만들어야 한다. 그래야만 한국 기업이 살아남을 수 있다.

"더 이상 성장만으로는 설명할 수 없다."
한국 기업들이 마주한 냉혹한 현실을 대변하는 말이다.

최근 한국은행과 KDI는 2025년 한국 경제성장률 전망치를 0.8%로 하향 조정했다. '1%도 어려운 시대'가 도래한 것이다.

골드만 삭스는 한국경제 2025년 1.2%, 2026년 2.2% 성장 예측이다.

고금리·고물가·고환율이라는 삼중고와 인구 감소, 글로벌 공급망 재편 등의 구조적 문제가 맞물리면서, '성장'이 기업 전략의 전제조건이던 시대는 저물고 있다. 그 자리를 대신한 단어는 바로 '생존'이다.

이제 기업은 더 이상 시장 확대나 매출 증가를 전제로 움직이지 않는다. 조직을 정비하고, 핵심을 압축하며, 위기 속에서 살아남을 길을 모색하고 있다.

단기 수익성보다 지속 가능성을, 공격보다 방어를 우선하는 생존 전략이 확산되고 있다. 이러한 변화는 기업 내부에만 머무르지 않는다. 고용, 소비, 삶의 방식까지도 근본적인 전환을 요구한다.

◎ '국민 앱' 당근마켓도 권고사직… 흔들리는 IT공룡들

대표적 스타트업이었던 당근마켓은 2025년 창사 이래 처음으로 권고사직을 단행했다.

불과 몇 년 전, 지역 기반 커뮤니티 플랫폼으로 폭발적인 성장을 이뤘던 당근마켓은 이제 체질 개선에 나서고 있다.

시장 확장이 정체되고, 광고 수익과 커머스 실험이 기대만큼 성과를 내지 못하자 '적정 인력 유지'를 이유로 조직 슬림화에 착수한 것이다.

당근마켓만의 이야기가 아니다. 네이버와 카카오도 연달아 채용을 축소하고, 비핵심 계열사의 구조조정에 나섰다. 대규모 신사업을 펼쳤던 쿠팡조차도 해외 확장보다 국내 물류의 효율화를 선택하고 있다.

기업들은 지금, 성장 이후의 피로를 치유하며 현실에 맞는 몸집으로 돌아가는 중이다.

◎ 2026년 사업 다각화와 집중화, 상반된 생존 전략

생존을 위한 전략은 하나로 통일되지 않는다. 오히려 두 방향으로 갈라지고 있다. 일부 기업은 리스크 분산을 위해 사업 다각화에 나선다. LG전자는 가전 외에도 전장, 에너지솔루션, 헬스케어로의 확장을 도모하고 있다.

반면, 삼성전자는 스마트폰·디스플레이 등 저수익 부문 인력을 줄이고, 반도체 및 인공지능 중심의 '선택과 집중'을 강화하고 있다.

이러한 전략들은 모두 성장의 멈춤을 전제로 한다. '더 이상 무한한 확장은 없다'는 인식 아래, 기업들은 생존 가능한 구조를 먼저 구축하고자 한다.

여기에는 비용 절감, 비효율 제거, 조직 유연화 등의 키워드가 수반된다. 한때는 "성장이 최선의 방어"였지만, 이제는 "방어가 최선의 생존"이 된 셈이다.

◎ 2026년 고용의 둔화, 소비의 변화

기업 전략의 변화는 곧바로 고용 시장에도 반영된다. 신입 채용은 줄고, 경력 중심의 수시채용이 늘고 있다. 그마저도 고숙련자 위주다. 청년 취업난이 심화되고, 중장년층의 경력 전환도 어려워지고 있다. 고용이 줄자 소비도 위축된다. 소득 불확실성이 커지면 자연히 지갑을 닫게 되고, 이는 다시 기업의 수익성 저하로 이어지는 악순환을 만든다.

개인의 삶도 재설계가 불가피하다. 평생 직장보다는 평생 직업을 고민해야 하고, 하나의 커리어보다 다중 역량을 갖춘 '멀티 플레이어'가 살아남는 시대가 되었다.

자산 관리의 중요성도 더욱 커졌다. 안정적인 소득 구조를 만들기 위한 금융 지식, 투자 감각, 생애 설계 능력 등이 생존 도구로 변모하고 있다.

⭘ 생존 이후를 준비하는 기업들

그러나 생존이 곧 정체는 아니다. 위기의 시기에도 혁신은 가능하다. 오히려 불황은 체질을 개선하고, 본질에 집중할 수 있는 기회이기도 하다.

최근 많은 기업들이 ESG 경영, 디지털 전환, AI 기반 업무 프로세스 도입 등 새로운 방향성을 향해 나아가고 있다. 생존을 위한 고통스러운 구조조정이 끝난 후, 다시 성장의 씨앗을 뿌릴 수 있어야 한다.

정부와 공공의 역할도 중요하다. 기업 생태계가 무너지지 않도록 정책적 지원이 필요하며, 고용 충격을 완화할 사회안전망 확충도 필수다. 재교육과 전환교육을 통해 사람들의 이탈을 막고, 새로운 산업에 흡수될 수 있도록 돕는 시스템이 뒷받침되어야 한다.

〈기업 조치 내용〉		
기업	조치 내용	시기
당근마켓	첫 권고사직 실시	2025년
네이버	신규채용 축소, 일부 조직개편	2024년
카카오	구조조정, 비핵심 계열 정리	2025년
쿠팡	국내 효율화 집중	2025년

플랫폼 기업뿐 아니라 대기업 역시 생존을 위한 방향 전환에 돌입했다.

공격적 확장을 멈추고, 내부 효율화와 핵심 역량 중심의 구조 재편이 가속화되고 있다.

◎ 2026년 기업 생존 전략은 두 갈래: 다각화 vs 집중화

한국 기업들은 위기 상황 속에서 사업 다각화와 선택과 집중이라는 두 가지 생존 전략을 취하고 있다.

전략 유형	대표 기업	전략 방향
다각화	LG전자	전장·에너지·헬스케어 등으로 확장
집중화	삼성전자	디스플레이 정리, 반도체·AI 집중

성장이 더 이상 보장되지 않는 시대, 기업들은 리스크를 분산하거나 핵심만 남겨 체질을 개선하는 방식으로 버티고 있다.

◎ 고용 축소와 소비 위축…

생존을 위한 전략 전환은 고용시장에도 충격을 주고 있다. 대기업 신입채용은 2025년 대비 약 30% 이상 감소했으며, 수시채용·단기계약 중심으로 고용 구조가 바뀌고 있다.

항목	수치	비고
청년 체감실업률	22.8%	2024년 상반기 (통계청)
소비자심리지수	98.4	기준선 100 이하 = 부정적 심리
서비스 소비 증가율	-1.3%	전년 대비 하락

고용 불안정성은 소비 위축으로 이어지고, 이는 다시 기업 매출 감소를 부르는 악순환을 초래하고 있다.

한국은 기업하기 좋은 나라가 돼야 한다

한국 경제 SWOT	
강 점	**기 회**
세계 최고 교육, 우수한 인재, 대학진학80%	모바일(95%),온라인,구독경제,AI
세계 최상 IT, 통신 인프라, 스마트폰 1위	반도체, SW인재 양성, 전자정부
지정학적 위치(중국, 일본)	시가총액: 미국60%,한국1.5%, 부동산90%상승
2025년 제조업 세계5위, 경제 9위, 금융35위,	4차 산업혁명, IT 융합, 벤처 육성
신속한 의사결정, 정확성, 창의성	우수한 기술, 브랜드(한강 노벨상, 한류, BTS)
약 점	**위 험**
고임금,고물가,고환율(25~26년 1400~1,600원)	-트럼프 25% 고관세 정책 → 한국 가장 큰 타격
에너지99%수입,상법개정,노란봉투법,강력 노조	-미 연준 물가목표(9%→2%)
4차 산업혁명 규제(허가)—>네거(불법외 허용)	외환위기, 금융위기: 한미, 한일통화스와프
규제확대: 법인세29%, 소득세(45%),상속세(60%)	중국침체, 북핵과 참전, 전쟁지속→조선,방위
해외직접(FDI):유출2-5배>유입, 청년취업율45%	미중 패권전쟁, 인구 71년 105만명->23만명

생존을 넘어 다시 성장하기 위해서는 제도적 전환이 절실하다.
기업을 얽매는 규제를 풀고, 투자와 고용을 유도하는 환경을 조성해야 한다.

한국은 트럼프 고관세 15% 정책에 철저하게 대비해야만 생존할 수 있다.

트럼프 대통령이 2025년 1월 취임했다. 트럼프 당선의 가장 큰 이유는 8%에 이르는 고금리와 고물가 등 경제적 이유다. 미국 중산층이 붕괴됐다.

트럼프 정부 핵심정책은 미국 우선주의다. 미국을 잘 살게 만드는 것이다.

미국에 공장을 옮기라는 것이다.

미국을 제조업 세계1위로 만드는 것이다. 관세 15%를 물지 않으려면 미국으로 공장에 공장을 건설하라고 한다.

한국은 국가안보와 경제에서 위기다.

2025년 8월 트럼프는 중국 30% 고관세, 한국 15% 관세를 부과하겠다고 말했다.

트럼프 대통령은 "미국 법인세 21%를 15%로 낮추고, 규제를 완화해 전세계에서 가장 제조업하기 좋은 나라를 만들겠다"고 말했다.

한국은 미국 직접 생산을 늘리고, 중국산 부품을 최소로 줄여야 한다. 한국 국회도 미국과 발맞춰 기업하기 좋은 환경을 만들어야 한다.

요 약

- 트럼프: 미국 우선주의, 한국25%. 중국60%, 캐나다, 멕시코:25%
- 미국기준금리: 25년 4.5% ,26년: 3.5%,27년2.5%, 한국2.75%
- 2025년 경제성장율: 세계 3.1→3.2% 한국 2.2%→1.5%
- 한국: 미국 현지생산 확대, 미국산 석유와 가스 수입 확대, 한국 교역확대와 다자무역 확대, 대미 무역흑자85조원

- 9988: 기업99% 중소기업, 근로자 88%
- 기업: 공공조달, 구독경제, 온라인쇼핑, 현금비축
- 생산 4大요소: 모바일, 토지, 노동, 자본
- 4차 산업혁명: 세계1위, 스마트폰 ,통신, 전자정부→우버금지
- 유니콘 기업(1조) 2024년 23개: 토스,야놀자,여기어때

◎ 한국 무역의존도는 75%로 세계 2위다.

한국 수출 국가별 비중은 중국과 홍콩33%, 미국20%, 일본6%다.

한국 교역은 중국 비중을 낮추고 미국 중심으로 전환해야 한다. 시진핑 주석 30년 집권이 시작되면서 중국은 개방된 경제에서 폐쇄경제로, 시장경제에서 계획경제로 가고 있다.

중국은 2023년 간첩법 시행으로 외국인투자 90%가 급감했고, 관광객 95% 줄었다. 한국 신세계와 롯데는 완전 철수했으며, 현대자동차 중국 공장 90%는 폐쇄했다.

2026년 중국 경제성장률은 4.1%로 크게 낮아진다.

미국이 자국 우선주의로 나갈 때, 한국은 무역을 다변화하고 교역을 확대해야 한다. 대한민국 생존전략은 다음과 같다.

첫째 한국 기업은 미국 현지 생산을 늘리고 중국산 부품을 줄이자.

트럼프는 미국에 공장이 없는 해외기업에 15% 관세를 부여한다.

2025년 미국 평균 관세는 2.5%다. 한국에 15% 고관세가 부과되면 한국 전체 수출 30% 정도 감소하며, 금액으로는 100조원 정도다. 한국 정부와 기업은 철저하게 대비해야 한다.

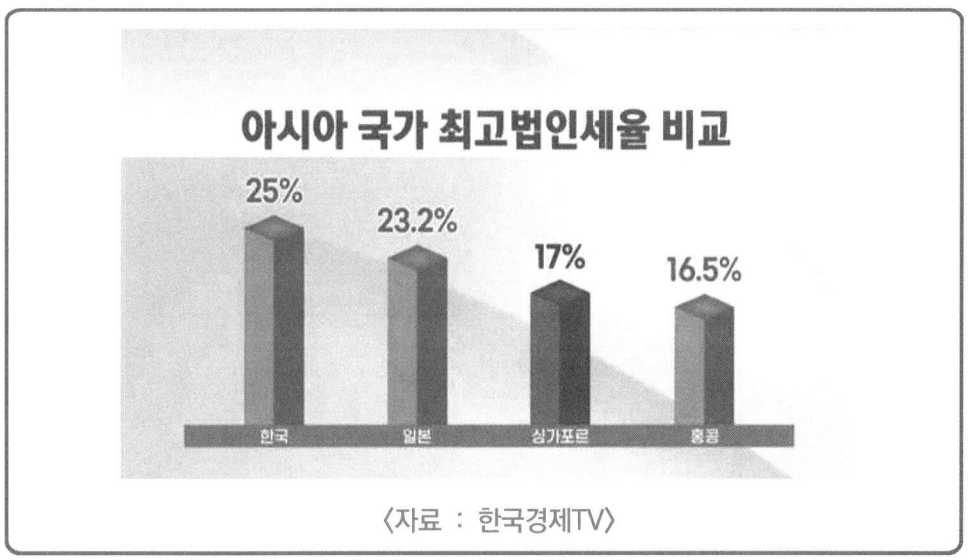

〈자료 : 한국경제TV〉

둘째 한국 국회는 세계평균 정도로 기업하기 좋은 환경을 만들어야 한다.

트럼프가 법인세를 15%까지 낮출 경우 한국 기업 유출은 더욱 가속화된다.

법인세는 한국26%, 미국과 OECD 21%, 싱가포르17%, 아일랜드12%다. 2025년 외국인직접투자(FDI) 유입액보다 유출액이 두 배 많다.

한국 기업들이 미국과 베트남 등으로 공장을 옮기고 있다. 국내 대학생 청년취업률은 45%다.

셋째 한국 정부와 국회는 미국 수준으로 규제를 완화해야 한다.

외국인이 한국에서 가장 놀라는 것은 스마트폰 생산 1위 국가에서 우버가 금지된 것이다.

우버만 허용돼도 국내에 수 십 만개 일자리가 만들어진다. 호주는 우버를 허용하고 우버 수입10%가 택시업계에 기부된다. 한국도 구산업과 신산업이 상생해야 경제가 발전한다.

트럼프는 규제를 70% 없애고 기업하기 좋은 환경을 만들고 있다.

2025년 8월 기준 미국 공무원 11만 명 정도를 해고했다. 테슬라 창업자가 트럼프를 지지한 가장 큰 이유는 민주당의 과도한 규제 때문이다.

일론 머스크는 4,000억 원을 트럼프에 후원했고 당선 1등 공신이다. '규제를 완화해 미국을 기업하기 좋은 나라로 만들겠다'는 공약이 일론머스크 지지를 이끌어냈다.

두 사람은 헤어졌지만 미래는 예측불허다.

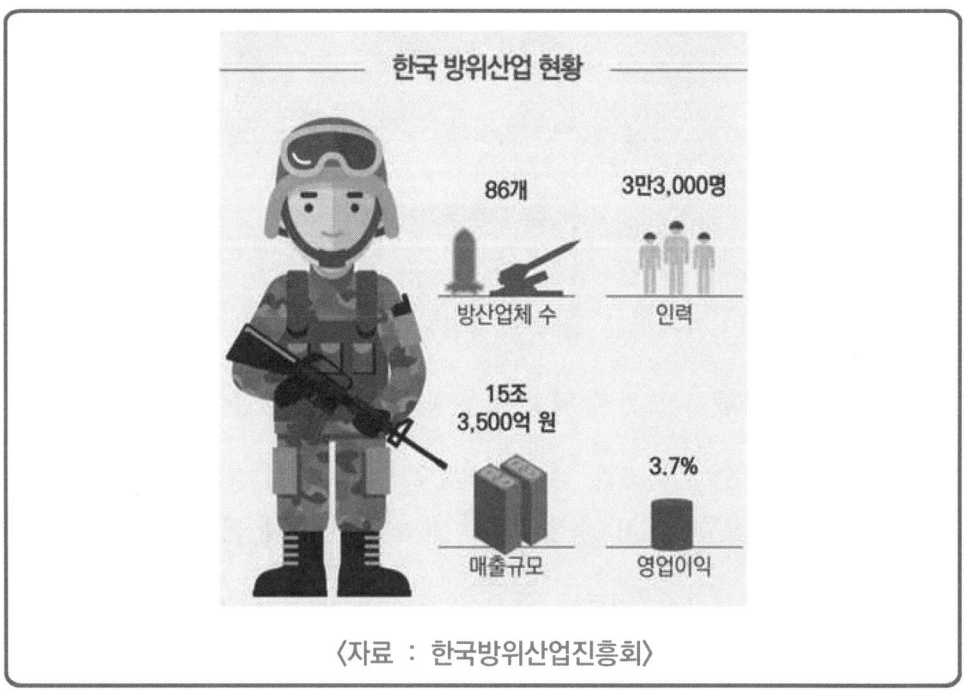

〈자료 : 한국방위산업진흥회〉

넷째 한국은 미국과 네트워크를 강화해야 한다.

현대자동차 새 CEO에 외국인이 최초로 임명됐다. 국내 총수들이 기업 전면에 적극 나서고 있다.

미국 공화당 정부와 네트워크가 중요하다. 한국은 미국 우방국임을 보여줘야 한다.

미국 칩스법과 IRA법도 폐지 될 수 있다. 트럼프 고관세 15%로 가장 크게 영향을 받는 한국 품목은 자동차, 자동차 부품, 석유화학, 반도체다.

〈한국의 對美 수출 상위 20위 품목〉

순위	품 목	수출비중(%)	순위	품 목	수출비중(%)
1	자동차	27.8	11	냉장고	1.8
2	자동차부품	7.0	12	기타기계류	1.7
3	석유제품	4.9	13	플라스틱 제품	1.7
4	반도체	4.3	14	컴퓨터	1.7
5	건전지 및 축전지	4.2	15	산업용 전기기기	1.6
6	전력용기기	2.3	16	철강관 및 철강선	1.4
7	건설광산기계	2.2	17	합성수지	1.3
8	원동기 및 펌프	2.0	18	철강판	1.2
9	무선통신기기	1.9	19	기타화학공업제품	1.2
10	정밀화학원료	1.8	20	기초유분	1.1

〈한국의 對中 수출 상위 20위 품목〉

순위	품 목	수출비중(%)	순위	품 목	수출비중(%)
1	반도체	29.0	11	비누 치약 및 화장품	2.2
2	합성수지	5.7	12	동제품	2.1
3	무선통신기기	5.6	13	플라스틱 제품	2.0
4	정밀화학원료	5.0	14	컴퓨터	1.6
5	석유화학중간원료	3.4	15	철강판	1.5
6	평판디스플레이센서	3.4	16	기구부품	1.5
7	기초유분	3.3	17	동광	1.2
8	석유제품	2.9	18	광학기기	1.2
9	반도체제조용장비	2.4	19	자동차부품	1.0

한국은 위기를 기회로 전환해야 한다. 트럼프 정부에서 한국 조선업과 방위산업 등이 큰 호재다. 한국은 미국 해군함정을 수리·유지하는 20조원 MRO 사업을 유치했다.

한국 방위산업은 2025년 수주고 100조원으로 세계 2위다. 2025년 하반기 우크라이나 전쟁이 종식된다면 해외건설업이 호재다.

트럼프 정부에서 한국 생존전략은 미국 네트워크 확대와 현지 생산 증대, 교역을 미국중심 전환, 그리고 한국 법인세 인하와 4차 산업혁명 규제완화다.

다섯째, 상속세와 자본이전 관련 규제 완화를 통해 장기 경영과 기업 승계를 유도해야 한다. 정부는 재정 지원을 넘어서, 기업의 성장 조건 자체를 새롭게 만들어야 한다. 싱가포르와 캐나다는 상속세를 없애고 기업승계를 지원하고 있다.

여섯째 한국은 교역을 확대해야 한다.

우리나라는 세계에서 두 번째로 무역의존도가 높은 나라다. 전체 GDP의 75%가 무역에 의존하고 있으며, 이는 대외 환경에 대한 민감도를 높이는 원인이다.

특히 최근 트럼프 미국 대통령의 15% 고관세 정책과 미국 우선주의가 전 세계 경제에 큰 타격을 주고 있다.

그의 보호무역 정책은 한국 경제에 큰 부담이다. 트럼프 대통령은 한국에 15% 관세 인상, 50% 철강 관세, 환율관찰국 지정 등을 통해 한국을 압박하고 있다.

이에 대응하기 위해 정부는 보다 정교한 통상 외교 전략을 수립해야 한다. 미국, 중국, EU 등 주요 교역국과의 관계를 다변화하면서도, 경제적 이익을 극대화할 수 있는 실용적 접근이 필요하다.

정부는 국익을 중심으로 통상 환경을 안정화하고, 수출 시장을 다변화하여 한국 경제의 외풍을 최소화하는 데 집중해야 한다.

일곱째 국내 경제를 살리기 위한 과감한 재정정책이 요구된다.

2025년 10월 내수 경기 부진, 청년층 취업률45%, 중소기업 자금난 등 복합적인 경제 위기가 누적되고 있다. 이러한 상황에서 정부의 역할은 뚜렷하다.

신정부는 40조 원 이상의 추경을 편성하여 경기 부양의 불씨를 다시 살렸다.

단순한 일회성 지원이 아니라, 일자리 창출, 녹색 전환, 인공지능 산업 육성 등 미래 성장 동력에 대한 투자로 이어져야 한다.

정부는 그동안 '재정은 국민을 위해 쓰는 것'이라 강조해 왔으며, 지금이야말로 그 원칙을 실천할 최적의 시점이다.

예산 집행의 공정성과 효율성은 반드시 함께 고려되어야 한다.

재정 투입은 국민 누구에게나 공정하게 돌아가야 하며, 그 과정에서 낭비 없이 최대의 효과를 거두도록 설계되어야 한다.

지금 대한민국은 안팎으로 중대한 갈림길에 서 있다. 세계 정치경제 질서는 빠르게 재편되고 있다.

⭘ 맺음말: 한국경제 선진국으로 성장하자

2026년 도약하는 한국경제를 위하여 정부는 기업하기 좋은 환경을 만들어야 한다.

이재명 대통령은 일자리 90%는 기업이 만든다고 했다. 기업을 우대해야 한국경제가 선진국이 된다.

부국강병 정책으로 안보와 경제를 번영시켜야 한다.

지금 한국 기업들은 '생존'을 위한 결단의 시기를 지나고 있다.
하지만 생존은 끝이 아닌 새로운 성장의 출발선이 되어야 한다.

기업이 살아야 일자리도 살고, 국민의 삶도 살아난다.
위기 속에서 역동성을 회복하고, 제도적 장벽을 낮추며, 민간 주도의 혁신이 가능하도록 돕는 것이야말로 한국 경제가 다시 도약하는 유일한 길이다.

'성장의 끝'은 곧 '생존의 시작'이다. 한국 기업들은 이제 눈앞의 성과보다 지속 가능성을 바라본다.

과거의 성공 공식이 통하지 않는 시대, 생존 전략을 고민하는 것은 선택이 아닌 필수다. 이 변화의 파동은 기업에서 개인, 그리고 사회 전체로 번지고 있다.

우리가 마주한 이 거대한 전환의 시대, 어떻게 버티고, 다시 일어설지를 함께 고민해야 할 때다.

정부가 선도적으로 기업하기 좋은 환경과 4차 산업혁명 규제완화 등을 지원해야 한다.

금융위기와 환율상승 대비법은 미국 주식 투자다.

개인은 여윳돈 미국 시가총액 1등 엔비디어에 투자하라.

부자가 되려면 월급25%를 1등 주식에 투자해야 한다.

한국 1% 부자는 순자산 30억원, 평균55억원이다. 한강 이남 아파트 청약과 미국 1등 주식이 부자로 만들어준다.

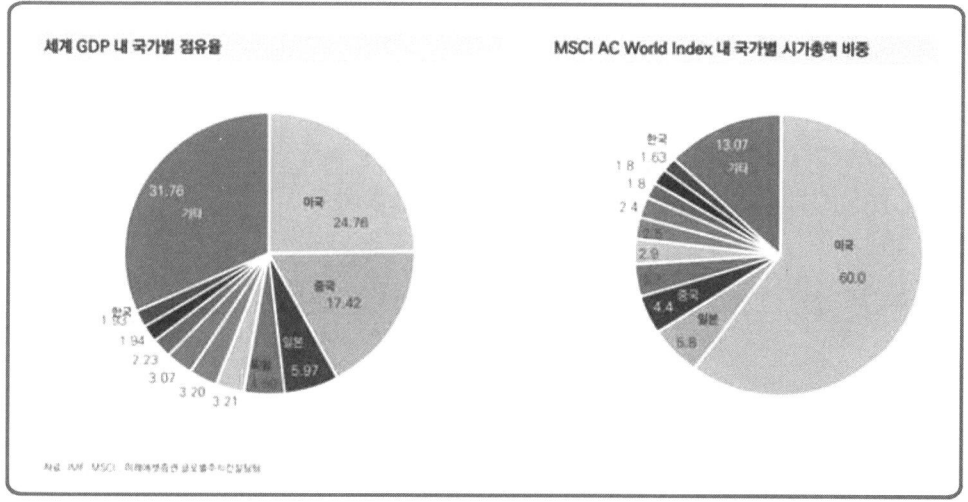

미국 일본에서 신산업도 들여와야 한다.

2026년 한국경제는 2.2% 경제성장률이 예상된다. 2025년 하반기 한국경제는 1.2%경제가 성장할 것이다.

정부, 기업, 개인은 미국의 25% 고관세 등에 철저하게 대비해야 한다. 2026년은 미국 기준금리 인하와 트럼프 대통령 미국 우선주의와 고관세 15% 전략 등으로 새로운 경제정책이 필요하다.

트럼프 고관세 15% 부과로 한국은 원래 미국관세가 없었다.

한미 FTA로 0%관세에서 25%로 오른 것이다.

← 　키움상위　실시간순위　시세분석　**순위검색**　⋮

| 시가총액 상위 ▾ | 🔴 설정 | ☰ 목록 ⋮ |

순위	종목명	현재가	등락(대비)	시가총액(천)▶
1	**엔비디아** NVDA	183.1600	−4.89% ▼ 9.4100	4,450,788,000
2	**마이크로소프트** MSFT	510.9600	−2.19% ▼ 11.4400	3,798,052,543
3	**애플** AAPL	245.2700	−3.45% ▼ 8.7700	3,639,904,908
4	**아마존닷컴** AMZN	216.3700	−4.99% ▼ 11.3700	2,307,564,413
5	**브로드컴** AVGO	324.6300	−5.91% ▼ 20.3900	1,533,022,973
6	**메타 플랫폼스(페이스북)** META	705.3000	−3.85% ▼ 28.2100	1,529,767,488
7	**알파벳 A** GOOGL	236.5700	−2.05% ▼ 4.9600	1,376,127,690
8	**테슬라** TSLA	413.4900	−5.06% ▼ 22.0500	1,374,916,274
9	**알파벳 C** GOOG	237.4900	−1.95% ▼ 4.7200	1,289,570,700
10	**넷플릭스** NFLX	1,220.0800	−0.89% ▼ 10.9900	518,443,714
	S&P500	6,552.51	▼ 182.60	2.71%

☰ 메뉴　　소수점　ETF현재가　ETF분석　**시세분석**　ㄹ

2025년 8월 25일 한미정상회담후 15% 합의가 안되고 있다.

미국은 3500억 달러 직접투자를 요구한다.

정부는 위기를 기회로 전환해야 한다.

미국은 2025년 10월 기준금리는 4.25%다. 한국 기준금리는 2.5%다.

2025년 미국 10월 소비자 물가지수는 2.7%로 낮아졌다. 미국의 연방준비은행이 목표하는 소비자물가는 2%다.

미국 연준 기준금리 목표치는 2025년 3.5%, 2026년 2.5%, 2027년 1.5%다.

미국 기준금리는 앞으로 매년 내린다. 한국도 미국과 동조화되어 있어 기준금리를 인하한다.

2026년 기준금리가 내리면 주식과 부동산 등 자산은 80% 확률로 상승한다. 금값은 76%확률로 상승한다.

미국 주식은 매년 35% 정도 오른다.

항상 미국 시가총액 1위 기업을 사는 것이 부자되는 지름길이다.

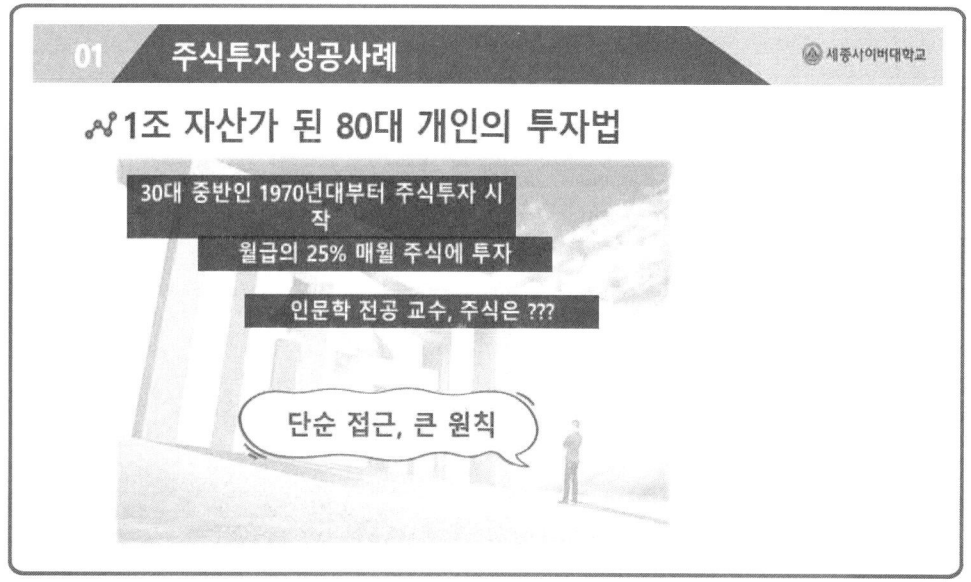

미국 엔비디어는 4.4조 달러, 한화로 6000조원이다.

삼성전자 500조원이다.

직장인이 부자가 되려면 월급의 25%는 미국 엔비디어를 사면 된다.

지난 5년간 39배 정도 올랐다.

금리인하로 기업은 투자를 늘리게 된다. 이자율 하락으로 2026년 인공지능 등 기업투자는 증가한다. 엔비디어, 삼성전자 등 반도체주는 상승할 것이다.

2025년 10월 미국 기준금리 4.25%, 소비자물가 2.7%다. 미국 연방준비은행의 가장 큰 목표는 물가안정이다.

지난 50년간 미국 기준금리는 1981년 최고 21%에서 1%로 우하향했다. 미국 물가가 안정되면 기준금리는 다시 예전처럼 1~2%로 낮아진다. 미국 기준금리는 88% 확률로 우하향한다.

기업과 개인은 하반기 미국 대외 경제정책을 예측하고 선제적으로 대응해야 한다. 다음과 같이 정부, 기업, 개인에게 제언한다.

첫째 미국은 2025년 하반기 기준금리를 0.25% 인하한다. 2회 정도 인하할 예정이다. 미국 연방준비은행은 실업률이 2025년 10월 4.3%까지 오르자, 경기를 개선시키기 위하여 기준금리 인하를 결정했다.

경기악화의 가장 좋은 지표는 실업률이다. 향후 미국 기준금리 인하 확률은 50%다.

한국은행은 2025년 12월 하반기까지 2.0% 정도 기준금리를 내릴 것이다

둘째 트럼프 대통령의 15% 고관세 경제정책이다.

2025년 스위스에는 39%, 브라질은 50% 고관세다.

1기처럼 트럼프 정책 30%를 실행되지만, 70%는 취소될 가능성이 높다.

미국 물가 인상을 촉발하기 때문이다.

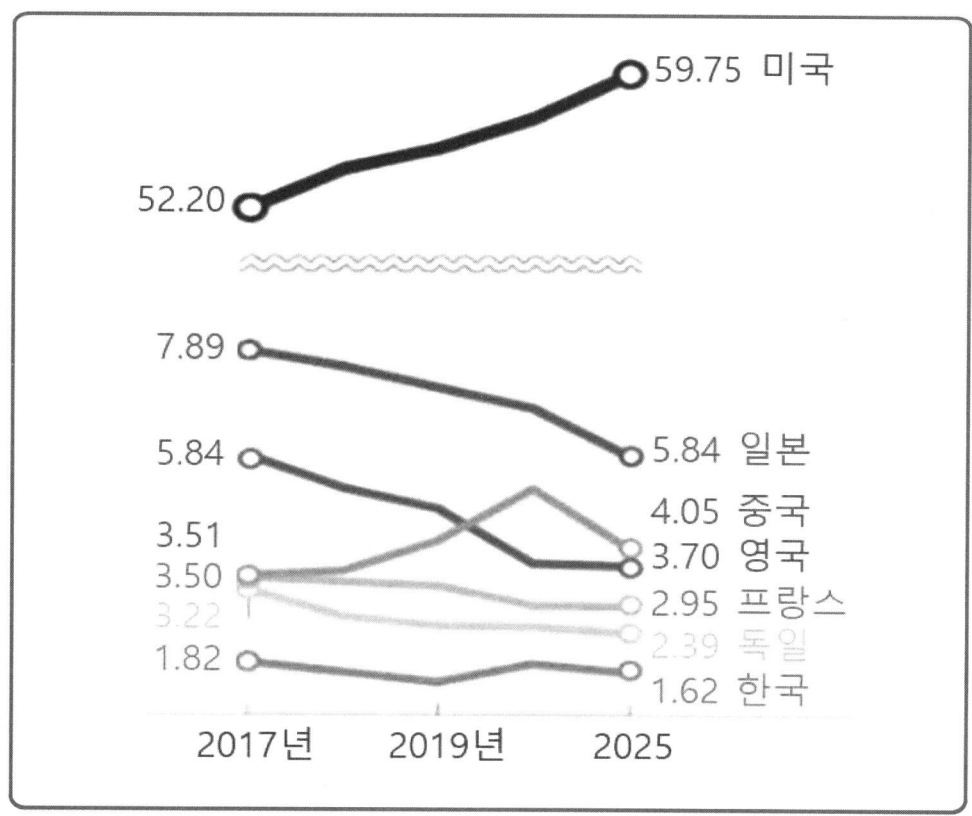

59.75 미국

52.20

7.89

5.84 일본

5.84

4.05 중국

3.51
3.50

3.70 영국

3.22

2.95 프랑스

2.39 독일

1.82

1.62 한국

2017년   2019년   2025

트럼프 정부는 중국에 대한 고관세 30%를 예고했다.

2025년 10월 11일 트럼프는 중국에 100% 고관세를 천명했다.

중국의 희토류 수출통제에 대한 대응이다.

트럼프 정부는 중국에 대한 AI반도체 수출 금지를 천명했다가 취소했다. 그 이유는 중국이 전 세계 희토류 90%를 독점하기 때문이다.

트럼프 대통령이 지지하는 경제정책은 은행과 전통적인 제조업이다. 전기자동차와 배터리 분야는 정부지원을 축소하고, 석유화학과 은행, 제조업 등을 육성하겠다는 전략이다.

한국 정부와 산업계도 트럼프 대통령 경제정책 변화에 대비해야 한다. 한국은 미국에 현지 생산을 늘이고 중국산 부품을 최소로 줄여야 한다.

USD/KRW
1,452.00
🏦 Hana Bank
▲ 16.50 (1.15

김대종 교수

한국은행의 새빨간 거짓말
곧 원화가 휴지조각 된다
당장 현금 여기로 옮겨라

한국은행의 새빨간 거짓말, 제2의 IMF 절대 못막는다 | 김대종 교수 1부   시청 ⟩

업로드 날짜: 2024. 12. 20. · 9.81천 좋아요 수

*본 영상은 12월 18일에 촬영되었습니다. (시청에 참고하시기 바랍니다.), ▶김대종 교수 저서 [성장하는 2025 ... 더보기
제대전망] 구매링크: https://product.kyobobook.co.kr/detail/S000214416963, ▶김대종 교수 저서 [부자학] 구매링크

대만 TSMC에 대해 트럼프는 강경한 입장을 밝혔다. 그는 대만 안보비용을 미국이 지출하고 있으므로, 대만도 이제는 지불해야 한다는 것이다. 대만은 2025년 10월 전 세계 비메모리반도체 90%를 독점 공급하고 있다.

2025년 10월 대만 정부도 대미관세 15%를 목표로, 4000억 달러 미국 투자를 제안했다. 또한 그들은 "적극 방위비 분담을 하겠다"고 응답하면서 동북아시아의 변혁을 예고했다.

셋째 한국은 미국 우선주의에 대응하여 국제무역을 확대하고 다자무역에 적극 가입해야 한다. 대한민국은 무역의존도가 75%다. 한국은 수출과 수입 등 교역으로 먹고 사는 나라다.

그러나 미국은 무역의존도가 20%고, 내수 비중은 80%다. 미국은 인구가 3억 3천만 명으로 계속 증가 추세다.

그러나 한국은 내수가 아니라 교역을 해야 한다. 한국은 일본이 주도한 CPTPP에도 편입하고 다자무역에 적극 가입해야 한다.

트럼프 대통령은 미국 우선주의 정책으로 나갈 것이다.

트럼프 대통령이 원하는 것은 미국에 공장을 건설하고, 미국 일자리를 만들어라는 것이다.

미국을 세계1위 제조업 강국으로 만드는 것이 목표다.

그러나 한국은 위기는 기회라는 긍정적 생각을 해야 한다.

교역을 확대하고 수출을 늘려야 한다. 한국은 에너지를 100% 수입한다.

따라서 미국이 자국 우선주의로 나갈 때, 한국은 적극적인 해외 진출을 도모하고 교역을 확대해야 한다.

넷째 방위산업은 기회다.

2026년 한국 수주고는 100조원으로 방위산업은 계속 성장할 것이다.

트럼프 대통령은 자국 방어를 스스로 책임지라고 말한다. 한국은 2025년 폴란드 등에 약 30조원 정도 무기를 수출했다. K2-전차, 자주포, FA-50 경비행기 등 방위산업이 한국의 효자상품이다.

미국이 생산하는 항공모함과 첨단무기는 수출이 불가능한 제품이다. 그러나 한국은 지난 75년간 전쟁을 준비하면서 방위산업을 육성했다.

한국의 재래식 무기는 어떤 나라보다도 신속하고 정확하게 공급할 수 있다. 누가 미국 대통령이 되든 한국 방위산업과 안보는 기회가 될 수 있다. 대한민국이 원하는 것은 핵추진 잠수함과 핵 안보전략이다.

2025년 트럼프 15% 고관세, 미국 기준금리 인하, 한국은행 기준금리 인하, 두 개의 전쟁 등이 변수다.

트럼프와 푸틴은 2025년 8월중 알래스카에서 만난다. 종전이 된다.

푸틴은 이미 점령한 돈바스를 달라고 한다.

트럼프는 우크라이나 원자재 50% 잇권을 찾았다.미국이 주도하여 종전 할 것이다.

한국 정부와 기업, 개인은 미국 보호무역과 자국 우선주의 정책, 금리인하에 철저히 대비해야 한다.

한국경제는 2025년 상반기 반도체, 전기자동차, 배터리 분야에서 선전했다. 그러나 2026년 한국 강점이 약화될 것이다. 기업과 개인은 위기를 기회로 전환해야한다. 유비무환 정신으로 준비해야 한다.

"외환보유고 9200억 달러 비축해야"

김대종 세종대 교수 "외환보유고 9200억 달러 비축해야"

유은규 기자
2025-06-25 14:47

'새정부 금융시장 현황과 전망' 강연…"통화 안정성 확보 정책적 결단 시급"

김대종 세종대 교수 [세종대 제공]

김대종 세종대 경영학부 교수는 지난 24일 여의도 콘래드호텔에서 IB토마토 회원들에게 '공급망 재편과 투자환율 리스크 관리전략'이란 주제로 강연을 했다.

김 교수는 이날 '새정부 금융시장 현황과 주식전망'에서는 "국내 금융시장이 중동 지역의 지정학적 리스크 완화와 글로벌 경기 회복세, 신정부 AI혁신정책 등에 힘입어 3100을 넘었다"며 "새 정부는 기업 친화적인 정책을 통해 증시 활성화와 경제 도약의 발판을 마련해야 한다"고 말했다.

김 교수는 "미국 연준의 금리 인하 지연, 강달러 지속, 중동 전쟁 종전, 동유럽을 포함한 글로벌 지정학 리스크가 복합적으로 작용하면서 원/달러 환율의 상승 확률이 82%다"고 진단했다.

이어 "중동사태가 종전되면서 유가와 환율이 안정을 찾을 것이다. 그러나 한국외환보유고 감소 등 상황이 악화되면 외국인 투자자 자금 유출, 수입 원가 상승, 외채 상환 부담 증가 등 복합적인 경제 리스크가 급속히 현실화될 수 있다"고 경고했다.

2008년과 달리 한미·한일통화스와프가 없어 한국환율이 급등락하고 있다. 그는 외환보유고는 '충분'이 아닌 '과잉'으로 접근해야한다고 주장한다.

아르헨티나는 10번째 외환위기를 격고 있으며, 2025년 10월 10여 국가가 IMF지원을 받고 있다.

그는 "2008년 금융위기와 같은 글로벌 충격이 반복될 경우, 한국은 하루 만에 수십억 달러가 빠져나갈 수 있는 구조에 놓여 있다"며, 김 교수는 "GDP대비 20%인 4,047억 달러에서 50% 수준인 9,200억 달러 외환보유고가 필요하다"고 강조했다.

그는 또한 "한국 외환보유고는 홍콩, 대만, 싱가포르보다 작다. 양적으로는 늘었지만, 한국 GDP 규모에 비해 비중은 20%로 계속 감소하고 있다"며, 국가 신뢰와 통화 안정성 확보를 위한 정책적 결단이 시급하다고 지적했다. 국제 생산 전략과 무역 다변화의 병행 필요성도 제언했다.

김 교수는 환율 대응 전략으로 외환보유고 확충 외에도 다음과 같은 정책적 전환을 제안했다.

그는 "미국 내 생산기지 확대로 통상 압력 대응 및 정치적 신뢰 형성을 위한 전략적 조치, 동남아·인도·중동 등 신흥국과의 무역 다변화: 특정국 의존도 분산 및 리스크 관리, 외교·통상·투자 연계 종합 경제전략 수립, 글로벌 금융시장의 구조적 변동성에 대한 대응력 제고가 필요하다"고 말했다.

김 교수는 금융당국과 정책 당국의 선제적 대응을 촉구했다. 끝으로 김 교수는 "이제 외환보유고는 단순한 재정안정보다 국가의 생존 전략이자 안보 전략으로 접근해야 한다"며, 대통령실, 기획재정부·한국은행 등 주요 정책당국의 강력한 리더십을 주문했다.

유은규기자 ekyoo@dt.co.kr

외환위기 대응법

개인이 1% 부자되는법

한국 1% 부자 30억원, 평균 55억원

전제 자산중 부동산 80%

월급25% 엔비디어 투자하라. 미국 시가총액1위

6000조원. 삼성전자 500조원

○ 부자트렌드

대한민국에서 살면서 반드시 부자가 돼야 한다. 부자가 되는 방법은 어렵지 않다. 필자가 제시하는 실천 전략을 따르면 누구든 부자의 길에 들어설 수 있다.

가점항목	가점상한	가점구분	점수	가점구분	점수
① 무주택 기간	32점	1년 미만	2	8년 이상~9년 미만	18
		1년 이상~2년 미만	4	9년 이상~10년 미만	20
		2년 이상~3년 미만	6	10년 이상~11년 미만	22
		3년 이상~4년 미만	8	11년 이상~12년 미만	24
		4년 이상~5년 미만	10	12년 이상~13년 미만	26
		5년 이상~6년 미만	12	13년 이상~14년 미만	28
		6년 이상~7년 미만	14	14년 이상~15년 미만	30
		7년 이상~8년 미만	16	15년 이상	32
② 부양 가족 수	35점	0명	5	4명	25
		1명	10	5명	30
		2명	15	6명이상	35
		3명	20		
③ 청약 통장 가입 기간	17점	6월 미만	1	8년 이상~9년 미만	10
		6월 이상~1년 미만	2	9년 이상~10년 미만	11
		1년 이상~2년 미만	3	10년 이상~11년 미만	12
		2년 이상~3년 미만	4	11년 이상~12년 미만	13
		3년 이상~4년 미만	5	12년 이상~13년 미만	14
		4년 이상~5년 미만	6	13년 이상~14년 미만	15
		5년 이상~6년 미만	7	14년 이상~15년 미만	16
		6년 이상~7년 미만	8	15년 이상	17
		7년 이상~8년 미만	9		
84점					

아파트 청약가점 배점표. /국토교통부

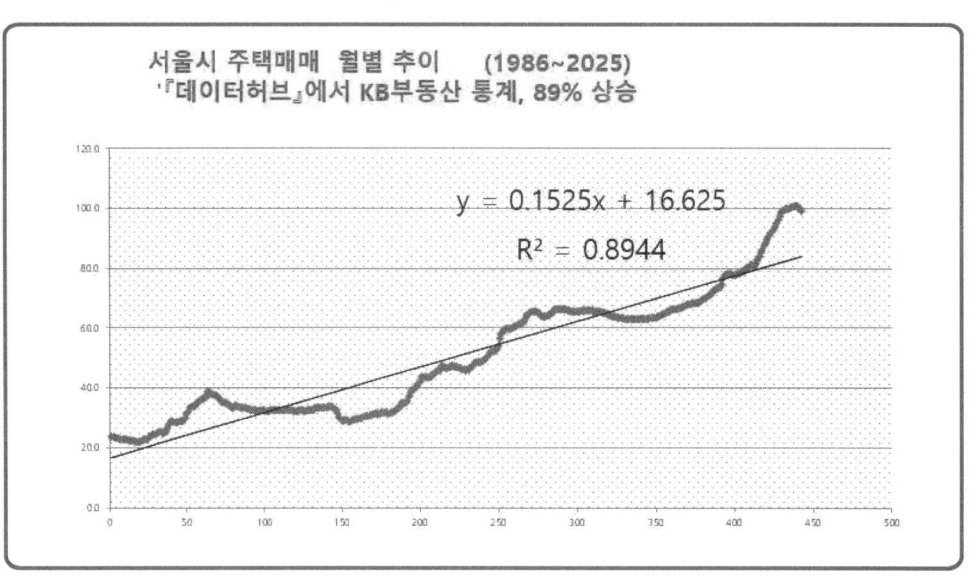

서울시 주택매매 월별 추이　(1986~2025)
'『데이터허브』에서 KB부동산 통계, 89% 상승

$$y = 0.1525x + 16.625$$
$$R^2 = 0.8944$$

첫째, 청약통장을 활용하자. 청약통장은 출생 직후 바로 만들어주는 것이 이상적이다.

만 15세부터 청약 인정이 가능하며, 15년 이상 납입해야 만점 조건을 만족할 수 있다.

강남, 서초, 송파, 강동, 하남, 거여, 마천 등 한강 이남 지역, 특히 3호선·5호선 종점 인근에 분양받는 것이 핵심이다.

이 지역은 향후 시세 상승 확률이 90%에 달한다. 버스와 지하철 종점 주변도 교통이 좋아 가치가 상승한다.

청약을 통해 받은 아파트는 수억 원의 차익을 낳는다. 실제로 2023년 분양한 둔촌주공은 13억 원이었던 분양가가 2025년 기준 약 30억 원으로 상승했다.

반포 원베일리 아파트는 분양가 20억원 시세가 70억원이다.

가족 모두가 청약통장에 가입하자. 분양 당첨후 매각하면 3년후 재차 1순위가 될 수 있다.

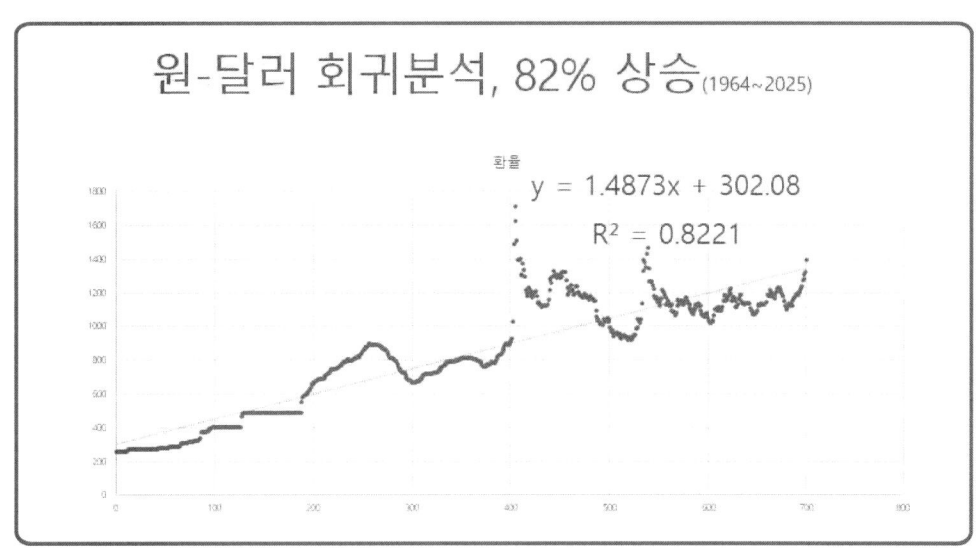

원-달러 회귀분석, 82% 상승(1964~2025)

환율

$y = 1.4873x + 302.08$

$R^2 = 0.8221$

둘째, 직장을 오래 다니고 승진하자.

전문성과 경력을 쌓으며, 직장재직중에 석사와 박사 과정을 병행한다면 대표이사가 될 가능성이 커진다. 직장인으로서 신뢰받고 성장해야만 경제력과 자산도 따라온다.

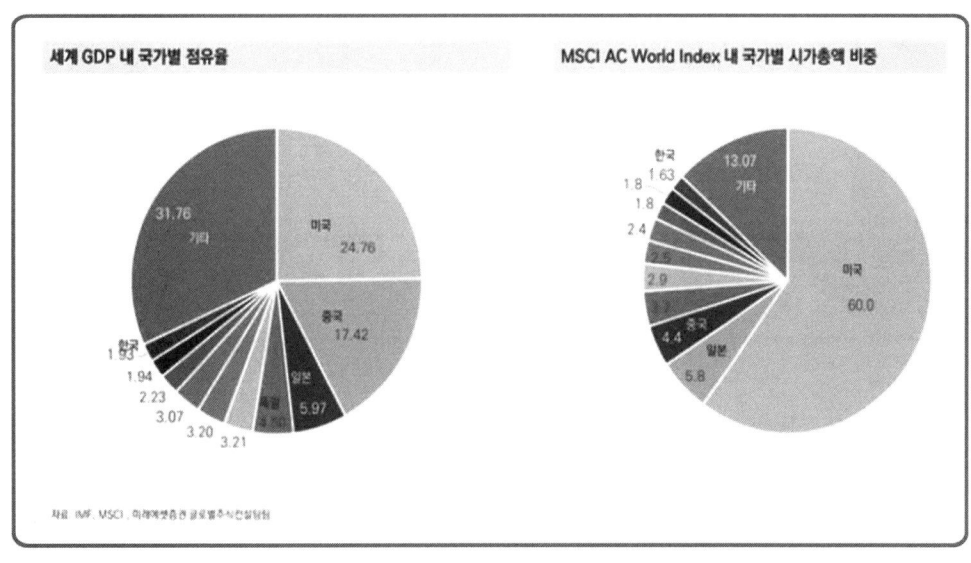

셋째, 미국의 신산업을 주목하자. 미국, 일본, 싱가포르 등 선진국의 산업 구조를 참고하여, 새로운 트렌드를 한국에 먼저 도입하자.

쿠팡의 물류 혁신, 넷플릭스의 콘텐츠 전략처럼 해외 산업 사례를 벤치마킹하거나 '카피캣 전략'을 통해 국내 및 동남아 시장에서도 성공할 수 있다.

넷째, 반드시 미국의 시가총액 1등 주식에 투자하자. 예컨대 현재의 엔비디아처럼 미국의 1등 주식은 장기적으로 안정성과 수익률 모두를 제공한다. 월급의 25%를 투자하되, 시가총액 1위가 바뀌면 종목도 함께 조정해야 한다.

국내 주식은 전체 자산의 5% 이내로 제한하고, 가상자산은 10% 이내로 유지하자. 비트코인과 같은 1등 가상화폐만 장기 보유 대상으로 고려할 수 있다.

마지막으로, 부자가 되고 싶다면 부자를 관찰하고 따라해야 한다. 넷플릭스에서 트럼프 전기영화를 보고, 수많은 부자 책을 읽고 그들의 사고방식과 투자 원칙을 배워야 한다.

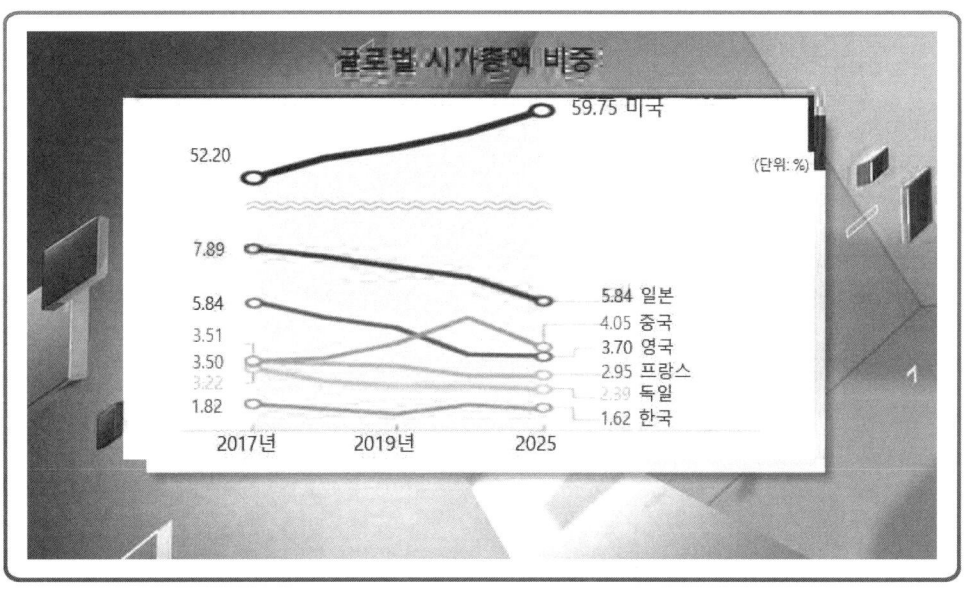

필자 역시 100권 이상의 재테크 책을 읽고 실행해왔다.

책을 통해 지식을 쌓고, 한 주라도 미국 1등 주식을 사고, 청약통장을 만들어 가족 전체의 미래를 설계하자.

결론적으로, 오늘 당장 실천할 수 있는 부자 전략은 이렇다:

청약통장을 만들고, 미국 주식을 사고, 직장에 충실하고, 신산업에 관심을 갖고, 부자들의 전략을 배우는 것이다.

단돈 2만 원으로 청약통장을 시작할 수 있다. 이것이 부자의 첫걸음이 된다.

2026년 환율상승과 대비법, 한국에서 1% 부자 비법

◎ 한국에서 부자가 되는 현실적인 방법

부자가 되고자 하는 열망은 인류 보편의 꿈이며, 한국 사회에서도 예외는 아니다. 치열한 경쟁과 급변하는 경제 환경 속에서 '어떻게 하면 부자가 될 수 있는가'에 대한 답은 사람마다 다르지만, 한국 사회의 구조와 제도를 고려했을 때 실현 가능한 전략은 분명히 존재한다.

이 글에서는 직장, 부동산 청약, 자녀 교육을 중심으로 현실적이고 체계적인 부의 축적 방법을 소개한다.

가점항목	가점상한	가점구분	점수	가점구분	점수
① 무주택 기간	32점	1년 미만	2	8년 이상~9년 미만	18
		1년 이상~2년 미만	4	9년 이상~10년 미만	20
		2년 이상~3년 미만	6	10년 이상~11년 미만	22
		3년 이상~4년 미만	8	11년 이상~12년 미만	24
		4년 이상~5년 미만	10	12년 이상~13년 미만	26
		5년 이상~6년 미만	12	13년 이상~14년 미만	28
		6년 이상~7년 미만	14	14년 이상~15년 미만	30
		7년 이상~8년 미만	16	15년 이상	32
② 부양 가족 수	35점	0명	5	4명	25
		1명	10	5명	30
		2명	15	6명이상	35
		3명	20		
③ 청약 통장 가입 기간	17점	6월 미만	1	8년 이상~9년 미만	10
		6월 이상~1년 미만	2	9년 이상~10년 미만	11
		1년 이상~2년 미만	3	10년 이상~11년 미만	12
		2년 이상~3년 미만	4	11년 이상~12년 미만	13
		3년 이상~4년 미만	5	12년 이상~13년 미만	14
		4년 이상~5년 미만	6	13년 이상~14년 미만	15
		5년 이상~6년 미만	7	14년 이상~15년 미만	16
		6년 이상~7년 미만	8	15년 이상	17
		7년 이상~8년 미만	9		
84점					

아파트 청약가점 배점표. /국토교통부

1) 첫 직장을 오래 다니며 내부에서 승진하기

한국에서 안정적인 부를 축적하는 가장 전통적이고 확실한 방법은 대기업에 취직하여 내부 승진을 통해 최고경영자(CEO)까지 올라가는 것이다. 이는 단순한 월급쟁이의 삶을 넘어, 직장이라는 구조 속에서 최대한의 보상을 이끌어내는 방식이다.

예를 들어 삼성전자와 같은 초대형 기업의 경우, 상무의 연봉은 약 5억 원 수준이며, 부사장, 사장으로 승진할 경우 연 50억~100억 원에 달하는 보상을 받을 수 있다. 이러한 구조는 단순히 급여뿐만 아니라 주식 매입, 인센티브, 퇴직금 등 다양한 방식으로 부의 축적이 가능하게 한다.

물론, 이러한 길은 경쟁이 치열하고 오랜 기간의 헌신과 성과가 필요하다. 그러나 직장 내에서 자신의 전문성과 리더십을 키우며 꾸준히 성장한다면, 매우 현실적인 부의 경로가 될 수 있다.

거창고등학교 직업선택 10계명

1. 월급이 적은 쪽을 택하라.

2. 내가 원하는 곳이 아니라 나를 필요로 하는 곳을 택하라.

3. 승진의 기회가 거의 없는 곳을 택하라.

4. 모든 조건이 갖추어진 곳을 피하고 처음부터 시작해야 하는 황무지를 택하라.

5. 앞을 다투어 모여드는 곳을 절대 가지 마라. 아무도 가지 않는 곳을 가라.

6. 장래성이 없다고 생각되는 곳으로 가라.

7. 사회적 존경을 바랄 수 없는 곳으로 가라.

8. 한가운데가 아니라 가장자리로 가라.

9. 부모나 아내가 결사반대를 하는 곳이면 틀림없다. 의심치 말고 가라.

10. 왕관이 아니라 단두대가 기다리고 있는 곳으로 가라

2) 아파트 청약통장: 누구나 시작할 수 있는 부자의 통로

두 번째는 누구나 실현 가능한 방법인 아파트 청약 제도를 활용하는 것이다. 한국에서는 강남, 서초, 송파 등 주요 지역의 아파트에 당첨되기만 해도 수억 원에서 수십억 원의 시세 차익을 얻을 수 있다. 그 대표적인 예로, 강남의 원베일리 아파트는 32평 기준 분양가 20억 원 → 시세 70억 원(2025년 기준)까지 상승하였다. 단 한 번의 당첨으로 50억 원 차익을 얻는 것이다. 이것이야말로 평생의 노동소득을 뛰어넘는 일확천금의 기회가 된다.

어떻게 준비해야 할까?

15세부터 인정 회 차 시작: 청약통장은 만 15세부터 가입 시점이 인정 회차로 계산된다.

자녀가 태어나면 바로 가입: 2만 원이라도 넣어 통장을 만들어주고, 관리해주는 것이 중요하다.

15세부터는 매달 10만 원씩 입금 추천: 회차 및 납입액을 충실히 쌓으면 당첨 확률이 높아진다.

20세가 되면 세대주 인정: 본격적으로 청약 조건이 갖추어진다.

특히, 강남이나 하남, 송파, 강동, 서초 등 한강 이남 지역의 아파트를 분양받는 것이 핵심이다. 3호선, 5호선의 종점, 오금동 등 주요 버스 노선의 종점 인근은 향후 가치 상승 가능성이 높기 때문에 이러한 지역을 우선적으로 고려해야 한다.

3) 부모의 준비가 자녀의 부를 만든다

부자가 되는 것은 개인의 역량 못지않게 가정의 준비에 달려 있다. 자녀가 태어나면 아래와 같은 로드맵으로 준비하는 것이 좋다.

1) 출생 직후: 청약통장 가입 + 2만 원 입금
2) 15세 이후: 매달 10만 원씩 입금. 300만원 32평, 600만원 38평
3) 20세 이후: 세대 분리 → 무주택 세대주로 전환
4) 30세 전후: 15년 이상 납입 + 무주택 유지 시, 가족, 출산 등으로 '청약 가점 만점자' 가능

1주택자는 38평 이상 넓은 평형을 노려야 한다.

이렇게 준비된 자녀는 청약 당첨 확률이 매우 높으며, 결혼 자금, 내 집 마련, 부의 출발점을 일찍 확보하게 된다. 부모가 자녀를 위해 미리 청약 준비를 해주는 것만으로도 세대를 뛰어넘는 부의 축적이 가능하다.

4) 사업, 주식, 부동산도 중요하지만…

물론 부자가 되는 방법은 다양하다. 사업을 시작하거나, 주식과 코인을 잘 투자하거나, 수익형 부동산에 투자하는 방법도 있다. 그러나 이들은 위험이 따르고, 운과 타이밍, 전문지식이 요구되며, 대부분의 사람들이 쉽게 접근하기 어려운 영역이다.

반면, 직장 내 승진과 청약통장은 누구나 시작할 수 있고, 제도적으로 안정적인 부의 길이다. 특히 청약은 정부가 제도적으로 운영하는 시스템이기 때문에 상대적으로 투명하고 예측 가능하다.

⭕ 결론: '현실적 부자'가 되기 위한 전략

한국에서 부자가 되는 가장 빠르고 현실적인 방법은 아래 두 가지다.

- 좋은 회사에 입사해 오래 근속하고, 내부 승진을 통해 최고보수를 받는 구조로 가는 것

- 아파트 청약 제도를 철저히 활용해, 시세 차익을 통해 자산을 빠르게 키우는 것

그리고 이 둘의 공통점은 "꾸준함"과 "계획"이다. 운에 기대는 것이 아니라 제도와 구조를 이해하고, 장기적인 계획 속에서 실행하는 것이 부자로 가는 핵심이다.

우리 모두가 꿈꾸는 '경제적 자유', 그 출발은 생각보다 가까이에 있다. 중요한 것은 지금 준비하고 실천하는 것이다.

- **오늘 당장 청약통장을 만들자.**

- **LH, SH공사, 청약홈에 회원가입을 하자.**

- **미국 시가총액 1위 엔비디어를 한 주 사자.**

- **실천한 사람만이 부자가 될 수 있다.**

5) 부자트렌드 – 새로운 신산업을 한국에 도입하라

한국에서 부자가 되는 길은 여러 갈래가 있지만, 그중에서도 가장 혁신적이고 잠재력이 큰 방법은 바로 해외의 새로운 산업을 한국에 도입하여 사업화하는 것이다. 이는 단순한 투자나 근로소득을 뛰어넘는, 부를 창조하는 방식이다. 역사적으로도 이러한 사례는 존재하며, 지금 이 순간에도 실현 가능성이 있는 실전 전략이다.

성신제씨.
서울신문DB

1) 피자를 들여온 사나이: 성신재 회장의 대담한 도전

국내에서 대표적인 해외 신산업 도입 사례는 피자헛(Pizza Hut)이다.

그 주인공은 바로 성신재 회장이다. 그는 단순한 사업가가 아니라, 미국 출장 중 우연히 접한 피자헛이라는 브랜드를 한국에 들여와 외식 문화에 혁신을 일으킨 개척자였다.

당시 피자는 한국에 생소한 음식이었다. 하지만 성 회장은 미국 본사를 직접 찾아가, 한국 내 피자헛 독점사업권을 무상으로 받아오는 데 성공했다. 이는 오늘날로 치면 수백억 원의 가치를 가진 계약이었다.

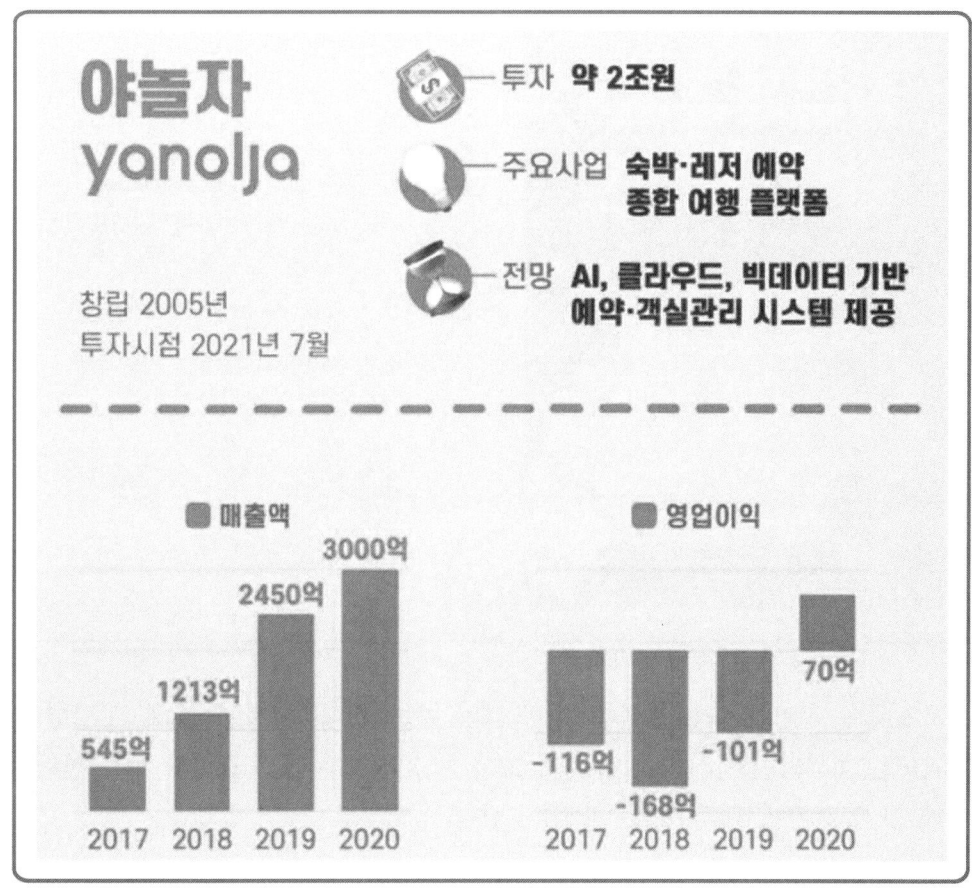

그 결과, 한국에 수백 개의 피자헛 가맹점을 열었고, 나중에 본사 요청에 따라 다시 회사를 매각하며 2025년 10월 시세로 약 3,000억 원에 해당하는 금액을 현금화할 수 있었다.

그는 단순히 피자를 판매한 것이 아니라, '한국 최초의 피자 산업'을 만든 창조자였다.

2) 쿠팡: 아마존을 벤치마킹한 성공 전략

또 다른 대표 사례는 쿠팡(Coupang)이다. 창업자인 김범석 회장은 미국에서 아마존의 유통

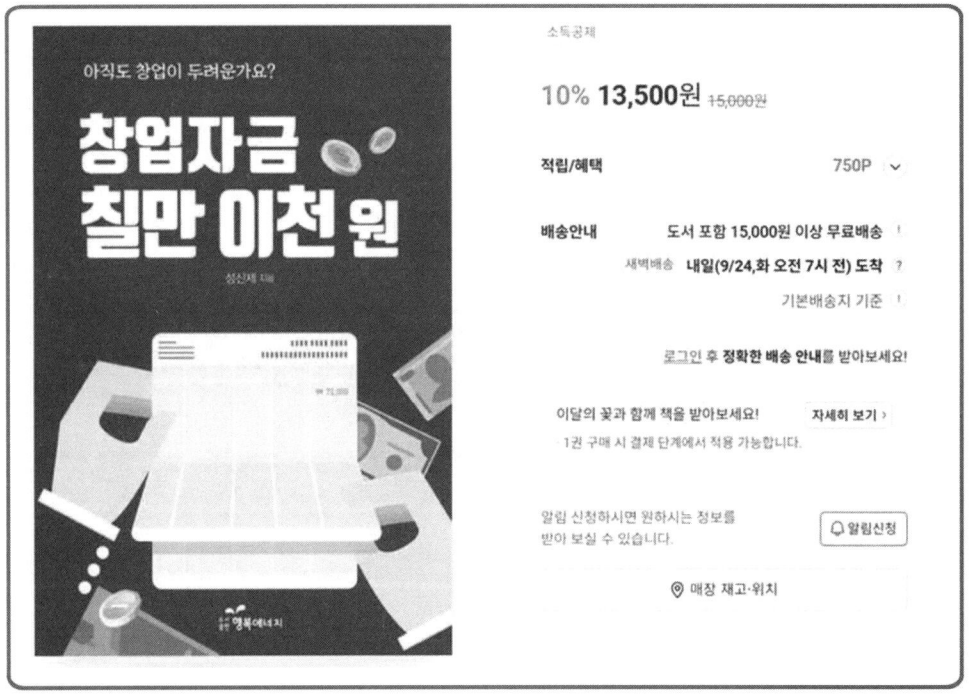

시스템과 전자상거래 모델을 접한 후, 이를 한국 실정에 맞게 도입했다. 초기에는 회의적인 시선도 많았지만, 그는 '로켓배송'이라는 강력한 물류 전략과 함께 고객 경험을 극대화하는 데 성공했다.

그 결과 쿠팡은 미국 뉴욕 증시에 상장되었고, 시가총액이 70조 원에 이르는 글로벌 기업으로 성장했다. 한국에서 상장할 경우 기업 가치에 제한이 있었겠지만, 미국은 창업자의 지분율에 따라 10배 이상의 의결권을 인정해주는 제도 덕분에 김범석 회장은 여전히 확고한 경영권을 유지하고 있다.

쿠팡은 단순한 유통 회사가 아니라, 해외에서 성공한 산업 모델을 한국에 맞게 구현하여 시장을 장악한 성공 사례다.

3) 앞으로의 방향: 선진국에서 사업 아이디어를 가져오라

많은 사람들이 해외여행을 갈 때 관광과 쇼핑에 집중한다. 하지만 부자가 되고 싶다면, 여행의 목적은 달라야 한다. 신산업을 관찰하고 새로운 브랜드를 탐색하는 것, 그것이 진정한 목적이 되어야 한다.

◯ 가야 할 곳은?

저렴한 후진국 여행 (중국, 베트남 등) → 관광에만 그칠 가능성이 높음

선진국 여행 (미국, 일본, 유럽, 싱가포르 등) → 미래 산업과 소비 트렌드를 체험할 수 있음

어떤 아이템을 봐야 하나?

- 아직 한국에 들어오지 않은 음식 프랜차이즈
- 신개념 교육, 헬스케어, 뷰티 브랜드
- 무인점포, AI 서비스, 로봇카페 등 자동화 시스템
- ESG, 친환경, 지속가능성을 기반으로 한 산업 모델

이와 같은 산업들은 국내에 빠르게 도입하여 선점하면, 단기간 내에 독점적 시장을 창출할 수 있다.

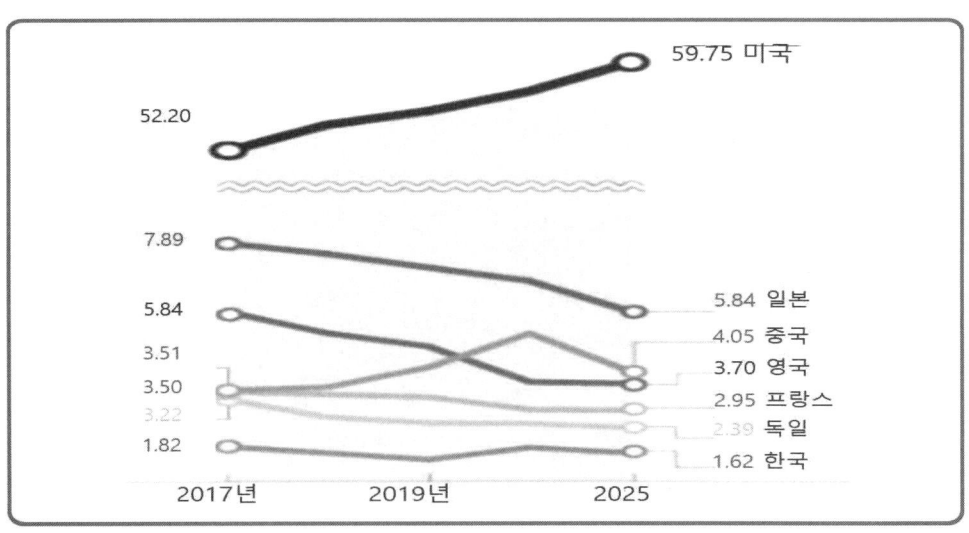

실제로 야놀자, 토스, 마켓컬리 등도 미국과 유럽의 모델을 벤치마킹해 한국 시장에서 급성장한 기업들이다.

4) 미국 상장의 장점: 창업자의 권리를 지키는 구조

많은 한국 스타트업들이 미국 증시(NYSE, NASDAQ) 상장을 추구하는 이유는 다음과 같다.

- 차등의결권 인정: 창업자의 소수 지분이라도 10배 이상의 의결권을 부여받음.
- 글로벌 자금 유입: 대규모 투자자 유치가 용이함.
- 높은 기업가치 평가: 국내보다 훨씬 높은 시가총액을 인정받을 수 있음.

따라서 향후 한국에서 유니콘 기업을 키우고자 하는 창업자라면, 해외 상장과 국제적 사업모델을 염두에 둔 전략 수립이 필수적이다.

◯ 결론: 부자는 시대를 먼저 보는 자의 몫이다

한국에서 부자가 되고 싶다면, 이제는 단순히 국내에 있는 부동산과 직장에 안주할 것이 아니라, 글로벌 산업 트렌드를 한국에 먼저 들여오는 '혁신가의 길'을 고려해야 한다.

성신재 회장은 피자헛으로
김범석 회장은 아마존을 통해 쿠팡으로
미래의 당신은 어떤 아이템으로?

< 국내 기업가치 1조원 돌파 이력기업 및 현재 유니콘기업 현황 >

기 업 명	분 야	CB Insights	현재 유니콘기업	비 고
옐로모바일	모바일	◯	◯	-
엘앤피코스메틱	화장품	◯	◯	-
두나무	핀테크	◯	◯	-
비바리퍼블리카	핀테크	◯	◯	-
야놀자	O2O서비스	◯	◯	-
위메프	전자상거래	◯	◯	-
지피클럽	화장품	◯	◯	-
무신사	전자상거래	◯	◯	-
에이프로젠	바이오	◯	◯	-
쏘카	카쉐어링	◯	◯	-
컬리	신선식품 배송	◯	◯	-
직방	부동산중개	◯	◯	-
버킷플레이스	전자상거래	◯	◯	-
리디	콘텐츠 플랫폼	◯	◯	-
아이지에이웍스	빅데이터 플랫폼	◯	◯	'22년 신규
A사(기업명 비공개)	도·소매업	x	◯	-
티몬	소셜커머스	x	◯	-
당근마켓	전자상거래	x	◯	-
빗썸코리아	핀테크	x	◯	-
메가존클라우드	클라우드 서비스	x	◯	'22년 신규
여기어때컴퍼니	O2O서비스	x	◯	'22년 신규
오아시스	신선식품 새벽배송	x	◯	'22년 신규
시프트업	모바일 게임 개발	x	◯	'22년 신규
우아한 형제들	O2O서비스	△	x	M&A
CJ게임즈	게임	△	x	M&A
쿠팡	전자상거래	△	x	IPO(美 NYSE)
크래프톤	게임	△	x	IPO(코스피)
하이브	엔터테인먼트	x	x	IPO(코스피)
카카오게임즈	게임	x	x	IPO(코스닥)
더블유게임즈	게임	x	x	IPO(코스피)
펄어비스	게임	x	x	IPO(코스닥)
잇츠한불	화장품	x	x	IPO(코스피)
32개		**15개**	**23개**	-

※ (참고) △ : 과거 CBinsights에 유니콘기업으로 등재됐으나 제외된 기업

지금 이 순간에도 미국, 일본, 유럽의 거리에서는 미래의 쿠팡과 피자헛이 되고 싶은 브랜드와 기술들이 움직이고 있다. 그것을 가장 먼저 발견하고 한국으로 가져오는 사람, 그 사람이 바로 다음 시대의 진정한 부자가 될 것이다.

5) 환율상승 대비법

⭕ 부자 트렌드, 1% 부자기준,

⭕ 순자산 30억 원, 평균 55억 원

한국에서 상위 1% 부자의 기준은 순자산 약 30억 원 수준이다. 평균 55억 원에 이른다.

대부분의 직장인들은 평생을 일해도 이 자산을 만들기 어렵다고 생각하지만, 실제로는 성실히 일하고, 승진하면서 우량 자산에 꾸준히 투자하면 누구나 그 문턱에 다가갈 수 있다.

서울 강남구, 서초구, 송파구, 강동구, 하남 등 주요 권역의 부동산 가격 상승은 그 좋은 예다. 한강 이남, 특히 3호선과 5호선 종점을 기준으로 분양을 받으면 최소 수억, 많게는 수십 억 시세 차익을 볼 수 있다.

예컨대, 2023년 분양된 둔촌주공 아파트는 5,000세대 규모였고 당시 분양가는 13억원 수준이다. 2025년 이 아파트의 시세는 무려 30억 원까지 상승했다. 무려 2배 이상의 상승률을 기록한 것이다.

이처럼 수도권 핵심 입지의 아파트는'부의 사다리' 역할을 한다.

직장인이라면 청약을 통해 내 집 마련에 도전해야 한다.

부동산은 일정 기간이 지나면 반드시 시세 상승의 과실을 안겨준다. 단기가 아닌 실거주 및 자산 방어의 목적에서 접근해야 한다.

그러나 부자는 부동산만으로 완성되지 않는다. 진정한 부자는 자산의 구성이 다양하다. 특히 주식투자는 필수다. 필자는 '월급의 25%를 주식에 투자하라'고 강조한다. 단, 아무 종목에 투자해서는 안 된다. 핵심은 '1등 주식'이다.

미국의 시가총액 1위 기업, 현재는 엔비디아가 그 대상이다.

엔비디아를 반드시 사라는 것이 아니다. 미국 주식 중 시가총액 1등, 가장 안정적인 우량 기업을 선택해야 한다.

미국은 전 세계 시가총액의 60%를 차지하고 있고, 한국은 1.5%에 불과하다.

글로벌 자본은 이미 미국에 몰려 있다. 이 흐름을 따라야 한다. 국내 주식은 전체 투자금의 5% 이내로 줄이는 것이 바람직하다.

환율 또한 중요한 변수다. 최근 50년간 데이터를 보면 한국 원화는 달러 대비 82% 확률로 하락해왔다.

이는 자산의 실질가치를 보존하려면 미국 주식 보유가 필수임을 의미한다. 즉, 환차손 방지와 자산 증식을 동시에 노릴 수 있는 가장 좋은 수단이 바로 미국 우량주 투자다.

또한 가상화폐에 대한 접근도 전략적으로 해야 한다. 비트코인을 비롯한 일부 1등 가상자산은 향후에도 생존 가능성이 높다.

다만 변동성이 매우 크기 때문에 전체 자산 중 10% 이내로 한정하는 것이 좋다.

국가	도시	이름	제품·서비스
미국	샌프란시스코	알토파아시	온라인 약국
		앰윈리듀드	생명과학 연구용 소프트웨어
		블렌드	금융기관용 소비자 대출 소프트웨어
		벤츌링	헬스케어
		카르타	투자자·창업자·직원 지분 관리 서비스
		도미네이타벨	데이터 관리 소프트웨어 제작
		엠바크트럭스	자율주행 세미 트럭 제작
		익스펜스	온라인 보안 장치
		페어	부티크 및 소규모 예장용 도매
		파머스비즈니스네트워크	농업 데이터·정보 공유 및 공동구매, 판매 플랫폼
		체커	근로자 범죄경력 등 점검
		프론트	이메일 공동 작업 소프트웨어
		해커온	소프트웨어 취약점 발견 및 수정
		세그먼트	데이터 수집, 관리 플랫폼
		손더	도시의 호텔형 아파트 제공
		스탠다드코그니션	오프라인 매장 인공지능 툴 제공
		업그레이드	온라인 대출 플랫폼
	뉴욕	베터클라우드	클라우드 소프트웨어 보안
		브레이즈	모바일 마케팅 소프트웨어
		글로지	스킨 케어 및 뷰티 제품
		사센스	데이터 분석 및 시각화 소프트웨어
		줄라	온라인 결혼 등록 및 웨딩 플랫폼
	팔로알토	딥맵	자율주행차량 용 매핑 기술
		어닌	단기 대출
	보스턴	클라이오아이어	글로벌 거래용 지불 소프트웨어
	러우드	C2FO	기업 운전자금 대출 중개 플랫폼
	써니베일	다르리움	클라우드 스토리지 제공
	워싱턴	맵박스	맵핑 기술
	오클랜드	마르케타	물리·가상 토큰화 된 지불 인프라
	케임브릿지	온세이프	제조업 전용 클라우드 기반 디자인 툴 제작
	시애틀	아웃리치	영업 참여 플랫폼
	오스틴	릭업	에너지 산업 파트타임 근로자의 일자리 온라인 플랫폼
	애틀란타	세일즈로프트	기업의 매출 증대 기술 제공
중국	충칭	에어판틱스	기업 간 틴 페이 송수금 시스템
	베이징	메이션	인재 관리 업무신
		애드뱅크스네트워크테크놀로지	중앙학 시스템 제작
	상하이	상유쇼우	중고 상품 교환 플랫폼
	광저우	미아오쇼닥터	의사·환자 간 온라인 의사 소통 시스템 구축
인도	차이푸르	카데코그룹	자동차 판매 및 교육 서비스 금융, 보험
	방갈로르	클리어택스	세금 신고 및 투자 관리 소프트웨어
		데일리헌트	뉴스, 엔터테인먼트 앱
		파락토테크놀로지스	환자와 의료 서비스 간 연결
		레이저페이	온라인 가맹점 지불망 제공
브라질	상파울로	그로우모빌리티	공유 자전거 및 스쿠터 서비스
		카고엑스	트럭 회사용 효율화 시스템 개발
		퀸토안다르	주거용 부동산 임대 플랫폼
영국	런던	시티매퍼	도심지도 및 대중교통 내비게이션
독일	베를린	콘텐트풀	디지털 콘텐츠용 소프트웨어 제작
스웨덴	스톡홀름	KRY	모바일 통한 환자·의사 간 상담 서비스
호주	시드니	디퓨티	직원 스케줄 및 작업표 관리

자료: CB인사이츠·뉴욕타임스

주식과 부동산 중심의 포트폴리오에 가상자산을 10% 비중으로 추가하는 전략은 유연성과 성장성을 동시에 확보할 수 있는 길이다.

결론적으로 부자가 되기 위한 트렌드는 명확하다.

첫째, 수도권 핵심지역의 부동산을 분양받아 중장기적 자산 상승을 누릴 것.

둘째, 월급의 일정 비율을 시가총액 1위의 글로벌 주식에 투자할 것.

셋째, 환율과 글로벌 자산 흐름을 이해하고 미국 중심의 자산 포트폴리오를 구성할 것.

넷째, 가상자산은 보조적 수단으로 10% 이내에서만 접근할 것.

이러한 자산운용 전략은 특별한 재테크 기술보다 훨씬 현실적이고 실행 가능하다. 중요한 것은 꾸준함과 실천이다.

이 글을 읽고 있는 여러분이 오늘 한 주라도 미국의 1등 주식을 매수한다면, 그것이 바로 부자의 첫걸음이 될 것이다.

한국 경제 SWOT	
강 점	**기 회**
세계 최고 교육, 우수한 인재, 대학진학80%	모바일(95%),온라인,구독경제,AI
세계 최상 IT, 통신 인프라, 스마트폰 1위	반도체, SW인재 양성, 전자정부
지정학적 위치(중국, 일본)	시가총액: 미국60%,한국1.5%, 부동산90%상승
2025년 제조업 세계5위, 경제 9위, 금융35위,	4차 산업혁명, IT 융합, 벤처 육성
신속한 의사결정, 정확성, 창의성	우수한 기술, 브랜드(한강 노벨상, 한류, BTS)
약 점	**위 험**
고임금,고물가,고환율(24~25년 1400~1,600원)	-트럼프 25% 고관세 정책 → 한국 가장 큰 타격
에너지 99%수입, 주52시간제, 강력한 노조	-미 연준 물가목표(9%→2%)
4차 산업혁명 규제(허가)—>네거(불법외 허용)	외환위기, 금융위기: 한미, 한일 통화스와프
규제: 법인세26%, 소득세(45%), 상속세(60%)	중국침체, 북핵과 참전, 전쟁지속→조선,방위
해외직접(FDI):유출2-5배>유입, 청년취업율45%	미중 패권전쟁, 인구 71년 105만명-→23만명

6) 사업가는 구독 경제, 정부 조달, 온라인 쇼핑이 미래다

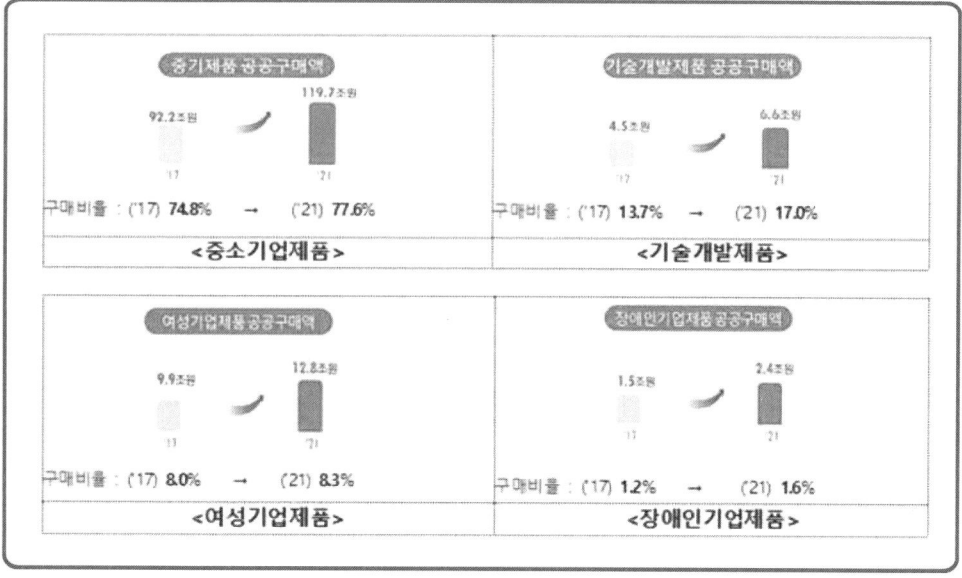

이제는 대기업뿐 아니라 동네 식당과 중소기업도 구독 경제(subscription economy)를 해야 살아남을 수 있는 시대다.

미국의 애플(Apple), 마이크로소프트(Microsoft), 아마존(Amazon) 등 글로벌 기업은 물론, 한국의 쿠팡까지 모두 구독 경제 모델을 통해 안정적인 매출을 확보하고 있다.

이들은 매달 일정액의 요금을 받는 정기 결제 서비스를 통해 불황에도 끄떡없는 구조를 만들었다. 예측 가능한 매출이 기업 경영의 생존 조건이 되었다는 뜻이다.

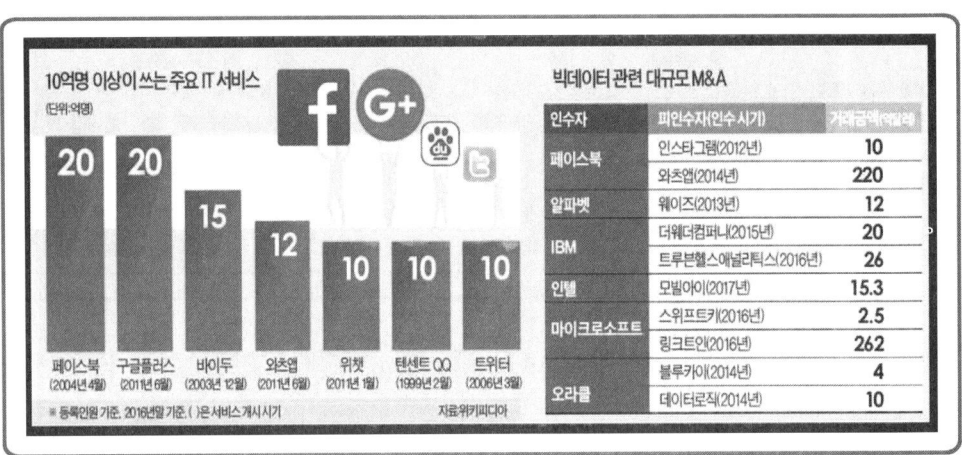

구독 경제는 예측 가능한 안정 수입을 만든다.

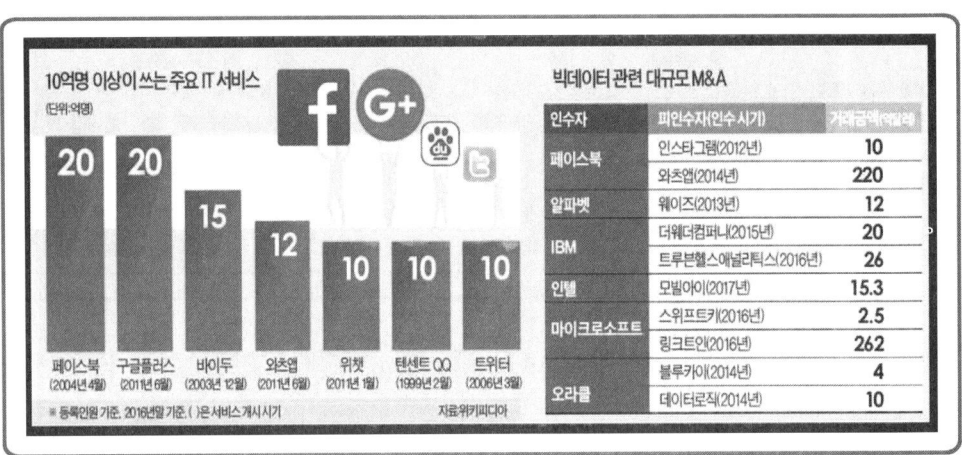

애플은 앱스토어, 아이클라우드, 애플뮤직, 넷플릭스 연동 결제 등 다양한 구독 서비스로 수익을 창출한다.

마이크로소프트는 개인이나 기업에게 매월 오피스365를 구독하도록 해 정기 수입을 얻는다.

쿠팡은 1,400만 명에 이르는 '와우 멤버십' 가입자들에게 월 7,900원을 받고 있다. 단순 계산만 해도 매달 약 700억 원의 고정 수익이 발생한다. 이들이 배송비 무료, 새벽 배송 등의 혜택을 제공하는 이유는 구독 수익이 이를 충분히 감당하기 때문이다.

이 모델은 대기업뿐 아니라 자영업자와 1인 기업에게도 유효하다.

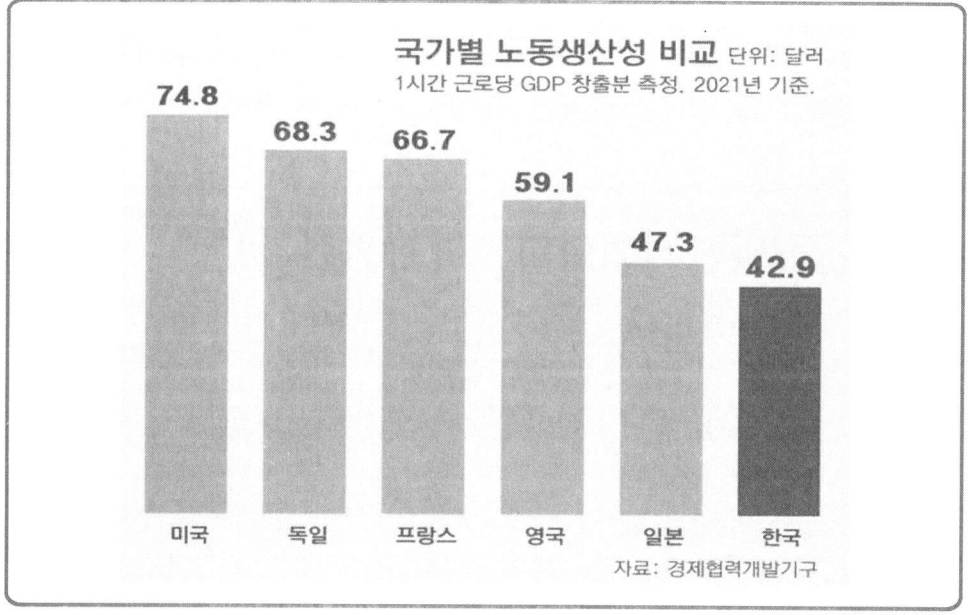

실제로 한 노무사는 '노무상담 구독제'를 통해 월 1만 원을 받고 1만 개 기업의 문의를 응대한다. 90% 할인된 가격이다.

이 경우 매달 1억 원의 고정 매출이 확보된다. 상담 한 건당 1,000원꼴로 저렴하게 제공되지만, 전체 매출은 크고 안정적이다. 가격은 파격적이지만 사업의 지속 가능성을 높이는 구조다.

동네 식당도 구독 경제로 전환해야 한다

만약 내가 식당을 운영한다면, 나는 이렇게 할 것이다. 매달 사용할 수 있는

30% 할인 식사 쿠폰을 20장 단위로 묶어 한 세트로 판매한다.

이 세트는 예를 들어 20만 원 상당의 가치를 14만 원에 제공하는 식이다. 고객은 가격 혜택을 받고, 나는 매달 선불로 현금을 확보해 안정적인 수입을 기대할 수 있다.

이 쿠폰은 나 혼자 쓰지 않고 가족이나 친구와 함께 쓸 수 있도록 개방형으로 만들면 더 잘 팔린다. 단골 확보, 현금 흐름 개선, 마케팅 효과까지 세 마리 토끼를 잡을 수 있다.

이러한 쿠폰 구독제는 동네 식당뿐 아니라 카페, 미용실, 피트니스센터 등 오프라인 서비스 업종 전반에 적용 가능하다. '단골 고객의 반

복 방문'이라는 핵심 수요를 구독 모델로 구조화하는 것이다.

어떤 사업아이템이 유망한가?

- 전자상거래
- 4차산업혁명 주도할 기술, 서비스
- VR
- AI
- 무인자동차
- 공장자동화
- 로봇

⭕ 정부 조달 시장은 중소기업의 기회다

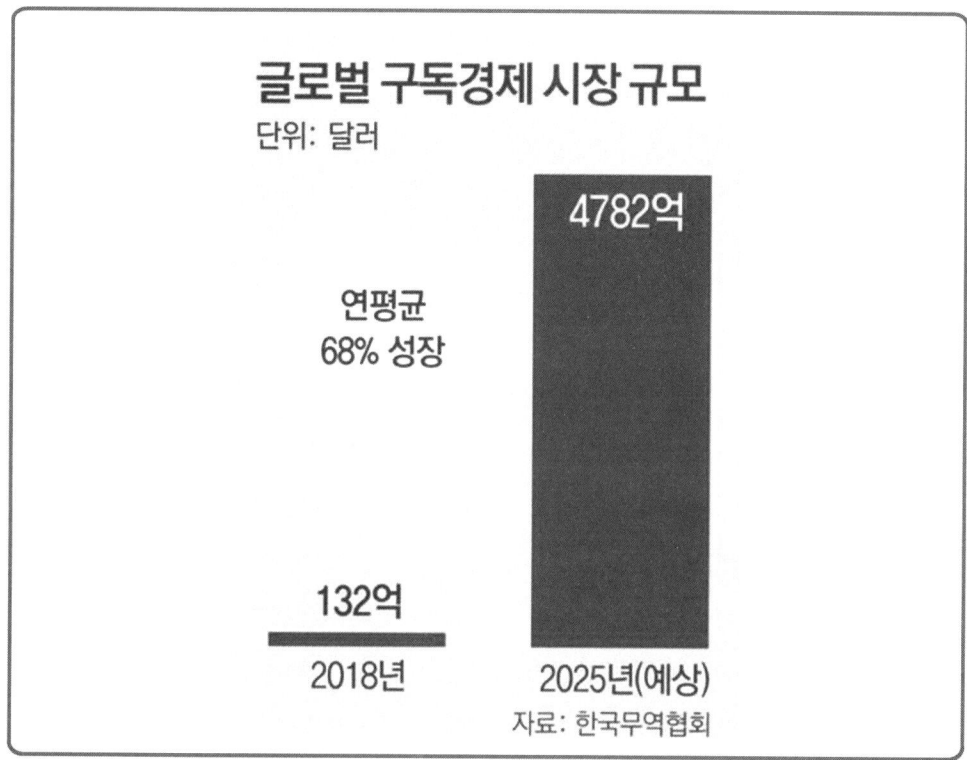

구독 경제만큼이나 중요한 것이 바로 정부 조달이다. 우리나라는 매년 약 170조 원에 달하는 정부 구매 예산을 운용한다. 이 중 90% 이상이 중소기업 제품을 대상으로 한다. 여성기업, 사회적 기업, 장애인 기업 등에 대해서는 5~10%까지 별도 할당도 있다. 문제는 대부분의 중소기업이 이 정보를 몰라서 참여조차 하지 않는다는 점이다.

정부 조달 시장에 참여하는 방법은 어렵지 않다. 조달청 나라장터에 기업 등록을 하고, 제품 또는 서비스를 등록하면 된다.

입찰 공고를 꾸준히 확인하고 경쟁력 있는 제안을 넣는다면 안정적인 납품 기회를 얻을 수 있다. 특히 반복 구매가 이뤄지는 제품일 경우 장기 계약도 가능해져 기업의 재무 안정성이 높아진다. 정부는 매출 외상 없이 즉시 현금으로 지급하기 때문에 현금 흐름에도 유리하다.

◎ 온라인 쇼핑은 이제 기본이다

구독 경제와 정부 조달에 더해, 이제는 모든 기업이 온라인 쇼핑을 기본 운영 방식으로 삼아야 한다.

2025년 한국의 전체 소매시장 규모는 약 600조 원이며, 이 중 52%가 온라인에서 이루어진다. 향후 80%까지 비중이 늘어날 것이라는 전망도 있다. 이는 오프라인만 고수하는 기업이나 가게는 앞으로 점점 설 자리를 잃게 된다는 뜻이다.

주요 구독경제 업체별 유료멤버십 현황

단위: 명

	분야	유료 회원 수
쿠팡(와우)	커머스+콘텐츠	900만
KT	IPTV	839만
코웨이	정수기 등 렌털	656만
SK브로드밴드	IPTV	604만
네이버(플러스)	커머스+콘텐츠	600만
LG유플러스	IPTV	525만
넷플릭스	OTT	500만
멜론	음원	500만
밀리의서재	전자책	400만
신세계(스마일클럽)	커머스	300만
CJ ENM(티빙)	OTT	214만

지난해 말 기준. 네이버, 밀리의서재 유료회원은 누적 기준.

자료: 각 사, 과학기술정보통신부 등

7) 온라인 쇼핑 플랫폼

온라인 쇼핑 플랫폼은 이제 누구나 쉽게 사용할 수 있다. 네이버 스마트스토어, 쿠팡 마켓플레이스, 11번가, 카카오톡 스토어, 배달의민족 사장님사이트 등은 모두 개인사업자도 쉽게 입점할 수 있다.

SNS 마케팅을 연계하면 광고 비용 없이도 초기 고객을 확보할 수 있다. 온라인 판매는 제품 노출, 고객 피드백, 가격 실험 등 사업의 다양한 가능성을 빠르게 검증할 수 있는 장점도 있다.

예를 들어 한 카페 창업자는 디카페인 원두를 소분하여 매달 정기배송하는 구독 상품을 온라인에서 출시했다.

건강을 중시하는 40대 여성 타깃층을 정하고, 블로그와 인스타그램을 통해 상품의 철학과 맛, 용도 등을 소개한 결과, 매달 300개의 정기배송 계약을 성사시켰다. 이는 기존 오프라인 카페 수익을 능가하는 새로운 매출원이 되었다.

○ 결론: 세 가지를 동시에 하라.

구독경제(subscription economy)의 세 가지 모델

	넷플릭스 모델	정기배송 모델	정수기 모델
주요 적용상품	술, 커피, 병원, 헬스클럽, 영화관 관람, 동영상 및 음원 디지털콘텐트 등	면도날, 란제리, 생리대, 칫솔, 영양제 등 소모품	자동차, 명품 옷, 가구, 매장 등 고가제품
이용방식	월 구독료 납부한 후 매월 무제한 이용	월 구독료 납부한 후 매달 집으로 수차례 배송	월 구독료만 납부하면 품목 바꿔가며 이용가능
대표업체	무비패스 (월 9.95달러 내면 매일 영화관 관람 가능)	달러쉐이브클럽 (월 9달러 내면 매달 면도날 4~6개씩 배송)	캐딜락 (월 1800달러 내면 모든 차종 바꿔가며 이용가능)

그래픽: 유정수 디자인기자

오늘날의 자영업자와 중소기업은 단순히 '좋은 제품을 만드는 것'만으로는 생존할 수 없다. 반드시 다음 세 가지를 동시에 실행해야 한다.

1. 구독경제 도입: 반복 구매 고객을 대상으로 정기적인 수익 모델을 구축하라. 쿠폰, 멤버십, 월간 배송, 정기 결제 등 다양한 형태로 적용 가능하다.
2. 정부 조달 참여: 나라장터 등록 후 꾸준히 입찰 정보를 확인하고, 제품을 제안하라. 특히 여성기업, 중소기업은 정책적 혜택이 많다.
3. 온라인 쇼핑 전환: 전체 유통의 중심이 온라인으로 이동한 만큼, 모든 제품은 온라인 판매 채널을 확보해야 한다. 플랫폼 활용 능력은 생존을 좌우한다.

< 국내 구독경제 현황 >

이 세 가지는 모두 '한 번 잘 준비하면 매달 반복되는 안정적인 매출'을 가능하게 한다는 공통점이 있다. 이것이 바로 내가 강조하는 '부자 트렌드'의 핵심이다.

구독경제 전략

- **넷플릭스 : 무료 체험 30일, 무제한, 다양한 장치(TV, 스마트폰)**
- 쿠팡, 구글, MS, →이벤트로 회원모집: 100원 스테이크(마켓컬리)
- **가치 >회비 : 이탈방지**
- 자동차, 양말, 스마트폰, 식자재, 모든 산업과 상품에 응용.-
- 사례)식당 점심 쿠폰 발행(-30% 할인),월 20장, 커피와 와인
- 사례) 노무사: 월 1만원, 2만개, **시장선점**
- 매몰비용: 회수불가능 비용→ 무료체험 확대, 무료 서비스 확대

이제는 제품보다 구조가 중요하다. 브랜드보다 고객 유지가 중요하다. 트렌드는 빠르게 바뀌지만, 구독·조달·온라인이라는 구조는 10년 후에도 유효할 것이다. 지금 시작하라. 기업과 자영업의 미래는 이 구조 위에 있다.

2026년 한국 금융시장 전망과 금리인하

- 한국 국제금융 경쟁력 향상하라

한국 경제 SWOT

강 점	기 회
세계 최고 교육, 우수한 인재, 대학진학80%	모바일(95%), 인터넷(제조업),구독경제
세계 최상 IT, 통신 인프라, 스마트폰 1위	반도체, SW인재 양성,
지정학적 위치(중국, 일본, 미국, 러시아)	시가총액: 미국60%,한국1.5%, 환율90%상승
제조업 세계5위, GDP 9위,	4차 산업혁명, IT 융합, 벤처 육성
신속한 의사결정, 정확성, 창의성	우수한 기술과 브랜드(한류)
약 점	**위 험**
고임금, 고물가, 고환율(24년 1380~1,400원)	미 기준 인하(24년 5.5%→3.75%)
국제금융 35위권, 에너지 99%수입	미 연준 물가목표 9%→2%
4차산업(Positive허가)->네거티브(불법외 허용)	외환위기, 금융위기: 한미, 한일 통화스와프
규제: 법인세26%, 소득세(45%), 상속세(60%)	중국 위기, 북핵, 우크라, 중동 전쟁→ 방위산업
해외직접(FDI: 유출 4배>유입, 청년취업율45%	미중 무역전쟁, 인구 71년 105만명→25만명

한국 기준금리는 2026년에도 계속 내릴 것이다. 미국과 동조화되어 있다. 미국은 2026년 3.6%, 2026년 2.6%까지 기준금리를 내린다.

2026년 한국도 기준금리를 1% 정도 내린다. 은행, 증권사, 저축은행 등 금융기관은 금리인하에 대비하여 정책을 준비해야 한다.

2026년 정부가 해야 할 가장 중요한 업무는 환율안정과 한국 국제금융경쟁력을 올리는 것이다. 정부는 서둘러 한미와 한일통화스와프를 체결하여 위기에 대비해야 한다.

한국은 싱가포르 수준으로 국제금융시장을 육성해야 한다. 싱가포르는 법인세 17%, 양도세·배당세 등 금융시장에서 세금이 없다. 증권거래세는 우리보다 낮은 0.2%이다. 상장기업의 35%가 외국기업이다.

미국은 2026년 기준금리를 인하한다. 한국 정부는 우크라이나 전쟁으로 인한 유가폭등과 물가인상, 중국봉쇄, 미국의 달러 환수에 철저하게 대비해야 한다.

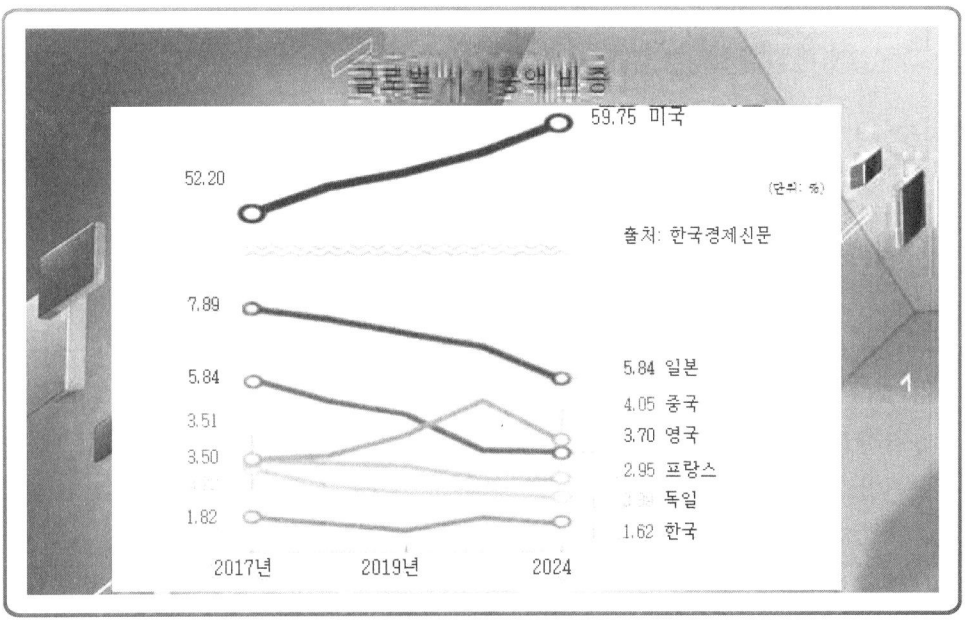

2026년 GDP 대비 외환보유고 비중을 보면 한국은 21%로 가장 낮다. 스위스 148%, 홍콩 143%, 싱가포르 123%, 대만91%, 사우디아라비아 59%로 외환위기에 철저하게 대비하고 있다. 스위스의 GDP는 한국의 절반도 안 되지만, 한국보다 두 배 이상의 외환보유액을 가지고 있다.

1997년 아시아 외환위기 때 대만은 외환위기를 전혀 겪지 않았다. 그 이유는 대만은 GDP의 91%를 외환보유고로 비축했기 때문이다.

2015년 일본은 한국이 요청한 한일 통화스와프 체결을 거부했다.

2026년 기준 한일은 100억 달러만 통화스와프가 있다. 국방과 마찬가지로 외환시장에서도 우리가 자력으로 경제를 지켜야 한다.

한국은 제조업 세계 5위, GDP 세계9위다. 그러나 국제금융시장에서 한국의 원화가 결제되는 비율은 0.1%로 35위 정도다. 한국이 제조업을 집중 육성했지만, 경제의 혈액과 같은 금융은 육성하지 않았다.

1997년에는 환율이 2,000원까지 오르면서 한국은 외환위기를 겪었다. 2008년 금융위기 때도 환율이 1,600원으로 오르면서 위험했다. 기재부장관이 미국을 방문하여 강력한 요청하여 한미통화스와프가 체결되면서 안정을 찾았다.

그때는 한일통화스와프도 있었다.

2026년 외환위기를 방어할 두 개의 방어막이 없다.

환율이 오르는 것이 국제금융 위기의 가장 좋은 지표이다. 2025년 환율은 1,400원까지 상승했다.

2026년 스리랑카, 파키스탄, 아르헨티나 등 많은 나라가 외환위기를 겪고 있다. 터키는 환율이 두 배 오르면서 기준금리는 15%이다. 아르헨티나는 12번째 외환위기를 맞아 IMF 구제금융을 이미 받고 있다. 러시아는 기준금리를 20%로 올렸지만 파산에 직면했다.

2025년 미국 기준금리 인상으로 전 세계에 풀린 6조 달러가 환수됐다. 한국을 비롯한 신흥국들은 2008년과 같은 국제금융위기를 겪지 않으려면 철저하게 대비해야 한다.

한국의 외환시장의 문제점과 대안은 다음과 같다.

첫째 한국 환율이 1400원에 육박하면서 외환시장은 대비해야 한다.

2025년 단기외채비율은 34%로 2015년 이후 가장 높은 수준이다. 1997년 한국의 외환위기도 단기외채 비율이 올라가면서 일본계 자금 유출이 시발점이었다.

2026년 달러 부족 국가는 아르헨티나, 이란, 터키, 러시아, 인도, 인도네시아, 브라질, 한국, 그리고 남아공 등 많은 국가다.

둘째 국제금융시장의 불확실성이 증가하고 있다. 미국은 2026년 금리를 인하한다. 2025년 기준금리 빅스텝 연이은 인상으로 달러가 미국으로 회귀했다. 2025년 8월 미국 연준은 물가 수준이 9%에서 2%로 낮아질 때까지 금리를 계속 상승했다. 2026년부터 미국 기준금리는 3.6%까지 내린다.

세째 한국은행 외환보유고 현금 부족과 부실 운용이다.

한국은행의 외화자산 구성을 보면 국채 36%, 정부기관채 21%, 회사채 14%, 자산유동화채권(MBS) 13%, 주식 7.7%, 현금 3%다.

한국은행은 위험성이 높은 정부기관채는 매도하고 현금과 국채중심으로 운용해야 한다. 외환보유고중 현금 비중을 30%로 늘려야 한다. 투자 3대 원리는 안전성, 수익성, 환금성이다.

넷째는 한국은행에 대하여 국회, 기획재정부, 청와대의 철저한 감독이 필요하다. 한국은행은 한-터키 통화스와프로 1조원이 넘는 손실을 봤다.

한국은행은 외환보유고의 21%를 미국 국채 대신에 위험성이 높은 모기지 채권에 투자하여 손실위험을 초래했다. 이재명 정부가 해야 할 가장 중요한 대외 경제정책은 한국에 외환위기가 오지 않도록 철저히 대비하는 것이다.

정부가 할 수 있는 대책은 외환보유고를 두 배로 확대하고, 현금 비중을 30%로 늘이는 것이다.

국제결제은행(BIS)이 권고하는 한국 적정외환보유고는 9,300억 달러이다. 우리나라 외환보유고 2025년 기준 4,100억 달러를 두 배 이상 증액해야 한다. 한국은 우크라이나와 중동 전쟁, 미국 대선, 그리고 중국과 미국 무역전쟁 등 위기를 잘 극복해야 한다.

이재명 정부와 기업은 외환위기에 대비하는 것과 국제금융 경쟁력을 올리는 것이 가장 시급한 업무이다.

정부와 기업은 싱가포르처럼 법인세를 인하하고 기업하고 좋은 나라를 만들어야 한다. 또한 한국 국제금융 경쟁력을 올리기 위해 모건스탠리 선진국지수에 편입시켜야 한다. 선행조건이 BIS 권고대로 외환보유고를 9,300억 달러로 증액해야 한다.

◎ 2026년 미국 기준금리 인하에 대비하라. 한국은행 금리 내린다

한국은행은 미국 기준금리 인하에 대비해야 한다. 미국이 기준금리를 인하를 2025년 9월에 시작한다. 미국 2025년 9월 물가수준이 2.9%로 안정됐고 실업율은 4.3%로 올랐다.

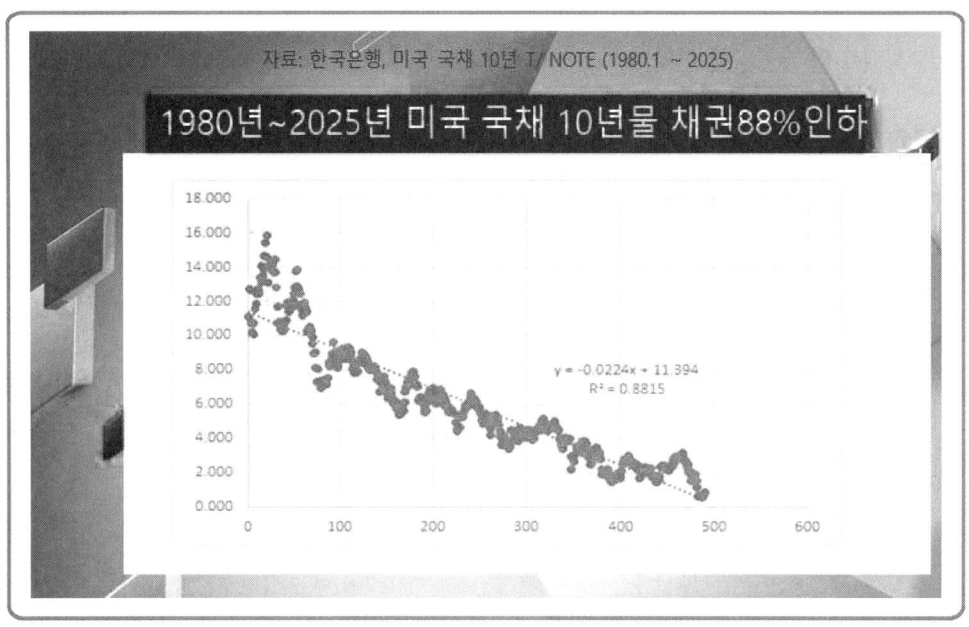

자료: 한국은행, 미국 국채 10년 T/ NOTE (1980.1 ~ 2025)

1980년~2025년 미국 국채 10년물 채권88%인하

$y = -0.0224x + 11.394$
$R^2 = 0.8815$

미국 연방준비은행의 최고 목표는 물가안정이다. 미국은 코로나를 극복하기 위하여 전 세계에 6조 달러가 넘는 유동성을 공급했다.

시중에 달러가 풀리면서 미국 물가는 2022년 9%까지 올랐다. 이에 미국 연준은 2022년 10월 9%인 물가인상을 낮추기 위하여 기준금리를 0%에서 5.5%까지 연속하여 올렸다.

미국에서 고금리가 유지되면서 물가는 9%에서 2025년 8월 2.9%로 안정됐다. 그러나 고금리로 인해 미국 실업률은 4%로 다시 오르고 있다.

2025년 8월 미국 경제전문가들은 미국 연준이 "기준금리를 7월 달에 인하했어야 한다"고 주장한다. 그 이유는 미국 실업률이 4.3% 까지 오르면서 경기악화가 진행되고 있기 때문이다.

물가안정과 경기활황은 두 개를 다 충족시킬 수 없다. 경기 악화의 가장 좋은 신호는 바로 실업률이다.

실업률은 일주일에 1시간만 일하면 실업자가 아니다. 취업 원서를 냈지만 면접을 보러 오라는 데가 없어, 구직 원서를 내지 않으면 실업자가 아니다. 구직원서를 제출한 사람만 실업자로 본다.

이런 이유로 한국을 포함한 전 세계는 실업률보다 고용률을 중시한다. 2025년 8월 미국과 한국의 고용율은 60%정도다. 전체 근로자 중 실제로 고용된 사람 비율이다.

우리나라의 실업율은 2.7%로 미국보다 낮다. 단기간 근로가 많고 70~ 80대 노인 근로자가 증가한 이유다. 정부가 노인 생계보장 등을 위하여 청소와 단순한 노인일자리를 많이 만들었다.

2026년 한국 정부와 한국은행은 미국 기준금리 인하에 철저하게 대비해야 한다. 미국은 9월에 0.25%에서 0.5%까지 큰 폭으로 기준금리를 인하 할 예정이다. 0.25% 세 번 정도 인하하면 미국 기준금리는 3.75%까지 낮아진다.

미국 금리인하는 부동산과 주식시장 활성화에 크게 기여할 것이다. 미국은 전체 국민 70%가 주식에 투자하고 있다. 미국은 글로벌 시가총액 비중에서 60%를 차지하고, 한국은 1.5%다.

전 세계 경제에서 미국 달러가 차지하는 비중은 60%다.

미국 기준금리 인하는 한국의 기준금리 인하로 이어진다. 한국과 미국은 동조화 현상, 즉 커플링 현상 때문에 항상 함께한다.

한국은행과 정부와 기업은 미국 기준금리에 대비하여, 한국 기준금리 인하 시기와 폭을 조절해야 한다. 한국은 가계부채와 경기활성화 두 마리 토끼를 다 잡아야 한다. 정부와 한국은행은 정교한 금융정책으로 시중 경제를 안정시켜야 한다.

◎ 한미 기준금리 격차 2.0%, 2026년 환율은 84% 오른다.

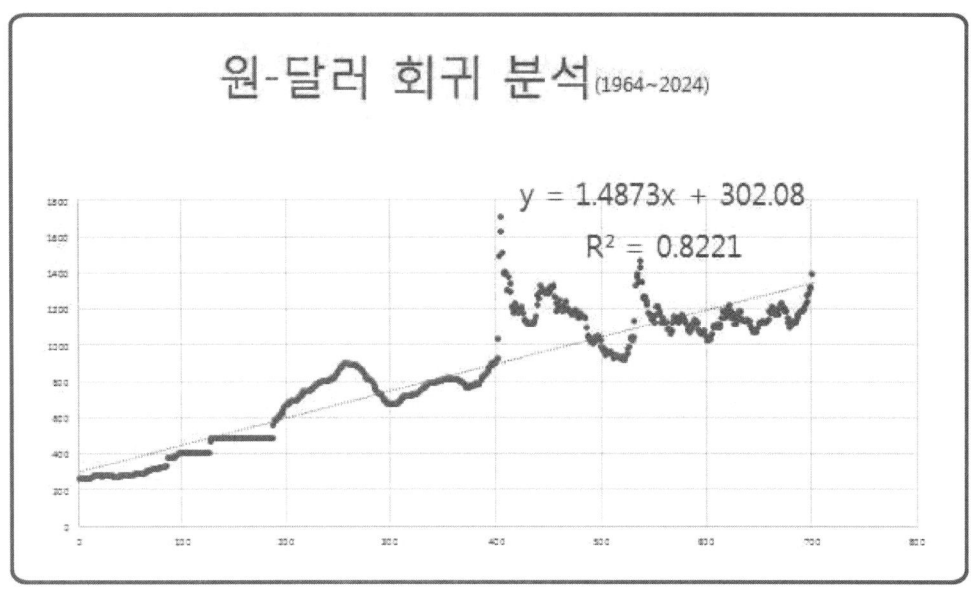

원-달러 회귀 분석(1964~2024)

$y = 1.4873x + 302.08$

$R^2 = 0.8221$

2025년 9월 한미 기준금리 격차가 2.0%다. 정부와 기업은 외국인 자본유출을 철저하게 대비해야 한다. 미국 기준금리가 5.5%, 한국 기준금리는 3.5%로 거의 20년 만에 2% 격차다. 정부와 기업은 IMF 국제금융 위기를 다시 겪지 않도록 철저히 대비해야 한다.

대한민국은 무역의존도 75%로 세계 2위다. 한국은 수출과 수입으로 먹고 사는 나라다. 정부와 기업은 한국 대외신용도를 회복하고 지키는 것이 가장 중요하다.

한국 외환보유고는 2025년 9월 4100억 달러다. 세계 9위 외환보유고이지만 GDP대비 외환보유고로 따지면 21%다. 스위스, 홍콩, 싱가포르는 GDP 대비 외환보유고가 거의 100%다. 우리와 교역구조가 비슷한 대만 역시 70%다

대만은 통화스와프 등 타국에 의존하지 않고 철저하게 스스로 대비하고 있다. 1997년 아시아 외환위기 때도 대만은 전혀 영향을 받지 않았다. 그 이유는 충분한 외환보유고를 비축했기 때문이다. 2025년 대만은 5400억 달러로 한국 GDP 절반도 안되지만 외환보유고가 한국보다 많다.

한국은행은 3.5%기준금리를 동결하는 이유가 국내 경제가 어렵기 때문이다.

상장기업 2500여 개중 30%가 이자도 못 낼 정도로 어렵다.

소형증권사 PF 연체율20%, 제2 금융권 PF연체율은 7%다. 이처럼 국내 금융시장이 어렵기 때문에 한국은행은 연이어 기준금리를 동결하고 있다.

그러나 교역으로 먹고사는 한국이 미국보다 기준금리를 2% 낮게 유지하면 외국인 투자 유출이 우려된다.

2026년 한국 전체시가 총액은 약 2500조원으로, 외국인 투자 지분은 31% 정도다.

한국 환율은 138원이다. 한국 환율이 과거 1100원 보다 20% 가까이 오른 상황이 계속 유지되고 있다. 한국 환율은 지난 60년간 80% 확률로 우상향하면서 상승했다.

전 계 글로벌 주식시장에서 미국 60%, 한국은 1.5%다. 전 계 국제통화에서 달러가 결제되는 비중은 60%, 원화는 0.1%로 세계35위 정도다

정부와 기업은 국제금융 위기에 대비하여 선제적으로 준비해야 한다. 2026년 아르헨티나는 12번째 외환위기를 격고 있다. 스리랑카, 파키스탄 등 전 세계 22개국이 IMF 구제금융을 받고 있다. 2026년 미국이 기준금리를 내린다.

그러나 한국은 절대 안심해서는 안된다. 정부와 기업은 위험에 대비하여 한미통화스와프와 한일통화스와프를 체결해야 한다. 한미 통화스와프 600억 달러는 2021년 종료됐다. 한일통화스와프는 2023년 7월 100억 달러 체결됐다.

한국은 외환위기를 방어할 두 개의 방어막을 준비해야 한다. 한미통화스와프 600억 달러와 한일통화스와프 700억 달러는 안전막이 될 것이다. 이와 동시에 한국은행 외환보유고를 국제결제은행(BIS) 제안대로 9,200억 달러로 충분히 비축해야한다.

⊙ 2026년 한국은행 기준금리 인하한다.

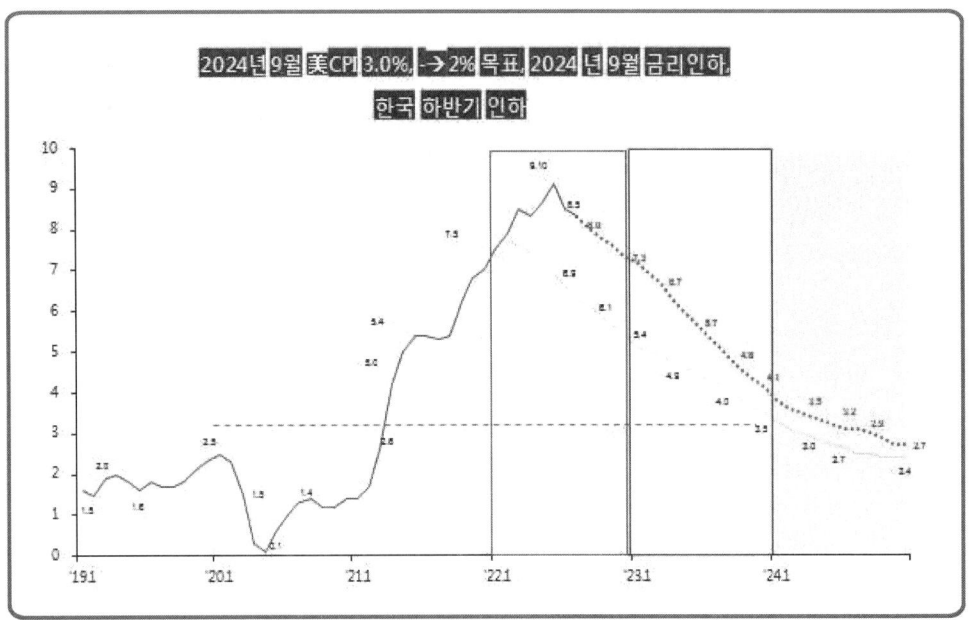

2025년 한국은행이 기준금리를 동결했다. 한국은행이 금융통화운영위원회를 열어 어려운 경제상황을 고려하여 기준금리를 3.5% 동결한 것은 타당하다.

한국은행 기준금리는 3.5%로 1년 가까이 유지되고 있다. 2025년 9월 물가는 3.2%다. 미국 기준금리는 5.5%, 12월 물가수준은 2.6%다.

미국 연방준비은행은 2025년 9월부터 기준금리를 내리겠다고 예고했다.

미국 물가가 3.1%로 충분히 안정됐고, 2025년 12월 2%대로 낮아 질 것이다.

따라서 미국 연방준비은행은 2025년 9월부터 기준금리를 인하 예정이다. 대한민국 금융통화운영위원회도 미국이 기준금리를 인하하면 동반하여 내리게 된다. 한국 물가는 미국과 비슷한 3.1%를 유지하고 있다.

경제학에서 물가가 오르는 이유는 시중에 유동성이 너무 많기 때문이다. 코로나를 극복하기 위하여 정부와 금융 기관들이 많은 돈을 풀었다. 시중에 돈이 많으면 물건을 사려는 욕구를 자극하여 물가가 오른다.

미국은 코로나를 극복하기 위하여 약 6조 달러를 풀었고 물가가 9%까지 올랐다. 이런 이유로 미국은 기준금리를 0%에서 5.5%까지 급속하게 올렸다. 대한민국도 기준금리를 3.5%까지 인상하면서 시중 현금을 흡수했다.

태영건설 등 워크아웃 등 부동산 경기가 매우 어려운 상황이다. 한국 경제상황과 부동산경기를 고려한다면 기준금리를 내려야 한다. 그러나 여전히 물가가 3.2%로 높아 한국은행은 동결했다.

한국은행은 전 세계 경제상황을 지켜보면서 기준금리 인하 등으로 고려해야 한다.

중동 전쟁이 확대되고 있다. 이스라엘·하마스 전쟁이 1년 이상 지속되고 있다. 예멘과 이란에 상황도 악화되고 있다. 한국은행은 더욱 치밀하게 기준금리를 조절해야 한다.

정부의 경제정책은 재정정책과 금융정책 두 가지다. 재정정책은 국가 예산 660조원을 통하여 예산을 집행하는 것이다.

금융정책은 기준금리를 조절하여 물가를 잡고, 통화정책과 금융정책을 실시하는 것이다.

기준금리 인하는 시중에 유동성을 공급하기에 장·단점이 있다.

기준금리 인하의 가장 큰 단점은 물가를 인상이다. 한국은행은 물가를 2%로 잡는 것이 최고의 목표다.

기준금리 인하 장점은 경기를 부양하고 부동산투자를 활성화시킨다. 부동산은 기준금리와 마이너스0.8로 반대로 움직이는 역 상관관계가 있다. 기준금리 인하는 부동산상승으로 이어진다.

은행이자 하락은 기업 투자로 확대로 경기가 호전된다. 기준금리 인하 좋은점은 경기부양과 기업투자 증가다.

한국은행은 치밀하고 정교한 금융정책을 통하여 기준금리를 잘 조절해야 한다. 물가도 잡으면서 경기를 부양해 두 마리 토끼를 잡아야 한다.

제2의 IMF 위기 온다.
곧 원화가 휴지조각 될 수 있다.

○ 유튜브 대담1

한국 경제 SWOT	
강 점	**기 회**
세계 최고 교육, 우수한 인재, 대학진학80%	모바일(95%),온라인,구독경제,AI
세계 최상 IT, 통신 인프라, 스마트폰 1위	반도체, SW인재 양성, 전자정부
지정학적 위치(중국, 일본)	시가총액: 미국60%,한국1.5%, 부동산90%상승
2025년 제조업 세계5위, GDP 13위, 금융40위	4차 산업혁명, IT 융합, 벤처 육성
신속한 의사결정, 정확성, 창의성	우수한 기술, 브랜드(한강 노벨상, 한류, BTS)
약 점	**위 험**
고임금,고물가,고환율(25~26년 1400~1,600원)	-트럼프 25% 고관세 정책 ➔ 한국 가장 큰 타격
에너지99%수입,상법개정, 노란봉투법,강력 노조	-미 연준 물가목표(9%➔2%)
4차 산업혁명 규제(허가)—>네거(불법외 허용)	외환위기, 금융위기: 한미, 한일통화스와프
규제확대: 법인세26%, 소득세(45%),상속세(60%)	중국침체, 북핵과 참전, 전쟁지속➔조선,방위
해외직접(FDI):유출2-5배>유입, 청년취업율45%	미중 패권전쟁, 인구 71년 105만명-➔23만명

〈유튜브 방송 인터뷰 – 김대종 교수〉

원 달러 환율은 계속 오른다. 정확하게는 84% 확률로 계속 오릅니다.

그래서 아마 2025년 연말에 1500원

2026년에는 1600원 등 계속 오른다.

이렇게 환율이 1500원 ~ 1600억 원 넘어가게 되면 외환위기 징조가 오는 겁니다.

2025년 10월 2025년 10월 우리나라 외환보유고는 4천 200억 달러 정도 됩니다. 그러니까 GDP 대비 22%밖에 안 된다.

지금도 1997년처럼 외환 위기가 재발할 수 있을 정도로 외환 보유고가 낮습니다.

그러니까 우리가 외환위기가 나면 부동산도 똥값이 되는 거고, 주식도 휴지가 되는 겁니다. 우리나라 대기업 절반이 무너질 것이다.

Q 안녕하세요. 새 정부가 출범한 지 이제 약 한 달 정도 지났는데요.

다양한 분야에서 크고 작은 변화가 일어나고 있습니다.

이 변화가 너무 많다 보니까 이제 따라가는 것도 좀 쉽지 않은 경우도 있는데요.

이런 상황을 좀 종합적으로 말씀해 주실 분을 모셨습니다.

세종대학교 김대종 교수님 모시고 지금 한국 경제부터 주식 부동산까지 다양한 이야기 한번 나눠보도록 하겠습니다. 교수님 안녕하세요.

예 안녕하십니까?

Q 네 저희 채널에는 또 처음 나와 주셨는데 제가 다른 채널들이나 인터뷰한 거 여러 가지 근데 정말 다양한 얘기들 해 주시더라고요.

사실 이런 상황에서 좀 종합적인 정리가 필요하다 그래서 제가 좀 모셨습니다.

Q 첫 번째로 한번 좀 여쭤보고 싶은 거는 요즘에는 좀 환율 얘기가 조금 조용해진 것 같긴 하거든요.

그런데 보통 환율 올라갈 때 경제 위기 온다 우리나라 심각하다 이런 얘기들 많았는데 지금 우선 한국 경제는 어떤 상황인지 환율로도 좀 궁금한 게 있고요.

A

이재명 정부가 출범한 지 이제 한 달 좀 지났습니다.

그런데 확대 재정입니다.

이제 추경을 20조 했는데 갑자기 40조로 늘어났습니다.

40조 원이 풀리고 일반 국민에게 15만 원 최고 많이 받으면 한 40~50만 원까지 받았다.

그러면 이것이 대형 마트에서는 못 쓰고 무조건 동네 슈퍼에서만 써야 됩니다.

네 편의점도 쓸 수 있다고 얘기가 되고 있고 이제 쿠팡 대형마트는 좀 불리할 것 같아요.

편의점에서 많이 소비가 될 거라고 저는 보고 있다.

원래 이제 한국 기준금리를 원래 2.0%까지 내려야 되는데 기준금리가 내리게 되면 부동산과 주가가 크게 오릅니다.

 추경도 40조 원으로 크게 늘어났습니다.

문재인 정부때 집값을 100%로 올렸다.

노무현 대통령 때도 그렇고 문재인 대통령 때도 그렇습니다.

민주당이 집권하면 집값을 100% 정도 올랐다.

진짜 이번에도 그렇게 크게 올라갈 수 있을까? 정부가 부동산 공급을 하지 않는다면 또 100% 오를 수도 있다. 저는 그렇게 보고 있습니다.

Q 그 말은 결국에는 원화 가치가 떨어진다. 이렇게 봐야 되는 걸까요?

A 환율상승 더 중요합니다.

표를 보시면 우리나라의 강점은 이제 제조업은 세계 5위인데 국제금융의 원화가 결제되는 순위는 35위입니다.

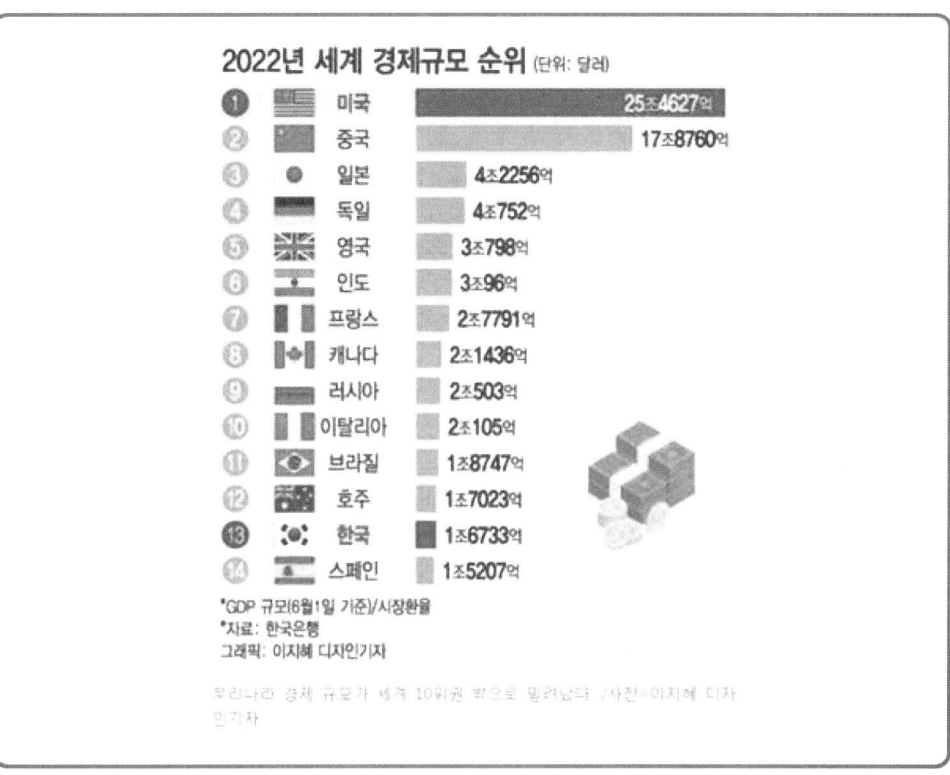

2022년 세계 경제규모 순위 (단위: 달러)

순위	국가	규모
❶	미국	25조4627억
❷	중국	17조8760억
❸	일본	4조2256억
❹	독일	4조752억
❺	영국	3조798억
❻	인도	3조96억
❼	프랑스	2조7791억
❽	캐나다	2조1436억
❾	러시아	2조503억
❿	이탈리아	2조105억
⑪	브라질	1조8747억
⑫	호주	1조7023억
⑬	한국	1조6733억
⑭	스페인	1조5207억

*GDP 규모(6월1일 기준)/시장환율
*자료: 한국은행
그래픽: 이지혜 디자인기자

우리나라 경제 규모가 세계 10위권 밖으로 밀려났다 /사진=이지혜 디자인기자

원화가 경쟁력이 없다 이런 걸 볼 수가 있고 아마 환율은 2025년 10월 1420원입니다.

미국 트럼프 대통령은 고관세 25%를 협의를 하라 이렇게 얘기하고 있습니다.

우리가 협의가 잘 되든 잘못되든 환율은 계속 오른다.

저는 한국 환율은 정확하게는 84% 환율로 계속 오릅니다.

그래서 아마 2025년 연말에 1500원, 내년에는 1600원 계속 오른다 이렇게 보시면 됩니다.

예 저는 아마 환율은 몇 년이 지나고 보면 1600원, 1700원 되어 있을 때, 진짜 환율은 84% 확률로 계속 오른다. 이런 걸 볼 수 있을 것입니다.

밑에 보시면 한국에 대한 해외 직접투자 유출이 유입의 2배~ 5배 많다고 되어 있습니다.

2025년 대학생 청년 취업률이 45%입니다.

2023~2025년 기준으로 외국인들이 한국에 투자로 들어온 것보다 삼성, LG, 현대가 외국으로 나간 게 5배 정도 많습니다.

그래서 우리 대학생 자녀들이 취업을 절반도 못 하고 있습니다. 바로 이것이 우리의 큰 약점이다. 저는 그렇게 보고 있습니다.

법인세도 세계 평균이 21%입니다. 좀 내려줘야 되겠고 상속세도 세계 평균이 한 15%밖에 안 됩니다.

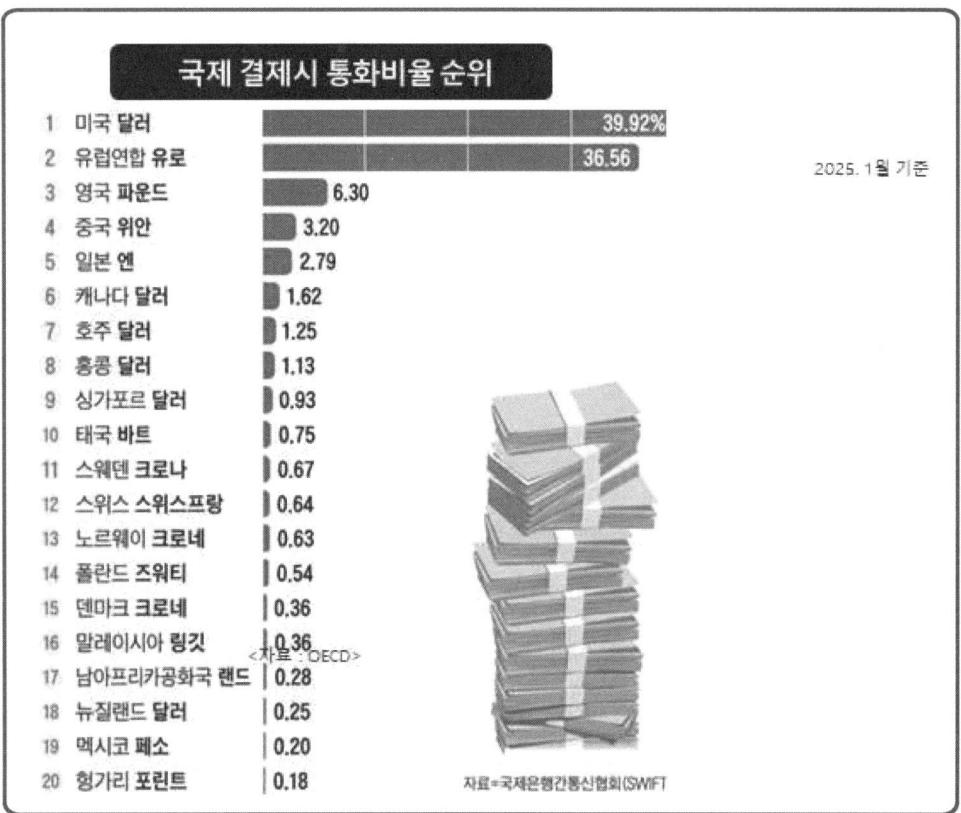

	국제 결제시 통화비율 순위	
1	미국 달러	39.92%
2	유럽연합 유로	36.56
3	영국 파운드	6.30
4	중국 위안	3.20
5	일본 엔	2.79
6	캐나다 달러	1.62
7	호주 달러	1.25
8	홍콩 달러	1.13
9	싱가포르 달러	0.93
10	태국 바트	0.75
11	스웨덴 크로나	0.67
12	스위스 스위스프랑	0.64
13	노르웨이 크로네	0.63
14	폴란드 즈워티	0.54
15	덴마크 크로네	0.36
16	말레이시아 링깃	0.36
17	남아프리카공화국 랜드	0.28
18	뉴질랜드 달러	0.25
19	멕시코 페소	0.20
20	헝가리 포린트	0.18

2025. 1월 기준

<자료 : OECD>

자료=국제은행간통신협회(SWIFT)

싱가포르 캐나다 상속세 없습니다.

네 그래서 부자들이 지금 계속 싱가포르나 캐나다로 계속 옮기고 있는 이유가 상속세가 없기 때문입니다.

기회는 모바일입니다.

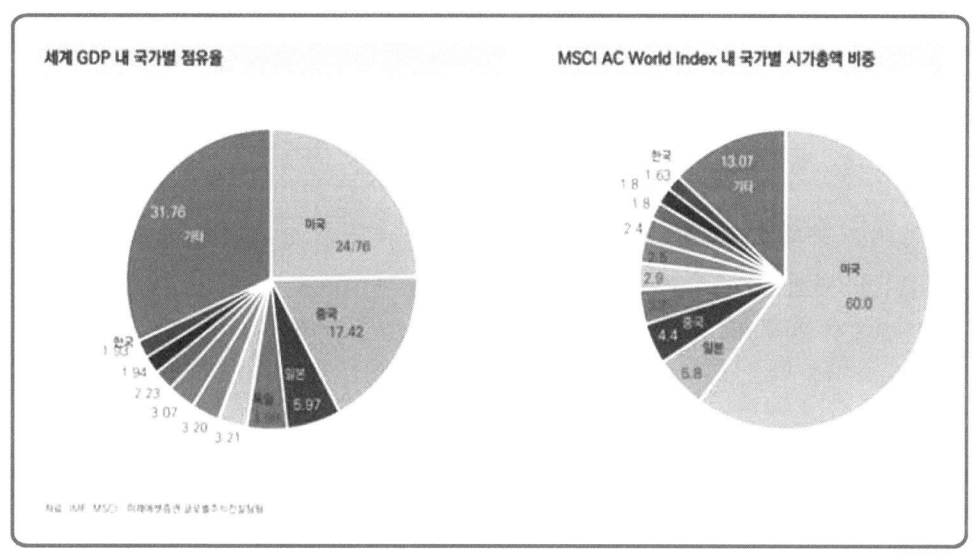

세계 GDP 내 국가별 점유율

미국 24.76
중국 17.42
일본 5.97
3.21
3.20
3.07
2.23
한국 1.94
1.50
기타 31.76

MSCI AC World Index 내 국가별 시가총액 비중

미국 60.0
일본 6.8
중국 4.4
2.9
2.4
1.8
1.8
한국 1.63
기타 13.07

글로벌 주식의 시가총액 비중이 미국이 60%고 한국은 1.5%밖에 안 됩니다.

한국의 부동산은 90% 확률로 상승한다고 제가 써놨습니다.

이와 같이 이제 좀 뒤에 가서 또 자세하게 설명을 드릴 거고 위험 요소 보시면 외환위기와 금융위기가 또 올 수도 있다.

2025년 10월 우리나라는 한미 한일 통화 스와프가 2개 다 없습니다.

바로 이런 것이 큰 위험 요소다. 저는 그렇게 보고 있습니다.

그래서 저는 언제든지 우리가 금융 위기가 올 수도 있습니다.

제가 이제 이번 달에 출간한 〈트럼프 〉책과 〈도약하는 2026년 경제전망〉 책입니다.

이제 1조 부자가 되자 이제 이렇게 〈부자트렌드〉 라는 책을 썼습니다.

Q 근데 아까 말씀하신 그 환율이라는 게 1600원 이거는 엄청나게 심각한 거 아닌가요?

A 저는 이제 제가 환율 얘기를 좀 보여드리면

세계 경제 규모로는 우리가 13위 정도 됩니다.

한국은 1조 8천억 달러 GDP입니다.

GDP 를 계산하는 데는 한 3년 정도 걸립니다.

2025년 국제경제에서 우리 원화가 결제되는 비율은 없습니다. 0.1% 정도 되니까 세계 한 35~40위 정도 된다, 이렇게 저는 보고 있고 전 세계 GDP에서 한국이 차지하는 비중은 한 1.9%고, 주식은 1.6%입니다.

정확하게는 그래서 주식을 투자하려면 미국의 95%를 투자하고, 한국의 5%를 투자하는 것이 가장 좋은 주식의 투자 비율이다.

이렇게 항상 필자가 얘기하고 있습니다.

미국 1등 주식을 사라. 엔비디어, 한국에는 삼성전자입니다.

한국과 미국 시가총액 1등 주식만 사면 가장 부자가 될 수 있습니다. 엉뚱한 거 사면 안 됩니다.

한국에는 매년 20개의 기업이 부도가 납니다.

2024년에는 63개 기업이 부도났습니다.

한국에서는 명심해야 되겠다.

중요한 얘기가 환율 얘기입니다.

저는 경제학자인데, 1997년 제가 현대증권 다닐 때 우리나라가 외환위기를 겪었습니다.

당시에 종합주가지수가 1000포인트에서 300으로 떨어졌었고, 삼성전자가 3만 원인데 서울 은마 아파트가 2억이었습니다.

그 당시에 제가 은마아파트에 살고 있었습니다.

그래서 은마아파트를 2억 주고 샀어야 되는데 후회됩니다.

그 옆에 또 삼성 아파트도 있었고, 2억이면 아파트 구매가능했습니다.

왜 우리나라가 외환 위기가 났는지 저는 연구를 많이 했습니다.

한번 보시면 97년도 모든 나라가 큰 위기를 겪었는데 태국, 인도네시아, 대한민국, 러시아도 다 외환 위기를 겪었는데 지금도 똑같은 상황이 외환 위기에 재발할 수 있을 정도로 외환 보유고가 낮습니다.

2025년 10월 우리나라 외환보유고는 4천 200달러 정도 됩니다.

네 그러니까 GDP 대비 22%밖에 안 됩니다.

1997년 대만이 외환 위기를 겪지 않았는데요. 75%를 GDP로 보관하고 있습니다. 대만 GDP가 우리나라의 절반도 안 되죠.

7천억 달러 정도 됩니다. 대만은 작은 국가입니다. 인구가 한 2천만 명 정도밖에 안 됩니다.

싱가포르는 더 작아요. 인구가 500만 명밖에 안 됩니다. 아시아에서 가장 잘 사는 나라가 싱가포르입니다.

1인당 국민소득 9만 달러 정도 되고, 우리가 3만 5천 달러 정도 되거든요.

결론은 스위스, 홍콩, 대만 심지어 전쟁을 하고 있는 러시아도 한국보다 외환 보유고가 많습니다.

외환보유고를 비축해 놓고 러시아가 전쟁을 했다.

이렇게 보시면 되겠습니다.

외환보유고는 우리가 IMF를 경험했지만 대한민국은 석유를 100% 수입하는데요.

석유를 사 올 때 결제를 못하면 나라가 망하는 겁니다.

2025년 10월 10개 나라가 부도가 났습니다.

아르헨티나는 10번째 부도가 났습니다.

외환위기는 항상 반복되어 일어난다.

이런 걸 알아야 되겠고 우리가 알고 있는 스리랑카, 파키스탄, 바레인, 전부다 국가가 파산해서 IMF가 지원을 해 주고 있습니다.

그러니까 우리가 외환위기가 나면 부동산도 똥값이 되는 거고, 주식도 휴지가 되는 겁니다.

우리나라 대기업 절반이 무너질 거다. 저는 그렇게 보고 있습니다.

Q 근데 외환 보유액이 높다 많다 이런 얘기들을 계속 언론에서 들었는데 문제없다 했는데 이게 아니었나요?

□ **2025년 8월말 기준 우리나라의 외환보유액 규모는 세계 10위 수준**

주요국의 외환보유액
(2025.8월말 현재)

(억달러)

순위	국가	외환보유액		순위	국가	외환보유액	
1	중 국	33,222	(+299)	6	대 만	5,974	(-4)
2	일 본	13,242	(+198)	7	독 일	4,682	(+109)
3	스위스	10,222	(+170)	8	사우디 아라비아	4,564	(+124)
4	인 도	6,954	(+52)	9	홍 콩	4,216	(-38)
5	러시아	6,895	(+80)	10	한 국	4,163	(+50)

주: 1) ( )내는 전월말 대비 증감액
자료: IMF, 각국 중앙은행 홈페이지

A 그렇죠 이제 한국은행이 항상 우리나라 외환 보유고 문제없고 세계 9위다.

이렇게 발표했는데 이번 달에는 10위로 떨어졌습니다.

외환보유고가 중요한 이유는 환율상승 방파제입니다.

국제금융 위기를 막는 방어막입니다.

환율 상승을 막아줄 수 있는 현금이다 이런 뜻이라고 보면 되겠는데, 국제결제은행이 우리나라는 9200억 달러를 비축해라.

이렇게 제안을 이미 20년 전에 했습니다.

Q 2배를 더 해야 되네요.

A

2배를 더 해야 됩니다. 한국적정한 외환보유고는 9200억 달러 정도입니다.

IMF는 우리가 7천억 달러를 비축해라 이렇게 얘기했습니다.

기도티가 1999년에 4500억 달러를 비축하라고 얘기했습니다.

여기 보시면 유동외채라고 하는 것은 단기채권 2배입니다.

우리가 채권은 3가지가 있습니다.

1년 안에 들어오는 게 단기채, 5년에 만기로 들어오는 게 중기채, 5년 이상이 장기채거든요.

그러니까 중기채나 장기채 중에 언제 들어오는지 만기를 모르기 때문에, 우리가 단기 채권의 2배를 가져야 된다. 이것이 바로 유동외채입니다.

그러니까 우리나라는 2025년 10월 단기 채권이 한 1500억 달러 정도 있습니다.

그렇게 되면, 3천억 달러가 이제 유동외채다.

이렇게 보시면 됩니다.

우리나라는 전체 주식의 시가총액이 이재명 대통령 취임한 이후에 주가가 3600을 찍었잖아요.

네 지금 시가 총액도 정확하게 3천조원 정도입니다. 그리고 상장 기업은 한 2700개입니다.

외국인들이 2025년 10월 우리나라 주식의 33%를 가지고 있습니다.

국가명	GDP(억달러)	외환보유액 (억달러)	외환보유액 /GDP 비중
스위스	8,129	10,222	124%
홍콩	3,681	4,254	116%
대만	7,749	5,974	77%
사우디	8,335	4,564	53%
러시아	17,758	6,895	38%
한국	18,102	4,220	23%
인도	31,734	6,954	22%

주요국(외환보유액/ GDP) 비중 (2025.8월) 한국은행, 통계청

Q 네 그럼 1천 조 정도 가지고 있는 거네요.

그렇죠 그러니까 국민은행은 80%가 외국인 지분이에요.

네 국민은행은 대주주가 외국인이다 이렇게 보시면 됩니다.

삼성전자는 50%가 외국인이다. 그러니까 국민은행은 우리나라 주식이 아니다.

그렇지만 이제 우리가 지분을 누가 많이 가지고 있는가가 중요한 것이 아니라 어느 나라에 있고 어느 나라 국민을 고용하고 있느냐?

이제 그것으로 본다고 그러면 국민은행은 100% 한국 사람이 직원이다 이렇게 보시면 되겠습니다.

한국은행이 2025년 10월 4천억 달러가 있는데 여기 정부채는 다 미국의 정부 채권입니다.

정부 기관채는 미국에 있는 프레디맥이라고 하는 모기지 회사 채권입니다. 2025년 10월 전 세계에서 거의 우리나라만 가지고 있습니다.

프레디맥, 페니메이라고 하는 모기지 채권 회사를 미국 정부가 파산시키려고 했어요.

2008년도에 파산시키려고 했는데, 연방 정부가 마지막에 모기지 채권 은행까지 파산시키면 너무 여파가 크다 이렇게 해서 살려줬죠.

한국은행 외화자산 구성(2025)

	비중(%)
정부채	36.9
정부기관채	23
회사채	14.8
자산유동화채(MBS)	13.1
주식	7.7
예치금	4.6
계	100.0

그러니까 한국은행도 빨리 미국 정부 기관채는 모기지 채권입니다. 미국의 프레디맥 매드페이라고 하는 회사입니다.

한국은행은 미국 정부 기관채권을 미 국채로 바꿔야 됩니다.

제가 국회에서 10년간 정책 일을 했습니다.

한국은행에 많이 물어봤죠. 왜 이렇게 정부 기관 채권 등 엉망으로 운영하느냐 했더니 미국 정부채는 2% 이자를 주며, 정부 기관채는 0.2% 이자를 더 준다는 겁니다.

0.2% 이자를 더 주기 때문에 정부기관채로 샀다. 참 어이없는 얘기입니다.

Q 리스크는 엄청난 차이인데요.

적정 외환보유고 이론 네가지

발표기관	내 용	적정외환	발표 시기
IMF 신제안	유동외채 30%+ 외국인주식자금 15%+ M2 5% + 상품수출 5% (100~150%)	6,810억 달러	2013
기도티 그린스펀	3개월 경상지급액+ 유동외채(3000억$)	4,500억 달러	1999
BIS 국제결제 은행	3개월경상지급+유동외채+외국인주식투자액1/3(4000억$) +거주자 외화예금(1000억$) +현지 금융잔액	9,200억 달러	2004

자료: 한국은행,

예 엄청나게 큰 금액입니다.

20%면, 우리나라 4천억 중에 한 1천억 달러 정도 됩니다.

1천억이면 한 140조 정도 되는 돈이 휴지가 될 뻔 했습니다.

한국은행은 아직까지도 가지고 있습니다.

정부 기관채, 회사채, MBS, 그 다음에 주식 이렇게 돼 있습니다.

한국은행 외화자산 구성(2025)

	비중(%)
정부채	36.9
정부기관채	23
회사채	14.8
자산유동화채(MBS)	13.1
주식	7.7
예치금	4.6
계	100.0

현금은 4%밖에 없습니다.

저는 환율이 오른다고 해도 한국은행이 당장 동원할 돈조차 없다 이렇게 보시면 되겠습니다.

원 달러 분석입니다. 지난 한 70년간 우상향이다. 이렇게 보시면 되겠습니다.

우리나라는 1970년 200원에서부터 지금 2025년 10월 한 1400원까지 올라왔는데 여기에 82%라고 하는 것은 회귀 분석이라고 그래 가지고 어느 점으로 환율이 상승하느냐 그러니까 82% 확률로 상승한다 이렇게 보시면 되겠습니다.

최근 자료를 넣으면 84% 확률입니다. 그러니까 환율은 항상 84% 환율로 계속 오르기 때문에 제가 자신 있게 올 연말에 1500원, 2026년 1600원 간다 이렇게 얘기할 수 있는 거죠.

그러니까 통계분석 결과입니다.

Q 그러면은 지금 말씀하신 거를 들어보면 한국은행이 뭐 현금도 거의 없고, 아까 말씀하신 정부 기관채라는 것도 좀 불안 불안한 것들을 가지고 있다면 이 환율이 만약에 튀었을 때 대응 능력이 없다 뭐 이런 식으로 봐야 되는 건가요?

A 그렇죠 이제 정부가 계속 말은 국민들이 이제 안심해라

문제없다 이렇게 얘기하지만, 지금 우리나라 환율이 1370으로 떨어진 건 트럼프 때문에 그렇습니다.

플라자 협약이라고 해서 일본이 미국에 너무 막대한 수출을 했습니다.

과거에 1980년대죠. 그러니까 미국이 어떻게 얘기했는가 하면 너들의 환율을 절반으로 낮춰라 그게 플라자 합의 입니다.

네 그러니까 우리나라 이제 우리나라도 너희들이 한국에 너무 수출을 많이 한다.

미국에 2024년 우리나라가 미국의 무역 흑자가 한국은 매년 1,000조를 수출하고 900조를 수 수입을 해서 100조가 무역 흑자입니다.

작년에 85조가 미국에서 발생한 흑자입니다. 그러니까 우리가 트럼프가 취임할 줄 알았으면 무역 흑자를 좀 줄였어야 되는데 너무 많이 자동차만 팔고 미국의 지금 한국은 미국산 석유와 가스가 우리나라 수입 1등입니다.

지금 석유와 가스 수입 1위가 미국, 2위가 사우디아라비아입니다.

-트럼프 개인재산 10조원, 골프장 12개
 50년간 미국 법인세 감면,
- 트럼프 2기: 1기 처럼 30%정도 시행,. 70% 폐기 예상-→
미국 물가 인상, 농산물 수출 급감

그러니까 우리가 좀 더 미국산 석유와 가스를 수입해서 85조 원이나 되는 이런 무역 흑자를 좀 줄였어야 되는데 너무 이익만 많이 남겼다.

그러니까 트럼프가 한국은 방위비도 10배 올려달라 2025년 10월 우리나라 방위비 2조 정도 내는데 10배 올려달라고 얘기합니다. 20조입니다.

우리나라 국방비가 2025년 10월 우리나라 국가 전체 예산의 10%입니다.

매년 2025년 10월 올해 우리나라 예산은 660조입니다.

정확하게 그러면 10%면 66조가 우리 국가 방위비입니다.

트럼프는 개인 재산이 10조 정도 있습니다.

여러분들 뉴욕에 가보시면 알겠지만 트럼프 타워 2개 있습니다.

오늘 이제 이 방송을 보시면 넷플릭스에서 트럼프 전기 영화를 꼭 보십시오.

트럼프가 어떻게 해서 10조 원 부자가 됐는지 정확히 나와 있습니다.

결론은 방송 홍보도 굉장히 좋아합니다.

트럼프는 대통령이 됐습니다. 두 번째 지금 됐죠.

그래서 결론은 아마 저는 우리나라가 미국의 요구에 의해서 환율이 조금 낮아졌지만 자연스럽게 놔둔다고 그러면 환율은 앞으로 1400원 1500원까지 갈 거다. 네 저는 그렇게 전망하고 있습니다.

Q 그렇게 되면은 한국 경제는 안 좋은 건가요? 좋은 건가요?

A

어떻게 보면 수출에는 좋습니다.

양말을 하나 미국에 수출하면 천원을 받았는데, 지금 1400원이 됐으니까 양말 하나 수출하면 1400원을 받습니다.

그러니까 환율이 오르는 건 굉장히 좋지만 수출한텐 좋죠.

그러나 석유 가격이 똑같이 올라가는 겁니다. 한국은 수출했는 것 만큼 다시 또 100% 수입을 석유로 하기 때문에 우리나라에게는 좋지 않은 것입니다.

환율은 적정한 환율을 유지하는 것이 좋다.

2025년 10월 적정한 환율은 1400원이다.

이렇게 얘기를 하고 있지만 저는 아마 미국이 고관세 전략이 더 압박합니다.

그러면 환율은 또 급등하게 되는 겁니다.

저는 이런 것이 우리나라의 가장 큰 위험 요소다. 그러면 환율이 오르는

것을 어떻게 예방할 것이냐

저는 개인은 현금으로 무조건 엔비디어 NVIDIA 사 놓으라고 합니다.

미국이 1등 주식을 사놔라. 환율이 오르면 미국 주식은 다 같이 올라가게 됩니다.

글로벌 주식의 비중도 미국이 60%를 차지하고 한국은 1.5%밖에 안 되기 때문에 내가 가지고 있는 현금의 95%는 그러니까 미국이 1등 주식 사 놓으면 됩니다.

NVIDIA가 환율 방어를 합니다.

어떤 교수가 2017년도에 그 기사를 보고 제가 따라 하고 있었는데, 자기 월급의 25%를 매달 시가총액 1등만 투자했다고 합니다.

한 40년을 투자했더니 그게 1조가 되더라. 교수 월급의 25%면 100만 원 정도 되는데 그거를 매달 1등만 샀다는 겁니다.

그분은 한국 1등 주식은 석유화학주, 건설주, 현대건설이 과거에 우리나라 시가총액 1등이었습니다.

은행주였지만 지금은 2천년부터 삼성전자가 압도적 1등인데 오늘 2025년 10월 삼성전자의 시가총액이 500조, SK하이닉스가 220조 됩니다.

결론은 NVIDIA를 사라는 것이 아니라 미국의 시가총액 1등을 사라는 것입니다.

지금 NVIDIA 시가총액은 정확하게 6천조 원 정도 됩니다.

삼성전자가 500조 원이니까 삼성전자의 한 12배 정도 된다.

결론은 이렇게 원달러에 대한 예방을 해놔야지, 환율이 올라도 예방이 될 수가 있고 부동산만 다 가지고 있으면 안됩니다.

우리가 IMF를 경험해 봤지만 은마 아파트 2억이었습니다.

그래서 저는 환율이 1500원 1600억 원 넘어가게 되면 외환 위기 징조가 오는 겁니다.

외환 환율을 항상 유심히 봐야 되고 제가 이 환율 상승과 관련된 논문을 한 5개 이상 썼습니다.

우리가 대비해야 되겠고, 저 역시도 국가가 파산하라는 얘기는 아닙니다.

한국은행이 외환 보유고를 비축하라는 것이 나는 가장 큰 요구 사항입니다.

환율이 왜 오르는지 얘기해 주면 첫 번째 외환 보유고가 부족하다.

우리나라 은행들이 다 외국에서 돈을 많이 빌려옵니다.

97년도 IMF 때 외국에서 우리가 한 2%로 돈을 빌려와서 5%로 돈을 빌려줬습니다.

그러면 이제 그 3%로 은행에 막대한 차익을 남겼는데 이게 환율이 올라가게 되니까 나라가 망한 거였거든요.

지금 우리나라 전체 채권 중에 1년 안에 갚아야 되는 단기 채권이 한 30%가 넘습니다.

언제든지 외환 위기가 와도 이상하지 않을 정도다.

저는 그렇게 보고 있고 환율이 1500원 넘어가는 것은 바로 외환 위기에 가장 좋은 신호입니다.

2025년 10월 외환 보유고가 부족합니다.

두 번째는 한미 통화스와프 한일 통화스와프 2개 다 없습니다.

그럼요 미국이 2008년도에는 600억 달러, 일본이 700억 달러를 해줬습니다.

지금은 2개 다 종료가 됐고 미국은 절대 해주지 않습니다.

한국이 미국을 급속한 속도로 따라오거나 미국에게 도움이 안 된다 싶으면 언제든지 경제적으로 파산을 시켜버릴 수가 있습니다.

한미통화스와프가 안 해주는 겁니다.

통화 스와프를 해주면 언제든지 우리가 600억 달러를 달러를 빌려올 수 있는 건데 미국이 안 해준다. 일본도 안 해주고 있는 겁니다. 그래서 우리가 일본과 친해져야 됩니다.

우리나라의 외국환 평형 채권이라고 해서 우리가 외환 보유을 비축하기 위해서는 달러화를 발행하기 위한 채권을 발행합니다. 국가가 보증을 써서 그 채권을 가장 많이 투자한 사람이 일본과 미국입니다.

외국인들이 우리나라 주식을 팔고 가는 거와 마찬가지로 한국의 채권을 팔아버리면 우리나라 그렇죠 환율이 급등하게 되고 나라가 파산하는 겁니다. 우리는 미국과 일본과 좀 친하게 지내야 되겠다.

세 번째는 무역 의존도가 한국은 75%입니다.

한국은 수출과 수입으로 먹고 사는데 세계 2위입니다.

세계에서 두 번째로 높은 나라가 바로 우리나라다. 그런데 달러가 부족하다 보면 나라가 파산하게 되는 거죠. 저는 언제든지 이런 외환 위기가 와도 전혀 이상하지 않을 정도로 우리가 환율이 위험한 상황이다

Q 세종대학교 김대종 교수님하고 이야기 나누고 있는데요.

그러면은 결국에 지금 한국 경제가 상당히 좀 취약한 상황이고 그리고 이제 대외적으로도 지금 변수들이 보면 좀 약간 불안불안한 요소들이 있다라고 이제 이렇게 이해를 하면 되는 거겠죠.

특히 이제 트럼프와의 지금 관계나 이런 것들을 봤을 때 예전처럼 한미 스와프가 잘 되거나 이런 것들도 좀 불안불안한 요소들도 있고 특히 이제 한국 경제가 뭐 그거 말고도 뭐 고령화 사회라든지 아니면 다른 경제적 취약점들도 많을 것 같은데 혹시 뭐 우리가 체감할 수 있는 어떤 현상들

이런 것들이 있을까요?

A

트럼프 대통령이 당선된 가장 큰 이유는 미국의 2025년 10월 대출 금리가 8.5%입니다.

미국의 기준금리가 4.25%죠. 제가 1월달에 미국을 가서 우리 한국인 여학생도 만났는데 한국인 여학생인데 미국에서 박사 공부를 마치고 뉴욕에서 이제 포닥이라고 하고 있더라고요.

나한테 7만 달러 정도 받는다고 하더라고요. 7만 달러니까 한 1억이 넘습니다.

근데 자기가 월세가 350만 원 원룸 하나입니다.

뉴욕에서 원룸 하나가 지금 350만 원 정도 합니다.

자기 월급의 절반이 나간다 이러더라고요. 미국의 중산층들이 자기 월급의 절반이 이자로 나갑니다.

은행 이자로 미국은 정확하게 지금 2025년 10월 기준으로 7.5% 정도 입니다.

기준금리가 4.25%니까 거기다가 플러스 3%을 더하면 대출 금리입니다.

네 그러니까 트럼프가 바이든과 경쟁할 때는 8.5%까지 올랐었습니다.

그때는 기준금리가 5.5%였죠. 네 지금 4.5%까지 떨어졌습니다.

은행의 기준금리가 낮아지게 되면 대출 금리가 낮아지게 되고 대출 금리가 낮아지면 저렴한 대출 이자를 받아서 기업에 투자도 하고 부동산도 사고 합니다.

그런데 은행 이자가 오르게 되면 이렇게 어려워진다는 겁니다.

네 한번 보시면 트럼프는 굉장히 나쁜 사람 같지만 미국의 일자리를 만들어 주겠다는 게 트럼프입니다.

미국의 전 세계에서 가장 기업하기 좋은 나라로 만들어 주겠다.

삼성전자가 지금 2025년 10월 평택 공장의 11배 크기로 텍사스의 공장을 짓고 있습니다.

반도체 공장을 60조를 삼성전자가 투자했고, 현대자동차는 30조를 두 달 전에 미국에 투자하겠다고 발표를 했습니다.

이와 같이 트럼프는 미국의 법인세가 2025년 10월 21%고 한국은 26%입니다.

한국의 법인세도 높고 또 강력한 노조도 있고 이렇다 보니까 우리나라 기업도 한국에 공장 안 짓고 다 미국으로 짓고 베트남으로 짓고 인도로 옮기고 있습니다.

그러니까 국내 일자리가 없어서 대학생들이 취업이 안 되는 우리 자녀가 절반도 취업을 못 합니다.

45%다. 트럼프는 미국의 일자리를 만들어주고 미국 국민들을 잘 살게 해주겠다.

이것 때문에 대통령이 당선됐고 전 세계 25% 관세를 때리면서 미국에 공장을 지어라 그러면 관세를 안 물리겠다 이렇게 얘기하고 있습니다.

아주 뭐 옛날에는 미국이 참 좋은 나라였고 좋은 키다리 아저씨였는데. 지금은 미국부터 잘 살게 하겠다는 아주 이기적인 국가로 많이 변화가 됐습니다.

Q 그럼 결국에 우리는 수출도 해야 되고 특히 이제 미국도 우리나라한테는 중요한 경제 수출 파트너인데 트럼프 말 안 들을 수는 없잖아요.

A 여기 한번 보시면 전 세계에서 관세가 가장 높은 나라 이제 캄보디아 베트남인데 이런 나라에 관세 때리고 일본 그다음에 캐나다, 멕시코 30% 관세 때리면서 미국의 우방국인 나라가 더 그동안 이익을 많이 남겼다 이렇게 막 얘기하고 있습니다.

한번 보시면 진짜로 미국과 친했던 나라들이 오히려 더 많이 이익을 남긴

것은 사실이다.

그래서 이제 우방국일수록 더 많은 관세를 부과하겠다.

적과 친구도 없다. 무조건 미국이 돈을 잘 벌고 미국의 부자로 만드는 게 가장 좋다고 얘기하고 있는 사람입니다.

결론은 우리나라는 미국과 어쨌든 친하게 지내야 됩니다.

우리나라에 3만 명이라고 하는 주한미군이 근무하고 있어 트럼프 대통령은 한국에서 전쟁이 나더라도 미국의 반도체가 공급해야 된다.

그래서 한국의 삼성전자가 텍사스의 공장을 짓고 있고 대만의 TSMC가 에리조나에서 공장을 짓고 있습니다. 한국은 메모리 반도체 그다음에 대만은 비메모리 반도체를 공급하고 있는 겁니다.

그러면 두 나라에서 전쟁이 벌어지더라도 미국에는 안정적인 반도체가 공급돼야 된다.

이것이 바로 미국의 요구 사항이다. 뭐 이런 복합적인 이유 때문에 미국에 이제 지금 반도체 공장들이 다 짓고 있습니다.

저는 우리 정부도 미국 수준으로 제조업하기 좋은 나라를 만들어 줘야 된다.

그렇죠 법인세가 미국이 21%면 우리도 더 낮추고 우리가 지금 2025년 10월 우버 에어비앤비 4차 산업혁명이 다 금지가 됐습니다.

네 그래서 대학생 취업률이 45%밖에 안 되는 겁니다.

그래서 저는 이재명 대통령이 빨리 우리나라도 우버라도 허용해 줘라 우버는 자기 집에 있는 자가용을 가지고 택시 영업을 하는 거예요.

네 아마 이것만 허용해도 한 수십만 개 일자리가 생깁니다.

〈외환위기 발생 국가와 시기〉

국가	외환위기	국가	외환위기	국가	외환위기
아르헨티나	1970년 6월	러시아	1998년 8월	필리핀	1970년 2월
	1975년 6월	핀란드	1973년 6월		1983 년 10 월
	1981년 2월		1982년 10월		1984년 6월
	1982년 7월		1991년 11월		1986년 2월
	1985년 5월		1992년 9월		1997년 12월
	1989년 4월	인도네시아	1978년 11월	스페인	1976년 2월
	1995년 3월		1983년 4월		1977년 7월
	2001년 12월		1986년 9월		1982년 12월
볼리비아	1982년 11월		1997년 12월		1992년 9월
	1983년 11월		1998년 1월		1993년 5월
	1985년 9월	이스라엘	1974년 11월	스웨덴	1977년 8월
브라질	1983년 2월		1977년 11월		1981년 9월
	1986년 11월		1983년 10월		1982년 10월
	1989년 7월		1984년 7월		1992년 11월
	1990년 11월	한국	1997년 11월	태국	1978년 11월
	1991년 10월	말레이시아	1975년 7월		1981년 7월
	1999년 1월		1997년 8월		1984년 11월
칠레	1971년 12월		1986년 6월		1997년 7월
	1972년 8월	멕시코	1976년 9월		1998년 1월
	1973년 10월		1982년 2월		1999년 9월
	1974년 12월		1982년 12월		2000년 7월
	1976년 1월		1994년 12월	터키	1970년 8월
	1982년 8월	노르웨이	1973년 6월		1980년 1월
	1984년 9월		1978년 2월		1994년 3월
콜롬비아	1983년 3월		1986년 5월		2001년 2월
	1985년 2월		1992년 12월	우루과이	1971년 12월
	1995년 8월		1998년 7월		1982년 10월
	1997년 9월		1999년 7월	베네수엘라	1984년 2월
	1998년 9월		2000년 11월		1986년 12월
	1999년 8월	덴마크	1971년 5월		1989년 3월
페루	1976년 6월		1973년 6월		1994년 5월
	1987년 10월		1979년 11월		1995년 12월
	1988년 9월		1993년 8월		

〈2014년 김대종 해외저널 Post Tapering and Proper Foreign Exchange Reserves of Emerging Countrys. 영문 논문을 한글로 번역한 것입니다. 한글 번역에서 어려운 용어가 있다〉

한국과 신흥국 적정 외환보유고 연구

○ 요약

테이퍼링은 미국의 양적완화가 끝난 후 시작되었다. 한국, 터키, 인도, 태국, 아르헨티나등 중요 신흥국 외환보유고를 분석하는 것이 목표다. 한국의 단기부채비율은 35%로 높다. 특히 한국은 국제결제은행이 제안한 적절한 외환보유고는 5,510억 달러다. 신흥시장의 외환 보유고는 매우 중요합니다. 금융위기를 사전에 예방하기 위해. 외환보유고는 국제 금융 위기의 마지막 보루입니다. 신흥국가는

외환보유고가 부족하므로 서둘러 보유고를 확대해야 합니다.

키워드: 외환보유고, 테이퍼링, 양적완화, IMF, 국제결제은행(BIS)

JEL 코드: F3, F4, G1

I . 서론

2014 년 7 월 브라질 월드컵 직후, 중국, 브라질 (BRICS) 중심 NDB (New Development Bank)가 100 억 달러를 투자했습니다. 신흥 강대국으로 구성된 브릭스그룹은 상하이에 본사를 둔 개발 은행과 서방 주도 기관의 대안으로 준비금을 만들었다.

브라질, 러시아, 인도, 중국, 남아프리카공화국의 지도자들은 인프라 프로젝트에

자금을 조달하고 미래의 경제 위기를 막기 위해 기관을 출범시키기로 합의했다. 그들은 BRICS 은행과 준비금 협정을 창설하기로 한 역사적인 결정을 내렸는데, 이는 국제 경제 거버넌스 시스템을 재구성하는 데 중요한 기여를 했습니다.

5개 신흥 국가는 2015년 처음으로 계획을 공개했습니다. 이 준비금은 "미니 IMF"로 간주될 것이다. 개발은행은 초기 자본금이 500억 달러에서 1,000억 달러까지 증가할 수 있으며, 한 국가가 다른 국가보다 더 많은 권력을 가지고 있다는 우려를 피하기 위해 각 국가가 동등하게 자금을 지원할 것입니다.

은행 위치에 대한 긴 협상 끝에 BRICS 지도자들은 상하이에 본사를 두기로 합의했습니다. 초대 회장은 인도인이고 초대 이사회 의장은 브라질 출신입니다. 아프리카 지역 센터는 남아프리카공화국에 기반을 둘 예정이며, 남아프리카 공화국 제이콥 주마 회장은 은행 본사를 요하네스버그에 두도록 동료들을 설득했다. 은행은 인프라 및 지속 가능한 개발 프로젝트에 자금을 지원할 것입니다.

유발준비금은 미국의 경기부양책 종료와 관련된 잠재적인 경제 변동성을 막기 위해 1,000억 달러를 사용할 수 있게 됩니다. 중국이 410억 달러로 가장 큰 기여를 하고 있으며, 브라질, 인도, 러시아가 각각 180억 달러, 남아프리카공화국이 50억 달러를 지원하고 있습니다.

그러나 은행과 기금은 발효되기 전에 각 브릭스 국가의 입법부의 비준을 받아야 합니다. 이번 정상회담은 세계 인구의 40%, 세계 경제의 5분의 1을 차지하는 브릭스 국가들의 경제가 냉각되고 있는 가운데 열렸다. 수요일 브릭스-남미 정상회담 이후 시 주석은 목요일 중국-라틴 아메리카 포럼을 출범시켜 워싱턴 뒷마당에 대한 중국의 관심이 커지고 있음을 강조할 예정이다.

미래 지향적인 통화 정책, 위안화는 시도할 것으로 예상됩니다. 중국은행이 이미 아시아 인프라를 만들기 전에 있습니다. 미국의 중심에 해당하는 ADB가 있습니다. 따라서 중국은 세계 금융 시장에서 세계 최대의 달러 보유고이며 국제 금융 시장을 보유하고 있습니다.

미국은 2008 년 8 월 금융 위기 이후 통화 공급을 위해 양적 완화를 계속하고 있습니다. 그러나 2014 년 1 월, 전 세계 신흥 시장에서 금융 위기의 징후가 보이면서 공급을 줄이기 위해 통화 공급이 감소하고 있습니다. 아르헨티나의 가장 최근 위기는 한 국가입니다.

아르헨티나는 외환보유고와 외국인 투자가 부족하여 금융 위기가 재발했습니다. 2014년 6월 말 한국의 외환보유고는 3,665억 달러다.

국제결제은행(BIS)은 한국의 외환보유고인 5,510억 달러를 유치하는 것이 적절하다. 2015년 1,845억 달러의 준비금보다 BIS 권고에는 부족합니다. 미국의 양적 완화 조치가 붕괴되고, 글로벌 금융시장의 혼란이 대두되는 상황과 같은 상황이 반복되면서 더 많은 배려가 필요합니다.

한국의 대외 무역 의존도는 75%로 높다. 1997년 금융위기로 국가와 국민은 큰 고통을 겪었다. 2014년 말 미국은 본격적으로 출구 전략을 실시했고, 위기가 다시 올 수 있다.

국제 금융 위기시 마지막 보루, 외환 보유고를 확대 한 정부와 한국 은행의 이유를 강력히 권고했습니다.

2014년 6월 말 대만의 외환보유고는 4,217억 달러였습니다. 이 금액은 대만 GDP의 약 76%에 해당합니다. 금융위기와는 대조적으로 철저하게 볼 수 있습니다. 대만이 금융위기를 겪었던 1997년 동남아시아와 한국은 전혀 영향을 미치지 않았다. 한국의 외환보유고는 GDP의 약 26%를 차지합니다. 이는 중국과 대만에 비해 여전히 낮은 수치입니다.

II. 문헌 검토

김세한(2014)은 멕시코, 아르헨티나, 태국, 브라질, 인도네시아, 러시아 등이 금융위기, 경제펀더멘털 약화, 환율 과대평가의 원인이며, 미국과 통화긴축정책의 영향이 발생했다고 주장하였다. 최근 미국의 양적완화 정책은 특히 터키, 브라질, 남아프리카공화국, 인도, 인도네시아 등 5개국의 경우 금융위기 가능성이 높은 5개국(취약한 5개국)을 기준으로 시작되고 있다.

금융위기의 과거 경험과 경제 펀더멘털 취약한 5 총 대외 부채/준비금 비교는 경제 펀더멘털에 따라 금융 시장 변동성에 취약한 국가를 제외하고는 유사한 것으로 보입니다. 그러나 아시아 금융위기 5 불편 가능성은 다음과 같은 이유가 있습니다: 과거에 국가가 경험한 금융 위기는 낮은 것 같습니다.

첫째, 과거 금융위기 시 경제 펀더멘털과 환율이 악화된 경험이 있다면, 미국이 과대 통화)을 유지했음에도 불구하고 금리를 인상하는 등 외부 충격에 취약하지만 환율의 경우 2011년부터 점진적으로 상승하는 5 경제 펀더멘털을 반영하는 것과 같다. 둘째, 연준의 통화정책은 과거와 달리 예측 가능하고 점진적이며, 금융시장에 미치는 영향이 미미할 것으로 예상되기 때문에 과거보다 단계적으로 시행될 것으로 예상된다. 과거 금융위기 경험과 취약한 5개국에 비해 매우 양호한 상태의 취약한 5개국의 경제적 펀더멘털이 상대적으로 높은 단기 부채와 막대한 경상수지 흑자에 비해 수출 기업의 일부가 외화 위험을 헤지하는 과정의 결과입니다. 양적완화정책의 경험에 비추어 확대되는 한국의 금융시장 변동성에서 미국의 통화정책 변화가 있을 때, 미국과 양적완화정책의 감축에 미치는 영향에 대비해야 할 것이다.

박석강, 박복재(2013)는 신흥시장 금융시스템의 외환보유고축적이 중장기적으로 조사 방법에 영향을 미친다고 분석하였다. 신흥 시장의 외환보유고를 축적하는 것은 또 다른 금융 위기의 재발을 방지하고 금융 위기의 위험을 최소화하는 데 매우 효과적인 수단입니다.

외환보유고의 과도한 축적이 대외부채, 국내소비, 국내투자, 경제성장 등의 요인에 미치는 경제적 효과를 중장기적 관점에서 살펴보는 결과, 국내소비는 감소시켰으나, 한편으로는 수출 증가를 바탕으로 무역 관련 산업의 확대로 이어졌다. 중국은 국내 투자를 대폭 늘리는 정책을 시행하고 있지만, 다른 신흥 시장 국가들은 과도한 외환보유고의 축적으로 인해 국내 투자 활동이 정체되고 있습니다. 이러한 사실은 과도한 외환보유고의 축적이 무역 관련 산업의 축소를 통해 중장기적인 경제 성장을 억제함으로써 잠재적 위험을 증가시킨다는 것을 의미한다.

Yoonyumchul(2013)은 중국의 국제보유고의 결정 요인을 실증적으로 조사하려고 시도합니다. 국제 보유고와 그 결정 요인, 즉 경제 규모, 수입 성향, 환율 변동성, 수출 성장, 자본 계정 지불, 무역 조건 지수 로그 사이의 관계를 조사했습니다. 통계 소프트웨어 Eviews 6.0을 사용하여 1999년 1분기부터

2012년 4분기까지의 분기별 데이터를 실증적 분석을 통해 외환보유고의 거시경제학 결정을 수행했으며, 특정 결정 요인은 수출 성장과 자본 계정 지불이며, 환율 변동성은 외환 보유고와 음의 상관관계가 있습니다. 영향력이 가장 적다. 수출입 무역의 균형 전략을 취하는 것이 2025년 10월 외환보유고의 과잉 상황에 대처하는 관건이라고 제안한다.

장형대(2011)는 환율 변동을 상품변수로 정부개입에 따른 환율변동성을 2단계 회귀분석한 결과, 4월부터 11월까지 7개월간 한국 정부가 외환시장에서 약 600억 달러를 매도했음에도 불구하고 원/달러 환율의 변동이 더 크게 나타났다. 2008년 급격한 상승 환율을 안정시키기 위해. 이는 외환 시장 참여자들이 준비금 손실에 대한 두려움과 글로벌 금융 위기가 얼마나 오래 지속될지에 대한 불확실성을 고려하여 그러한 정부 개입의 효과를 신뢰하지 않는다는 것을 의미합니다.

Hashinyung(2013)은 1979년 개혁개방정책의 실제 시행으로 개방 수준의 지속적인 개선과 함께 중국의 국가 외환보유고가 해마다 증가하고 있다고 주장했습니다. 특히 1994년 중국이 단일 및 관리 변동 환율 시스템을 정의한 외환 시스템 개혁을 수행하여 USD와 RMB의 환율이 1:5.8에서 1:8.7로 하락했습니다. 국내 경제 성장에 힘입어 중국 정부는 수출을 장려하고 외국인 투자를 유치하기 위해 다양한 새로운 정책을 도입하여 국제수지는 수년 동안 쌍흑자를 유지하고 외환보유고도 증가했습니다.

2006년 2월 말까지 중국의 외환보유고는 처음으로 일본을 넘어 세계 최대의 외환보유국이 되었습니다. 2012년 말까지 우리나라의 외환보유고는 33115억 8900만 달러에 달했다. 외환보유고의 증가는 확실히 종합 국력을 강화하고 국가의 대외 지불 능력과 국제수지 조정 능력을 증가시킬 것이지만, 과도한 외환 보유고는 국내 경제 규제 및 통제에 큰 어려움을 가져올 수도 있습니다. 이러한 이유로 중국 인민은행은 환율 안정을 유지하기 위해 외환시장에서 수동적으로 외화를 매입해야 했다. 결과적으로 외화의 대량 구매는 통화 공급의 증가로 이어지고, 승수 효과를 사용하여 풍부한 유동성을 창출하고 결국 물가 인플레이션 압력을 유발합니다.

그렇다면 외환보유고의 증가율은 물가 수준의 변동에 어느 정도 영향을 미치는가? 두 변수 사이의 인과 관계는 무엇입니까? 본 논문에서는 이론적 분석과 실증적 분석을 결합하는 방법을 활용하여 이러한 주제를 논의하고 연구할 것이다.

외환보유고의 증가와 통화 인플레이션 사이의 전달 메커니즘에 대한 이론적 분석으로 시작되며, 중국의 국제수지의 쌍둥이 흑자는 외환보유고의 지속적인 증가를 창출하고, 외환 및 통화 기반을 위한 미결제 자금을 증가시켰으며, 그 다음에는 화폐 공급을 배가시키는 화폐 승수를 통한 인플레이션 상승 압력을 초래합니다. 데이터 분석과 이론 분석 모두 외환보유고와 인플레이션 사이에 변동이 일관성이 있음을 보여줍니다. 그런 다음 계량경제학의 공적분 테스트와 Granger 인과관계 테스트를 적용하는 실증적 분석이 나옵니다. 2001년부터 2012년까지의 데이터 분석을 통해 중국의 외환보유고와 통화 인플레이션 사이에는 공통합 관계와 장기 균형 관계가 있음을 알 수 있습니다.

이상을 바탕으로 본 백서의 마지막 부분에서는 외환보유고 증가로 인한 물가 압력을 완화하기 위한 제안을 제시합니다: 위안화 환율 형성 메커니즘을 지속적으로 완성하고, 외환 미결제 자금의 살균 조치를 개선하고, 아웃 전략을 실시하여 기업을 장려하고, 경제 개발 전략을 재구성합니다.

이종은(2011)은 본 연구의 목적이 한국 경제의 보호에 있다고 주장했다. 우리나라는 복잡한 지정학적, 역사적 환경 속에서 파괴적이고 불행한 사건들을 극복하고 국제금융시장에서 엄청나게 높은 도덕성을 지닌 건전한 성장과 인류를 위해 공헌하겠다는 의지를 다해 고조하는 고무적인 나라입니다. 그녀는 군사적 도발뿐만 아니라 재정적 혼란으로부터 보호받을 가치가 있습니다.

이러한 동기를 바탕으로 본 연구는 2008년 시작된 글로벌 금융위기 동안 한국 경제의 외환보유고를 중심으로 한다. 다양한 각도와 방법론은 많은 질문과 답변을 제공하며, 외환보유고, 외환시장, 주식시장, 채권시장, 스왑시장, 단기 대외부채 간의 내생적 관계에 대한 사려 깊은 해석과 시사점을 요구합니다. 외환보유고의 역할은 최근 글로벌 금융 위기 동안 대체로 긍정적이었고 외환보유고의 축적이 미국 달러 대비 한국 원화의 과도한 평가절하를 야기한다고 주장하기는 어렵습니다.

그러나 외환보유고는 원-미국의 예측 오차 분산을 실질적으로 설명하는 것으로 나타났습니다. 달러 환율이므로 향후 축적 방향에 대해 경계해야 합니다. 스왑 시장은 채권 및 외환 시장에 비해 장기 균형에서 벗어나는 경향이 있는 것으로 관찰되며, 스왑 기준은 예측 오차 분산 분해에서 외환보유고를 상당히 설명합니다. 이는 본격적인 외환시장을 추구한다면 더 많은 시장 참여자와 함께 스왑 시장을 더 깊고 두껍게 만들어야 할 필요성을 의미합니다. 정책금리가 외환보유고에 미치는 구조적 영향은 중국, 일본, 한국의 경우 각각 항상 긍정적, 중요하지 않음, 긍정적에서 부정적이라는 차이가 있는 것으로 나타났다. 이를 통해 우리는 향후 위안화 재평가와 함께 중국의 외환보유고의 움직임을 추측할 수 있습니다.

성수일(2013)은 외환보유고가 한 국가의 국제보유고의 핵심인 국제금융에서 매우 중요한 역할을 하며, 한 국가의 국제수지 조정과 환율 안정 능력을 결정한다고 주장했다. 국제 금융 기관은 지속적이고 빠른 경제 성장, 상대적으로 안정적인 환율 정책, 양호한 국제수지 상황 및 기타 여러 요인이 함께 작용하는 데 있어 정부의 일반적인 관심사였습니다.

최근 중국의 외환보유고는 특히 WTO에 가입한 지 몇 년 만에 중국의 외환보유고가 놀라운 속도로 증가했으며, 2012년에는 3조 달러를 넘어섰고, 3조 3천억 달러에 달하는 거대한 외환보유고의 얼굴은 이렇게 거대한 외환보유고의 얼굴을 가지고 있었지만 학계와 관련 관리 등 규모가 적당한 규모로 이어졌다. 외환보유고는 국가 경제와 국제 경제 및 무역에 긍정적인 역할을 하고 있다는 것은 부인할 수 없지만, 합리적인 규모의 외환 보유고도 부정적인 측면이 있습니다.

중국의 외환 보유고의 규모에 전념하여 적절한 논문을 결정하기 위해 먼저 몇 가지 관련 개념을 설명하고 국내외 문헌 검토와 관련된 이론을 설명하고 더 많은 외환 보유고의 국제 사용을 분석하여 적절한 규모 이론을 결정합니다.

가장 직관적인 비율 분석에서 각각 수입, GDP, M2, 1978년부터 2011년까지 중국과 한국에 대한 단기 부채의 4가지 지표에서 외환보유고를 비교 분석하고, 중국과 한국의 외환보유고가 오늘날 첫 번째 과잉 상태에 부족하지만 중국은 급속한 성장 상태에 있으며, 2004년 이후 한국은 더 잘 통제되었는데, 이는 2004년 한국이 일련의 외환보유고의 증가를 억제하는 조치를 실시한 후 한국의 외환보유고관리 운영에 대해 적극적인 운영관리에 대해 불가분의 관계에 있기 때문에 이 논문은 중국과 한국의 외환보유고관리 체계와 운영을 비교한 결과 중국이 일위안식 관리라는 것을 발견했다.

보수적인 부정적인 운영 방식, 한국은 이분법 경영 방식과 긍정적인 운영 방식이며, 한국의 외환보유고관리 운영 방식은 배우고 배울 가치가 있으며, 중국의 외환보유고에 대한 마지막 운영 관리 우리나라 외환보유고의 정책 문제를 제기하고, 엄청난 규모의 얼굴을 넘어 중국의 외환보유고에 기여하기를 희망합니다. 보다 적극적이고 효율적인 운영 및 관리 모드 변경 프로세스는 가능한 한 참고 자료와 아이디어를 제공합니다.

유봉(2010)은 개방 상황에서 국가의 외환보유고가 대외경제관계의 성과 지표가 되었다고 지적했다. 검사 준비금은 국가 거시경제의 운행 상황을 파악할 수 있으며, 외환 보유고의 규모와 구조를 통해 국민 경제에 적응하고 균형을 이루며 거시경제 목표의 효과에 영향을 미칠 수 있다. 특히 국가의 경제 세계화를 위해 외환 보유고, 대외 무역 지불 서비스, 금융 위기에 대한 안정적인 환율 및 관세를 부담합니다. 이 논문은 중국의 외환보유고에 대한 선행 연구를 바탕으로 특별 연구를 결정하고, 외환보유고와 중국의 거시경제정책(통화정책과 재정정책, 무역정책과 환율정책 등)의 상호 작용 관계를 결정하고 계몽을 제시한다.

이 논문은 먼저 연구 목적의 첫 번째 장에서 이 논문 연구 방법, 외환 보유고에 대한 구조와 두 번째 장과 국내외 학자들의 결정을 검토하고 세 번째 장에서 연구 성과를 검토한 다음 중국의 외환 보유고에서 논의 및 분석하여 결정하고, 외환보유고의 공급 구조에 초점을 맞춘 것을 분석합니다. 제4장에서 외환보유고와 중국이 결정할 통화정책과 재정정책, 무역정책과 환율정책 등 거시경제정책의 상호관계를 연구한 후, 5장에서는 통계소프트웨어인 Eviews6.0을 이용하여 실증분석을 통한 외환보유고의 거시경제학 결정을 수행하고, 외환보유고에 대한 결정을 포함하여 대외무역은 외국인 직접 투자를 개방해야 하며, 핫머니 비율, 회귀 분석은 1986년부터 2009년까지 채택되었으며, 연간 데이터 데이터 수출 무역 보유고가 결정되며, GDP, 통화 공급, 환율, 공적분 분석 및 그랜저 인과관계 분석은 1994년부터 2009년 1분기까지 2분기 분기별 데이터를 채택하지 않습니다. 마침내 6장에서 마무리되었습니다.

연간 외환보유고에 대한 개방성과 대외무역이 성장에 가장 큰 영향을 미치는 것으로 나타났으며, 외환보유고에 대한 외국인 직접 투자와 핫머니, 최근 몇 년 동안 중국과의 교류 효과가 약한 것으로 나타났으며, 외환보유고는 상관관계가 있습니다. 분기별 데이터를 실증적으로 분석한 결과 중국의 국제 무역 수출입 무역, GDP, 개방성, 통화 공급 및 외환보유고가 공융적 관계의 장기적인 성장과 그레인저 인과관계 사이에 존재하고 환율과 이자율과 외환보유고의 증가가 장기적인 공융적 관계와 그레인저 인과관계 사이에 존재하지 않는다는 것을 발견했습니다.

박광수, 위상희, 김태완(2007)은 아시아 국가들의 외환보유고축적의 경제적 효과를 분석하였다. 우리는 최근 매장량 축적의 주요 동인을 조사했습니다. 동인은 예방적 동기, 글로벌 저축 과잉 및 환율 관리 등입니다. 또한 준비금 축적이 유로 금융시장에 미치는 영향을 VAR(Vector Autoregressive) 모델과 VECM(Vector Error Correction Model)을 사용하여 실증적으로 분석했습니다. 이 실증적 분석의 유의한 결과는 다음과 같다.

첫째, 우리는 아시아 국가들의 외환보유고가 유로화를 강세로 크게 만들었다는 것을 발견했습니다. 이는 아시아 국가들의 외환보유고가 축적된다는 사실이 미국 달러의 풍부함뿐만 아니라 유로 통화의 수요 증가를 의미한다는 사실을 반영합니다. 둘째, 우리는 또한 아시아 국가들의 외환보유고 축적이 장기 금리를 낮추는 것을 발견했습니다. 이는 아시아 국가의 중앙은행들이 미국 국채를 매입하여 유로화금리를 포함한 국제금리를 낮추는 등 미국 장기금리의 안정에 기여했음을 시사한다.

III. 연구 모델

최적 외화 보유고의 이론에는 세 가지 모델이 있습니다.

〈표 1〉 세가지 모델 최적 외화 보유고(Deftimum Foreign Reserve)

모델	기관	내용	년
모델 1	IMF	3개월 경상지출액	1953
모델 2	그린스펀, 기도티	3개월 경상수지 + 유동외채	1999
모델 3	BIS(국제결제은행)	3개월 경상수지 + 유동부채 + 외국 주식 투자 자금 유동 1/3	2004

첫째, 1953년에 처음 발표된 IMF의 권고안. IMF 준비금 (3개월 상품 수입액 + 대외 서비스)에 3개월이 적합합니다. 한국의 1개월 경상수지 지급액은 484억 달러입니다. 그래서 3개월 동안 약 1,452억 달러의 가치가 있습니다.

두 번째는 1999년 그린스펀과 기도티가 발표〈3개월의 경상수지와 유동외채(단기 부채의 200%)〉가 외환보유고에 제출되었습니다. 한국은행의 자료에 따르면 2014년 1월 말까지 단기 부채는 1,196억 달러였습니다.

셋째, 2004년 국제결제은행 BIS는 〈3개월의 경상수지+ 유동외채 + 외국 주식 투자 자금 흐름 1/3〉에 대한 권장 사항이 적절하다고 제안했습니다. Guidotti 표준 모델과 외국 지분의 33%가 추가될 것입니다.

국제결제은행의 권고는 적절한 외환보유고를 계산하며, 〈 1,452억 달러 + 2,392억 달러 +1,090억 달러 〉 총 5,110억 달러입니다.

이와 같이 2025년 10월 외환보유고의 권장 사항, BIS에 기반한 것도 부족합니다. 한국의 외환보유고는 최소 5,110억 달러 증가했다. 2025년 10월 한국의 외환보유고는 3,600억 달러로 한국 GDP의 33%에 불과하다. 중국은 GDP의 59%, 대만 GDP의 76%를 차지하고 있습니다. 한국의 외환보유고는 이에 비해 여전히 낮습니다.

Ⅳ. 데이터 및 통계

〈표 2〉를 보면 단기 부채 비율은 터키에서 가장 높습니다. 무려 터키에 103%에 도달합니다. 폴란드 78%, 아르헨티나 67%, 칠레 65%가 매우 높습니다. 한국은 단기 부채의 35%를 차지하며 높은 편에 속합니다. 신고 후 1년 이내에 만기되는 단기 부채는 부채를 의미합니다. 부채를 조기에 갚기 위해 단기 부채의 높은 비율은 많은 부채가 있기 때문에 매우 중요합니다. 부채 금액을 포함하여 반환 흐름 외에 만기 장기 부채를 유역 외채라고 합니다. 한국은 단기 부채에 더 많은 비중을 두고 있습니다.

〈표 2〉 주요 신흥국 외환보유고 현황

출처:

나라	외환보유고 (백만 달러)	경상 계정 /국내 총생산. %	공매도 부채 /외환보유고 %	총 부채 /GDP %
터키	106,878	-5.8	103.85	47.9
폴란드	106,220	-2.4	78.47	73.4
아르헨티나	29,320	-0.5	67.02	27.4
칠레	41,094	-3.9	65.75	47.7
인도네시아	99,387	-3.5	57.57	25.1
인도	292,082	-3.5	50.53	21.5
체코	56,141	-0.01	50.37	52.4
멕시코	179170	-1.6	40.89	28.6
남아프리카 공화국	49,580	-6.7	40.75	35.3
대한민국	346,460	0.04	35.6	34.66
브라질	358,800	-3.5	34.17	26.3
콜롬비아	43,630	-2.9	26.25	22.6
필리핀	83,180	2.8	19.23	29.1
중국	3,820,000	1.9	17.25	9.8
러시아	498,800	2.4	13.85	28.6

<수출입은행, 한국은행, 2013년 기준>

<표 3> 한국 외환보유고의 동향

(단위: 억 달러)

	2010	2011	2012	2013	2014년 5월 (a)	2014.6(b)	증가(비-A)
외환보유고	2,915.7	3,064.0	3,269.7	3,464.6	3,609.1	3,665.5	56.3
안전	2,679.3	2,779.4	2,998.6	3,210.6	3,301.1	3,362.3	61.2
보증금	189.9	202.9	170.4	145.9	200.7	195.3	-5.4
에스디르	35.4	34.5	35.3	34.9	34.9	35.0	0.1
IMF의 인출권	10.2	25.5	27.8	25.3	24.4	24.9	0.5
금	0.8	21.7	37.6	47.9	47.9	47.9	0.0

참고: 1) 국채, 정부기관채, 회사채, 자산유동증권(MBS, ABS) 등
       2) IMF 회원국은 수시로 전환 가능한 통화를 선불로 지불할 수 있으며
          철회할 권리를 보유합니다.

한국의 외환보유고는 3,665억 달러이며, 2014년 말 기준.6.<표 3>

이는 2014.5년 말(3,601억 달러)에 비해 5,630만 달러가 1억 달러 증가한
것입니다.

미국 달러와 같은 유로화의 강세에 따라 이러한 통화 자산과 해외 자산은 주로
영업이익 등으로 인해 증가했습니다. 한국의 외화 보유고는 3,623억
달러(91.7%), 예금 1,953억 달러(5.3%), 금 47.9달러(1억 달러)(1.3%), SDR
35.0달러(1억 달러)(1.0%), IMF 포지션 249억 달러(0.7%)로 구성되어 있습니다.

한국은행은 한국의 가장 큰 외환보유고가 매달 공개한다. 그러나 경제는 계속
성장하고 있으며 계속해서 전 세계에 공급하고 있습니다. 한국과 같은 외국에서
주식이나 국채와 같은 좋은 단기 투자는 달러가 어디에 있습니까? 2025년 10월
한국 주식시장의 해외 사업에 대한 단기 투자의 40%가 될 예정이다. 간접 외국인
투자는 언제든지 철회할 수 있습니다.

〈표 4〉 국제준비금 현황 . (10억 달러)

순위	나라	외환보유고		순위	국가	외환보유고	
1	중국	3948.1	(344)	6	브라질	368.8	(20)
2	일본	1283.9	(11)	7	대한민국	360.9	(51)
3	스위스의	544.7	(-42)	8	홍콩	320.2	(25)
4	러시아	467.2	(-51)	9	인도	3124	(5)
5	대만	421.7	(2)	10	싱가포르	276.1	(9)

참고: 1) ( )는 월 전 증가와 비교됩니다.

출처: IMF, BOK. (2014년 6월)

중국은 미국 달러의 압도적인 강국 중 하나입니다.

중국은 약 4조 달러에 도달했습니다. 일본은 1조 2천억 달러로 두 번째입니다. 대만 4,217 억 달러 5 개 매장지에 걸쳐 소중히 여겨질 안정된 장소를 가지고 있습니다. 한국은 세계 7위로 3,609억 달러에 달했습니다. 그러나 해외 수출입의 비율이 높기 때문에 비축량을 훨씬 더 늘려야 할 필요성이 있습니다.

V. 분석결과

금융 위기는 터키, 아르헨티나, 인도, 브라질, 인도네시아, 남아프리카공화국 등에서 발생할 수 있습니다.

〈표 5〉 신흥국 적정외환보유고

나라	외환보유고 (백만 달러)	경상 계정 /국내 총생산. %	공매도 부채/외환 보유고 %	총 부채/GD P %	국내 총생산 (억 달러)	IMF 모델 장려 (억 달러)	공매도 부채(억 달러)	총 부채 (억 달러)	총 수입 (1억 달러)	Guidottl 모델 외환보유고 (1억 달러)
터키	106,878	-5.8	103.85	47.9	8518	631	1109	4078	2524	2849
아르헨티나	29,320	-0.5	67.02	27.4	4846	178	196	1545	713	570
인도네시아	99,387	-3.5	57.57	25.1	8632	475	572	2603	1903	1619
인도	292,082	-3.5	50.53	21.5	17582	1287	1476	4715	5151	4239나
남아프리카공화국	49,580	-6.7	40.75	35.3	3712	248	202	1244	995	652
대한민국	346,460	0.04	35.6	34.66	11,975	1278	1233	4151	5112	3744
브라질	358,800	-3.5	34.17	26.3	21902	604	1226	6022	2416	3056
중국	3,820,000	1.9	17.25	9.8	89393	4429	6589	8859	17717	17607

출처: 수출입은행, 한국은행, 2013년 기준

〈표 6〉 신흥국 : 환율 변동

나라	외환보유고 (백만 달러)	통화 가치 변동(%) (1년)
터키	106,878	−28.8
폴란드	106,220	−1.9
아르헨티나	29,320	−58.8
칠레	41,094	−15.1
인도네시아	99,387	−26.4
인도	292,082	−15.4
남아프리카 공화국	49,580	−20.7
브라질	358,800	−16.6

출처: 블룸버그, 수출입은행, 한국은행, 2013년 기준

　단기 부채에 비해 준비금의 비율은 터키에서 가장 높으며 103%에 이릅니다. 아르헨티나의 67%. 적절한 준비금은 외환 보유고가 부족한 Guidottie가 제안되지 않으며, 국가는 터키, 아르헨티나, 인도네시아, 인도, 남아프리카 공화국이 한국에 속해 있습니다.

　단기 부채의 높은 비율은 Guidottie에 의해 제시됩니다. 적절한 외환보유고의 부족은 단기 대외 부채의 높은 비율이 높은 국가와 같이 해당 국가에 금융 위기를 일으켰습니다. 한국의 대외무역 의존도(수출/GDP+수입/GDP)는 외환보유고의 비율이 부족하다는 점을 고려하면 중국이 증가해야 하는 것보다 세계에서 가장 높습니다. 한국은행의 외화관리가 문제다.

〈표 7〉 외화자산기준 한국은행(%)

상품	2012년도(%)
미국 국채	38.0
미국 정부 기관 채권	21.5
회사채	12.9
MBS	17.1
보안	5.7
합계	100.0

출처: 한국은행. 연례 보고서 2012

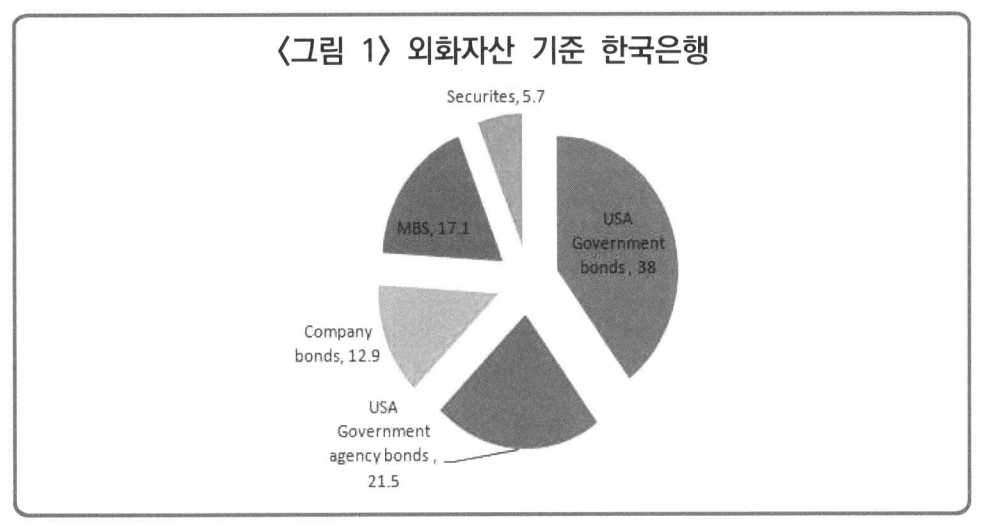

〈그림 1〉 외화자산 기준 한국은행

Securites, 5.7
USA Government bonds , 38
MBS, 17.1
Company bonds, 12.9
USA Government agency bonds , 21.5

　한국은행은 2025년 10월 투자증권에 3,107억 달러를 투자하여 내역을 보았다(국채 38%, 정부기관채 21.5%, 회사채 12.9%, 자산유동화채(MBS) 17.1%, 주식 5.7%)〈표 7〉

　2008년 금융 위기 당시 "프레디 맥과 페니 메이", 모기지 회사는 상당한 양의 부채를 투자했습니다. 당시 회사 주가가 80%로 급락했습니다. 한국은행은 프레디맥과 페니 메이의 채권을 투자했습니다. 금융위기 때문에 미국 정부와 의회는 회사의 채권을 승인하기 위해 무엇을 원할까 결정했습니다.

　한국은행은 더 많은 이자를 받기 위해 프레디맥과 페니메이의 채권에 투자했다. 안전이 가장 중요합니다. 수율은 중요하지 않습니다. 한국은행은 공공기관채가 아닌 국채를 매입한다. 그 이유는 한국인에게 정말 중요한 자금 보유량이기 때문입니다.

　우리나라의 한국주택공사 Land House (LH)은 Freddie Mac 및 Penny May와 유사합니다. 위기 상황에서 정부는 보증을 거부 할 수 있습니다. 다행스럽게도 미국 정부는 프레디맥과 페니 메이 채권을 보증해야 합니다. 의회가 채권을 보증하지 않으면 한국은 어려운 상황에 직면할 수 있다.

　KIC(한국투자공사)는 2008년 1월 메릴린치에 20억 달러(약 2조 2000억 원)를 투자했다. KIC는 전체 투자의 74.86%를 잃었습니다. 당시 한국은행 총재는 기금운용 회원이었습니다. 아무도 메릴린치의 투자를 막을 수 없었습니다.

VI. 결론

2013년 말, 미국의 출구 전략은 금융위기에 취약한 아르헨티나, 인도, 인도네시아, 브라질, 터키, 남아프리카공화국 등 6개국에 대해 본격적으로 논의됐다. 한국은 단기 부채의 35%를 차지하고 있습니다. Guidottie는 또한 적절한 준비금이 부족하다고 제안되었습니다.

특히 한국이 제안한 국제결제은행은 5,510억 달러의 외환보유고가 많이 부족하다. 다시 한 번 국제 금융 위기로 인해 정부와 국민의 외환보유고가 충분하지 않아 한국은행은 더욱 확대되어야 합니다. 영국은 IMF의 지원을 두 번이나 받았습니다.

1997년 한국의 금융위기로 인해 이 나라와 국민은 큰 고통을 겪었습니다. 또한 이러한 국가는 2008년에 다시 한 번 큰 위기를 겪을 만큼 충분한 외환 보유고를 쌓지 못했습니다. 2014년 12월 미국은 본격적으로 출구 전략을 실시했고, 위기는 다시 올 수 있다. 미국 연방 정부의 폐쇄는 잠시 지연될 것입니다. 아시아 금융위기 당시 한국은 누구에게도 도움이 되지 않는다. 외환보유고는 국제 금융 위기의 마지막 보루입니다. 아르헨티나, 인도, 인도네시아, 브라질, 터키, 남아프리카공화국, 한국의 외환보유고가 부족하여 서둘러 외환보유고를 확대해야 합니다.

◯ 참고문헌

Aizenman, Joshua, and Jaewoo Lee(2007) "International Reserves: Precautionary Versus Mercantilist Views," Theory and Evidence, Open Economies Review, Vol. 18, Pp. 191－214.

Aizenman, Joshua, and Nancy Marion.(2003)"The High Demand for International Reserves in the Far East: What is Going On?" Journal of the Japanese and International Economies, Vol. 17, Pp. 370-400.

Bank of Korea (2014) Economic Statistics System. (access June 28, 2014) http://ecos.bok.or.kr/

Bloomberg(2014) (access June 18, 2014) http://www.bloomberg.com/news

Chinn, Menzi and Hiro (2006) "What Matters for Financial Development?" Capital Controls, Institution, and Interactions", Jonurnal of Development Economics, 81,163-192

Hashinyung(2013) "Empirical Analysis on the relationship between Foreign Exchange Reserves and Inflation in China", Pusan National University. Master's Thesis

IMF (2014) eLibrary Data.(access June 15, 2014)

http://www.imf.org/external/index.htm

Jangeutae(2011) "Global financial crisis in 2008 and the effectiveness of Korea`s foreign exchange reserves as self-insurance" Journal International Economic Research, Volume 17 No. 1 Volume pp1~ 19 Korea Economic Institute

Jeanne, Olivier, and Charles Wyplosz. (2003)"The International Lender of Last Resort: How Large is Large Enough?" Managing Currency Crises in Emerging Markets, Michael P. Dooley and Jeffrey A. Frankel (eds.), University of Chicago Press.

Kunzel, Peter, Yinqiu Lu, Iva Petrova, and Jukka Pihlman,(2010) "Investment Objectives of Sovereign Wealth Funds: A shifting Paradigm in Economics of Sovereign Wealth Funds" Issues for Policymakers (Washington: International Monetary Fund).

Kimsewhan(2014), "The U.S. quantitative easing out of the financial crisis and the possibility of Fragile 5" KIRI Weekly. 271. 2014.2.17. Korea Insurance Research Institute

Korea herald(2014) (access July 16, 2014) http://www.koreaherald.com/view.php

Leejongeun(2011) "The Role of Foreign Reserves at Crisis" Economic analysis of Korea, Korea Institute of Finance, Special Issue No. 17 (January) pp.109-150

Park KwangSu, Yusanghui, Kim taewan(2007) "An Analysis on the Economic Impacts of the Asian Countries` Foreign Reserve Accumulation on Euro Financial Markets" European Studies Vol 25 (1) (Spring) European Society of Korea, pp.299-320

Pakseokgang, Pakbokjae(2013)"An Empirical Analysis on the Trade Policy and Its Effectiveness to International Reserves Implemented by Emerging Markets", Commerce and Information Research, Korea Commerce and Information Society Volume 15, No. 3, pp.41-62,

Yubong (2010) "Study on the determinant of China's foreign exchange reserves"

Thesis (MA), Pai Chai University

Yunyeomcheol (2013) "Study on the determinant of China's foreign exchange reserves" Kongju National University, Master's Thesis

김대종, 세종대학교 교수, 연구분야: 국제금융, 이메일: daejong68@sejong.ac.kr,

2026년 한국경제 핵심 이슈

1장_2026년 한국경제 2.2% 성장 전망

◉ **2026년 한국경제 성장률 2.2% 전망, 한국경제 3%성장 전략**

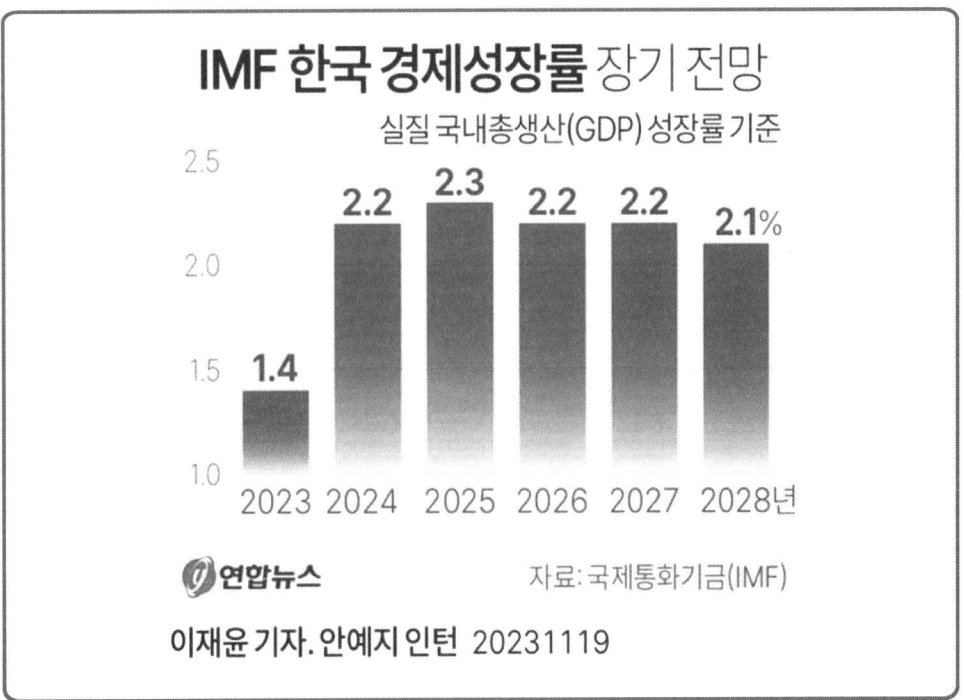

IMF 한국 경제성장률 장기 전망

실질 국내총생산(GDP) 성장률 기준

2023: 1.4
2024: 2.2
2025: 2.3
2026: 2.2
2027: 2.2
2028년: 2.1%

연합뉴스

자료: 국제통화기금(IMF)

이재윤 기자. 안예지 인턴 20231119

〈요 약〉

2026년 한국경제성장률은 2.2%로 예측된다. 대한민국은 무역의존도 75%로 세계에서 두 번째로 높다.

2026년에는 미국 기준금리 인하, 석유가격 100달러 돌파, 중국 경제침체, 우크라이나 전쟁, 그리고 아르헨티나 12번째 외환위기 등 대외변수가 많다.

2026년 정부와 기업은 내수 경제활성화와 해외관광객 1,000만명 유치 등으로 위기를 극복해야 한다. 한국은 신흥국 국제금융 위기와 환율인상을 극복해야한다.

대외경제가 개선되면 한국경제성장률은 2025년 1.2%보다 높은 2026년 2.2%로 예측된다.

한국 수출 20%는 반도체다. 반도체 수출 60%는 중국이다. 중국경제가 부동산 기업 파산으로 정상화 되지 못 할 것으로 전망된다. 그러나 중국내 한국 반도체 생산시설 5% 증설허용으로 최악의 상황은 면했다.

한국 경제 SWOT	
강 점	**기 회**
세계 최고 교육, 우수한 인재, 대학진학80%	모바일(90%), 인터넷(제조업),구독경제
세계 최상 IT, 통신 인프라, 스마트폰 1위	반도체, SW인재 양성,
지정학적 위치(중국, 일본)	시가총액: 미국60%,한국1.5%, 부동산90%상승
2024년 제조업 세계5위, 경제 9위, 금융30위,	4차 산업혁명, IT 융합, 벤처 육성
신속한 의사결정, 정확성, 창의성	우수한 기술과 브랜드(한류, BTS, 오징어겜)
약 점	**위 험**
고임금, 고물가, 고환율(24년 1300~1,400원)	미 기준(23년5.5%, 24년 5.0%)
국제금융 30위권, 에너지 99%수입	미 연준 물가목표 9%→2%
포지티브(허가)→네거티브(불법외 허용)	외환위기, 금융위기: 한미, 한일 통화스와프
규제: 법인세26%, 소득세(45%), 상속세(60%)	중국 봉쇄, 북핵, 우크라 전쟁지속- 방위산업
해외직접(FDI):유출 5배>유입, 청년취업율45%	미중 패권전쟁, 인구 71년 105만명→27만명

메모리반도체와 (HBM)고대역반도체 등 한국 반도체 수출이 다시 증가하고 있다.

2026년 한국경제는 2025년보다 대외수출이 증가하면서 성장할 것이다. 한국경제는 반도체, 석유화학, 건설, 자동차, 철강 등이 주요한 경제성장 동력이다.

미국 기준금리는 2025년 9월부터 0.25%인하한다.

2026년 미국 소비자물가(CPI)가 2%로 낮아지면서 기준금리를 내린다. 2025년 미국 기준금리 인하로 유동성이 풍부해지면서 세계경제는 활력을 찾을 것이다.

한국도 2025년 12월부터 미국과 함께 기준금리 인하에 동참한다. 커플링 현상이다. 미국과 한국은 함께 움직이는 구조다. 동조화현상이라고도 한다.

건설경기도 2026년부터 다시 활성화 될 것이다.

2025년 건축비 인상으로 신규건축은 감소했고 건축 허가 역시 사상최저를 기록했다. 그러나 2026년부터는 미국 기준금리 하락과 함께 건설경기도 회복 될 것이다.

I. 서 론

2026년 한국경제는 국내와 해외 양쪽에서 어려운 상황이다. 한국은 수출과 수입으로 먹고 사는 나라다.

〈한국, 미국, 중국 경제성장률 추이〉

연도	2012	2013	2014	2015	2016	2017	2018	2019	2020	2021	2022	2025	2025	2026
한국	2.4	3.2	3.2	2.8	2.9	3.2	2.9	2.2	-0.7	4.3	2.6	1.4	2.1	2.6
중국	7.9	7.8	7.4	7	6.8	6.9	6.7	6.1	2.1	2.5	3	5.4	5.2	5.1
미국	2.3	1.8	2.3	2.7	1.7	2.2	2.9	2.3	-2.8	5.9	2.1	1.7	1.8	2.6

*출처: 한국은행

2026년 이전까지 한국은 매년 900조 원을 수출하고 800조 원을 수입하면서 100조원 흑자였다. 그러나 2025년부터 중국경제 침체, 우크라이나 전쟁, 미국 기준금리 인상 등으로 전 세계 교역이 축소되면서 무역의존도가 높은 한국이 가장 큰 어려움에 격었다.

독일은 무역의존도 80%로 세계 1위다. 독일과 한국이 중국에 대한 높은 무역의존도를 가지고 있다. 양국이 세계 무역이 감소하면서 큰 어려움을 격고 있다.

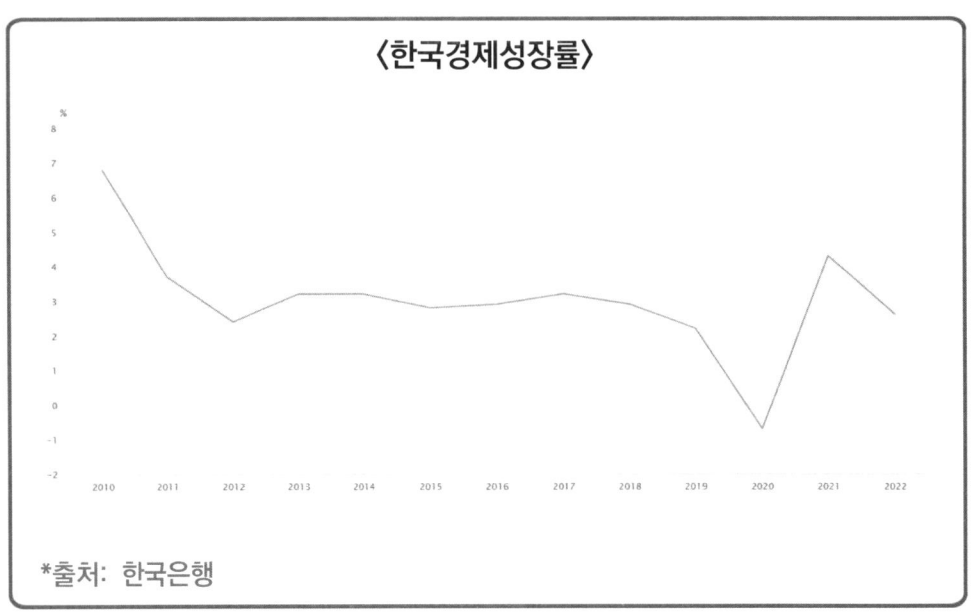

〈한국경제성장률〉

*출처: 한국은행

한국 전체 수출을 국가별로 보면 중국26%, 미국15%, 홍콩7%, 일본6%다. 한국은 전체수출 33%를 중국과 홍콩에 의존한다.

그러나 중국 부동산기업 헝다와 비구위안이 미국에서 파산을 신청하면서 매우 어려운 환경에 있다.

중국 GDP 25%는 부동산이다. 건설업의 불황으로 중국 경제가 어렵다.

2026년 중국 청년실업률은 30%다. 시진핑 주석 30년 집권이 2023년 시작됐다. 중국은 개방경제에서 폐쇄경제로, 시장경제에서 계획경제로 가고 있다.

2025년 중국에 대한 외국인투자가 90% 급감했다. 간첩법 시행 등으로 외국인 관광객도 95% 급감했다.

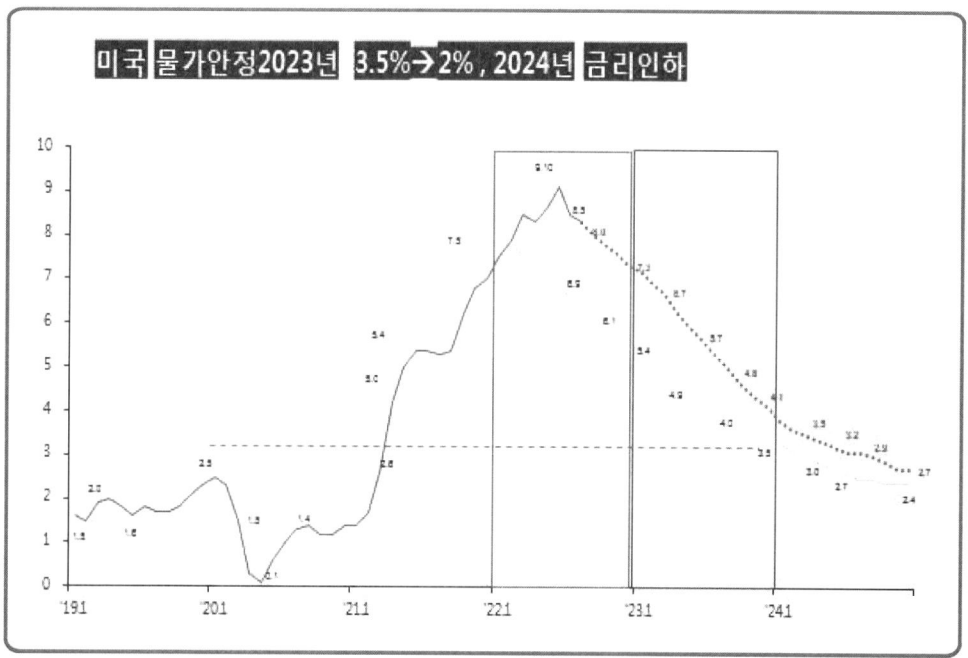

미국 경제성장률은 2026년 2.7%대로 예측된다.

미국 연방준비은행은 2025년 기준금리를 5.5%까지 올렸다. 연방준비은행은 물가수준 2%가 될 때까지 기준금리를 계속 인상했다.

미국 연준은 2025년 9월부터 5.5%에서 4.75%까지 인하한다. 2026년 3.6%, 026년 2.6%까지 기준금리를 내릴 것이다.

아르헨티나는 2026년 12번째 IMF 외환위기를 겪고 있다. 아르헨티나

기준금리는 120%로 국민들은 IMF 외환위기 고통에 놓여 있다.

국민 40%가 빈곤층으로 하락했고 고물가, 고금리 등으로 매우 어려운 상황이다. 튀르키예도 기준금리가 30%까지 오르면서 어렵다. 2026년 스리랑카, 파키스탄, 바레인, 이집트 등이 외환위기를 맞았다.

미국이 킹 달러를 유지하고 기준금리 5.5%를 유지하면 저신용 국가는 국제금융위기를 겪고 있다. 한국도 예외적인 상황이 아니다.

한국 외환보유고 2025년 9월 4,100억 달러는 GDP대비 21%로 충분치 않다. 한국 환율도 2025년 1,400원 가까이 올랐다. 2026년에는 1200~1400원 정도에서 계속 상승할 것으로 보인다.

신정부는 대출억제에서 주택 공급 확대로 전환해야 한다.

이재명 정부는 국민의 주거 불안을 해소하기 위해 아파트 공급 확대 정책을 신속히 발표해야 한다. 최근 발표한 6억원 대출 축소와 수요를 억제하는 방식만으로는 집값을 안정시킬 수 없다.

수요억제 정책을 추진했던 문재인 정부 때 집값은 100% 정도 올랐다. 신정부는 주택공급 계획을 밝히고, 시장경제에 맡겨야 한다. 집을 못 사게 하는 대출억제 정책은 6개월 정도 지나면 효과가 반감됐다.

부동산은 단순한 시장 재화가 아니라 국민의 삶과 직결되는 생존 기반이며, 특히 아파트는 공급까지 막대한 시간이 소요되는 특수한 구조를 가진 상품이다.

경제학적으로 아파트는 공급 탄력성이 매우 낮은 재화다. 이는 수요가 늘어났을 때 공급이 즉각적으로 대응하지 못하고 가격이 상승할 가능성이 높다.

특히 재건축 아파트는 법적 규제 등으로 계획부터 입주까지 평균 15년이 걸린다. 지금 공급 계획을 세우더라도, 실질적인 입주는 2030년 전후에야 가능하다는 얘기다. 따라서 정부가 지금 당장 주택 공급 시그널을 주지 않으면, 향후 몇 년간의 수급 불균형과 가격 불안은 불가피하다.

그간 정부 정책은 투기 억제, 대출 제한, 세금 인상 등 수요 억제 중심으로 편중돼 있었다. 그러나 수요를 억제한다고 해서 공급 부족이 해소되지는 않는다.

오히려 공급 불확실성이 커지면 실수요자들의 불안은 커지고, 미래에 대한 기대 심리로 인해 집값이 오히려 더 상승할 수 있다.

한국의 주택 수요는 단기적으로는 경기나 금리 같은 거시경제 요인에 영향을 받지만, 장기적으로는 인구 구조 변화와 외국인 유입, 1인 가구 증가 등의 흐름으로 인해 구조적으로 증가하는 추세다.

2025년 10월 대한민국은 집을 소유한 사람과 그렇지 않은 사람의 비율이 약 5대5 정도이며, 1인 가구 비중은 전체 가구의 약 35%에 이른다. 단독 세대주 비율은 50%까지 상승할 것으로 추산하고 있다. 이처럼 가구 수 증가와 평균연령 90세로 인해 공급 부족을 더욱 악화시키고 있다.

외국인 유입도 주택 수요의 중요한 변수다. 매년 약 30만 명의 외국인이 국내로 유입되고 있으며, 2025년 10월 한국에 거주 중인 외국인은 275만 명이다. 저출산과 인구 감소 문제를 해결하기 위해 한국은 향후 전체 인구의 15% 수준인 750만 명까지 외국인을 수용해야 할 필요가 있다.

독일은 전체 인구의 20%가 외국인으로 구성되어 있으며, 캐나다, 호주 등 대부분의 선진국이 외국인 유입을 장기적인 성장 전략으로 활용하고 있다. 이런 흐름 속에서 한국 역시 외국인 주거 수요를 포함한 종합적 공급 계획을 조속히 마련해야 한다.

2025년 10월 서울과 수도권에는 약 400여 개의 재건축 가능 단지가 존재한다. 대부분 30년 이상 된 노후 아파트로, 주거 환경이 열악하고 에너지 효율도 낮다.

정부는 이러한 단지들을 대상으로 조건부 재건축 허용, 공공기여 연계형 정비사업, 정비사업 인허가 통합 심사 등 적극적인 규제 완화 조치를 취해야 한다. 특히 인프라가 이미 갖춰진 역세권 단지, 조합 설립이 완료된 곳부터 단계적으로 공급을 유도하면 시장에 명확한 공급 확대 신호를 줄 수 있다.

이재명 대통령은 전체 일자리의 90%는 민간이 만든다고 말했다. 주택의 90%도 민간 건설업체와 시장이 공급한다. 정부는 민간의 공급 역량을 존중하고, 시장이 안정적으로 작동할 수 있도록 제도적 환경을 조성해야 한다.

부동산 정책은 소득 양극화 해소의 수단이 아니라 국민의 주거 안정을 위한 헌법적 책임의 실현이어야 한다. 정부는 주택공급을 시장경제 맡기고, 공급확대 로드맵을 밝혀야 한다.

아파트는 공급에 시간이 가장 오래 걸리는 재화이며, 공급 탄력성이 낮다. 지금 계획을 세우지 않으면, 5년 뒤에도 아파트는 여전히 부족하고, 집값은 여전히 오를 것이다.

따라서 신정부는 수요 억제와 함께 아파트 공급을 동시에 병행하는 평형 전략을 통해 국민이 안심하고 미래를 설계할 수 있는 주거 환경을 만들어야 한다.

이것이야말로 이재명 정부가 성공하기 위한 가장 중요한 정책 과제다.

◎ 한국경제 주요 변수

1) 미국 기준금리 방향

미국 기준금리는 2025년 5.5%, 한국 기준금리는 3.5%다. 한국과 미국의 기준금리가 20년 만에 2% 격차로 벌어졌다. 미국은 물가수준 2%를 목표로 하여 기준금리를 인상했다.

미국이 기준금리를 낮추는 것은 2025년 9월부터 내릴 것이다. 미국의 연방준비은행 최고 목적은 물가를 잡는 것이다.

미국 기준금리 최고치는 1981년 21%였다. 미국은 물가를 잡기 위하여 통화정책을 운용한다. 1981년 미국 물가는 15%, 기준금리 21%다. 미국 경제가 성장하고 물가가 잡히면서 미국은 기준금리를 2022년 코로나 때 0%까지 낮췄다.

2023년 코로나가 극복되고 물가가 9%까지 오르면서 미국 기준금리 인상이 시작됐다. 미국 연방준비은행이 목표로 하는 물가는 2%다. 2025년 8월 물가 수준이 2.9%로 FOMC(연방준비은행) 목표 물가 2%에 도달하지 못 했다. 2025년 9월 기준금리를 내린다.

2) 중국경제 부진

중국 경제가 부진하다. 한국은 중국에 대한 의존도를 낮추면서 다원화해야 한다 한국 전체 수출의 33%가 중국이다. 그러나 전 세계 수출시장에서 중국이 차지하는 비중은 13%다.

한국이 중국에 대한 수출의존도가 세계 평균의 두 배 이상이다. 한국은 중국에 대한 의존도를 낮추면서 다변화, 다원화해야 위기를 극복 할 수 있다.

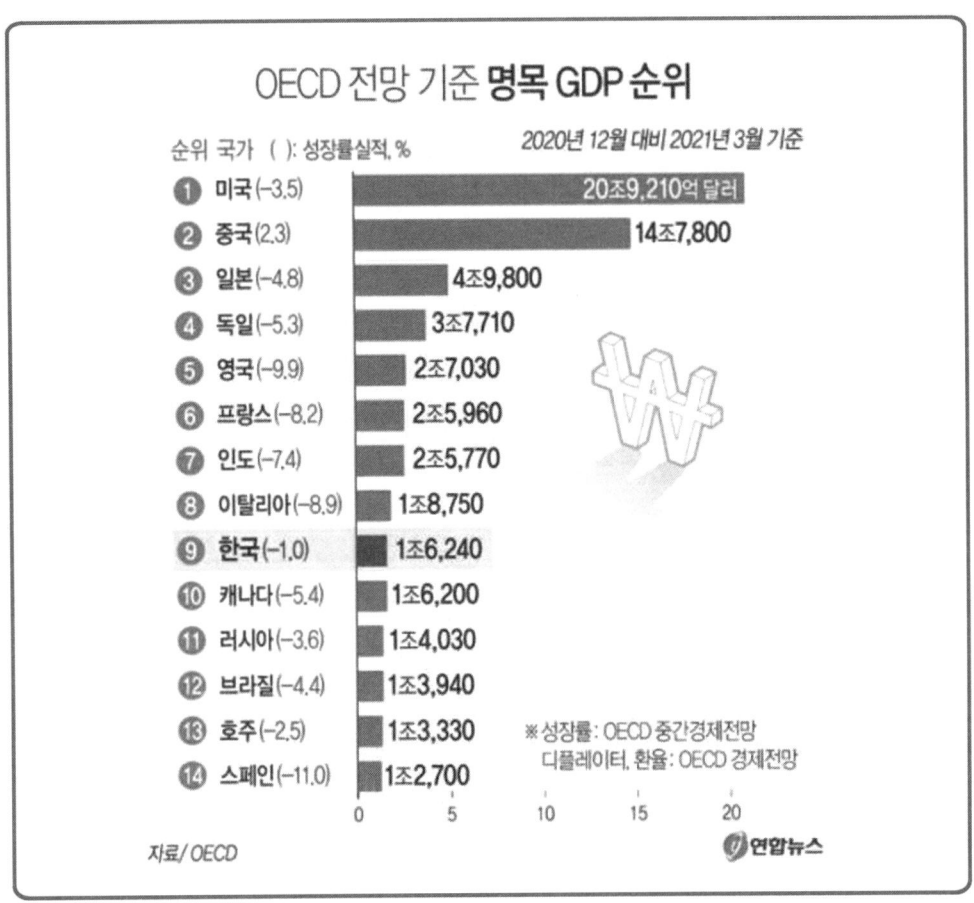

2026년 중국과 교역을 현상 유지해야 한다. 그러나 장기적으로는 중국에 대한 의존도를 낮춰야 한다. 중국은 2026년 부동산 기업 부실로 인하여 크게 회복되지는 못 할 것이다. 그러나 중국 저력은 무시할 수 없다. 중국은 14억 인구로 세계 2위다. 중국은 과거처럼 경제성장을 위해서는 개방경제를 지향해야 한다.

중국은 시장경제를 도입하고 해외투자 유치로 성공했다. 그러나 2026년 중국은 시장경제에서 계획경제로, 개방경제에서 폐쇄경제로 회귀하면서 외국인 투자가 90% 급감했다. 현대자동차 중국 공장 90%가 문을 닫았다.

한국 신세계와 롯데가 중국에 진출했지만 사드 사태를 기점으로 대부분 철수했다. 중국 14억 인구만 보고 투자한 기업들이 모두 철수했다. 2026년 중국

경제는 빠르게 회복 하지 못 할 것이다.

한국은 반도체 수출 60%를 중국에 의존하고 있다. 미국과 중국의 패권전쟁이 지속되고 있다. GDP 기준으로 미국 22조 달러, 중국 16조 달러다. 중국 GDP가 미국의 70%에 육박하자, 미국은 본격적으로 중국을 견제하기 시작했다.

미국정부와 기업은 향후 10년 간 중국에 대한 반도체 공장 증설을 5%만 허락했다. 삼성전자 중국에 35 조원, 하이닉스도 35조원 한국 반도체 공장이 70조원이 중국에 투자 돼 있다. 반도체가 성장하지 못하면 한국경제는 어려워진다.

한국은 중국과 교역을 최대한으로 유지하면서 그 대안으로 세계 인구 1위 인도, 인도네시아, 동남아시아, 그리고 베트남 등으로 진출해야 한다.

특히 오일머니로 자금이 풍부한 중동 국가를 공략하는 것도 필요하다. 과거 오일위기를 극복한 것은 중동 건설 붐이었다. 따라서 한국은 중국에 대한 의존도를 낮추면서 인도, 중동에 진출하여 수출국 다변화를 추구해야 한다.

3) 2026년 석유가격 80~120달러

2025년 국제유가가 85달러를 넘었다. 2026년에도 국제유가가 한국경제에 아주 중요한 역할을 한다. 대한민국은 에너지를 100% 수입하는 국가다.

한국전력은 200조원 부채를 가지고 있다. 2025년 약 20조원 적자다. 2026년에는 전기요금이 인상 될 것이다. 석유가격은 마이너스 20달러에서 최고 180달러까지 인상됐다. 유가 변동 폭은 매우 높다.

코로나 때는 석유를 사가면 운반비를 지원하면서 마이너스 20달러까지 내려갔다. 석유를 운송하지 않으면 송유관이 굳어 버리기 때문에 운반비를 지원했다. 석유가격은 경기와 밀접한 관련을 가지고 있다.

2025년 5월경 사우디아라비아와 러시아가 석유를 감산하면서 유가가 100달러를 돌파했다. 유가가 100달러 이상 오르면서 한국 예산과 물가 등에 큰 영향을 악영향을 주고 있다. 정부와 기업은 유가 100달러를 감안하여 2026년 경제성장률을 예측해야 한다.

4) 한국 무역의존도 75%, 세계2위

대한민국은 무역의존도가 75%로 세계2위다. 2026년 두 개의 전쟁과 미국 대통령선거, 미국 5.5% 고금리로 전 세계경제가 교역이 축소되면서, 한국경제는 어려워졌다.

한국은 에너지를 100% 수입하고 그것을 가공하여 경제를 성장시켰다. 석유를 100% 수입하여 항공유, 휘발유, 석유 등으로 정제하여 수출했다. 석유화학은 한국 수출순위 2위다.

한국은 내수경제도 성장을 시켜야 한다. 수출고 내수가 균형을 맞춰야 한다. 2026 년에는 경제가 정상화되고 전 세계 교역이 활발해 질 것이다. 그러나 우크라이나 전쟁이 종식 되지 않는 한, 과거처럼 높은 무역의존도를 가질 수 없다.

한국은 내수를 촉진하고 국내 소비시장도 함께 성장시켜야 한다. 미국 무역의존도는 20%다. 인구 3억 3천만 명 내수경제가 미국 경제를 이끌고 있다.

일본은 무역의존도 25%, 내수의존도가 75%로 탄탄한 경제를 지탱한다. 한국보다 내수에 의지한다.

한국은 일본과 반대로 무역의존도75%, 내수는 25%다. 한국은 해외교역이 축소될 때 내수경제와 해외 관광객 유치로 위기를 극복해야한다

5) 우크라이나 전쟁

우크라이나 전쟁이 2026년에도 지속 될 것으로 보인다. 전쟁이 지속되면서 한국은 폴란드 동남아시아 등에 약 50 조원 무기를 수출했다.

한국 K2-전차, K9-자주포, FA50- 경비행기 등이 유럽과 동남아시아를 지키고 있다. 우크라이나 전쟁이 조기에 종식돼야만 전 세계 물가가 안정된다.

옥수수, 밀 등 세계 식량시장에서 아주 중요한 역할을 하는 것이 바로 우크라이나 곡창지대다. 우크라이나 전쟁 지속으로 세계경제는 안정화되지 못하고 있다. 특히 식품물가가 크게 오르면서 식탁물가를 위협한다.

우크라이나 전쟁이 조직 조기에 종식되는 것이 세계경제에도 중요하다. 한국은 방위산업 수출이 큰 역할을 했다.

전 세계에서 재래식 무기를 가장 빨리 생산 할 수 있는 곳이 한국이다. 한국은 북한과 대치하면서 실전을 경험한 무기를 생산하고 있다. 전차, 자주포 등이 폴란드 등에서 인정받으면서 매년 30조원 이상을 수출하고 있다. 2026년에도 방위산업이 수출의 큰 역할을 할 것이다.

〈원화의 국제금융 결제비율은 0.1%로 35위 정도다. 한국은 원화 국제금융경쟁력을 키워야 한다.〉

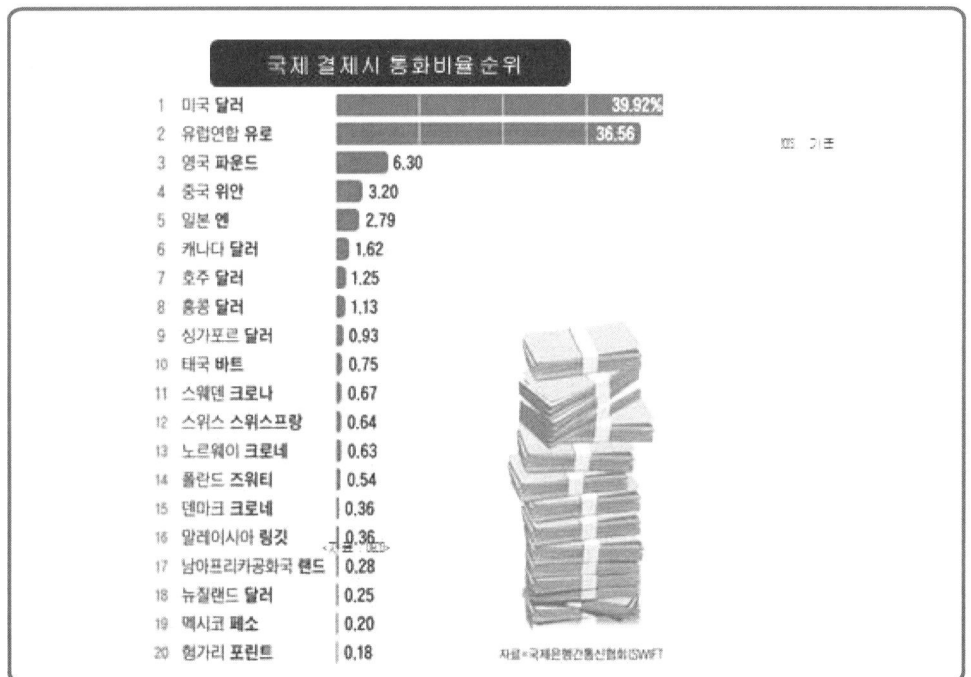

6) 2026년 환율상승과 국제금융 위기. 84% 확률로 상승한다.

2026년 환율: 1300~1500 급등과 급등락 반복한다.

〈원 달러 환율은 82%확률로 계속오른다. 지난 60년간 환율은 상승추세다. 2026년은 1400원 정도가 될 것이다〉

원-달러 회귀 분석(1964~2024)

$$y = 1.4873x + 302.08$$
$$R^2 = 0.8221$$

한국은 환율상승과 국제금융 위기에 철저하게 대비해야 한다. 한국 환율은 2025년 1,400원 가까이 올랐다. 한국은 외환보유고가 GDP 21%다.

한국은 국제금융 순위가 35위로, 원-달러 환율이 급등락을 한다. 2026년 아르헨티나를 포함해 스리랑카, 파키스탄, 바레인 등 신흥국가들이 국가 파산했다.

특히 아르헨티나는 12번째 외환위기를 겪으면서 국민 절반이 빈곤층으로 하락했다. 국제금융 위기는 미국이 기준금리를 하락하는 2026년까지 지속될 것이다.

미국은 물가를 안정시키고, 미국 경쟁력 회복을 위하여 기준금리를 계속 인상했다.

2026년 미국은 기준금리를 0.25% 네번에 걸쳐 1% 내린다. 한국 환율은 1400원에서 상승할 것이다.

달러가 국제금융시장에서 결제되는 비율은 60%다. 한국 원-달러 환율은 82%확률로 상승한다. 82%는 결정계수다. 지난 60년간 원-달러 환율은 계속 상승중이다.

원-달러 환율에 대비하여 개인은 미국주식을 사야한다. 미국 1등주식이 애플이

환율방어에 가장 좋다. 미국 시가총액 1~3위 애플, MS 마이크로소프트, 엔비디어가 좋다.

신흥국 브라질, 인도네시아, 남아프리카공화국 등이 국제금융 위기에 놓여있다.

한국 정부와 기업은 국제결제은행(BIS)가 제안처럼 외환보유고를 GDP 대비 70%까지 올려야 한다. 한국 환율상승은 에너지를 100% 수입하는 우리나라에 물가인상으로 이어진다. 정부와 기업은 환율인상과 국제 금융 위기에 대비하여 철저하게 대비해야 한다.

미국이 고금리를 유지하고 킹 달러를 유지한다면 가장 크게 위협을 받는 나라가 달러가 부족한 신흥국과 후진국이다. 대한민국은 1997년 IMF를 겪었다. 따라서 국제금융 위기는 남의 일이 아니다.

한국 정부와 기업, 개인도 철저하게 대비해야 한다. 미국의 고금리 정책은 2025년 8월까지다.

미국 연방준비은행은 물가수준 2%가 될 때까지 긴축정책을 유지 할 것으로 보인다. 그러나 2025년 9월부터 기준금리는 인하한다

한국 환율은 2026년 1200~1500원으로 예측된다. 전 세계가 국제금융 위기에 철저하게 대비하고 있다. 홍콩, 싱가포르, 스위스는 GDP 100%가 넘는 외환보유고를 비축하면서 위기에 대비하고 있다.

한국과 경제 구조가 비슷한 대만은 GDP 70%를 비축하면서 환율 안정을 유지하고 있다. 따라서 무역의존도가 높고 에너지 100%를 수입하는 대한민국은 달러가 부족하다.

외환보유고 중 당장 동원 할 수 있는 현금 비중은 3%다. 정부가 환율을 안정시키려 해도 동원할 현금이 없다.

2023년 7월 정부는 한일통화스와프 100억 달러를 맺었다. 2008년 세계금융 위기 때는 한미통화스와프 600억 달러, 한일통화스와프 700억 달러가 있었다.

그러나 2026년 외환위기를 방어 할 두 개의 방어막이 없다. 정부는 환율 방어와 국제금융 위기를 방어하기 위해 한미통화스와프도 맺어야 한다.

한일통화스와프도 700억 달러를 다시 체결해야 한다. 정부는 외환보유고를 GDP대비 70% 1조 달러까지 비축해야 한다. 정부와 기업은 향후 경상수지 흑자가 발생할 때마다 외환보유고를 비축해야한다.

정부와 기업 그리고 한국은행은 철저하게 대비해야 한다.

◎ 정부와 기업 대책

한국은 2026년 4% 경제성장률을 돌파하고 선진국이 돼야한다. 대한민국이 강대국이 되기 위해서는 낡은 규제혁파, 기업하기 좋은 환경 구축, 4차 산업혁명 집중 육성, 금융육성 등 변화와 혁신이 필요하다.

정부와 기업은 한국 경제성장률을 4%대로 올리도록 적극 노력해야한다. 2026년 GDP기준 미국 26조 달러, 중국 17조 달러, 일본 5조 달러, 한국 1.6조 달러다. 한국은 제조업 수출액 기준 세계5위, GDP 세계 9위다.

한국은 우크라이나 전쟁지속, 중국의 경제침체, 미국 신용등급하락과 패권전쟁 지속 등으로 교역축소로 한국이 가장 큰 피해를 입었다.

한국 경제성장률을 올리고 국부를 증대해야 한다.

첫째 기업하기 좋은 환경을 만들어야 한다.

2026년 대한민국 법인세는 26%다. 미국과 OECD 평균 21%다. 한국 경쟁국인 싱가포르는 법인세 17%, 배당세, 소득세 등 주식관련 세금이 하나도 없다.

싱가포르는 홍콩에서 떠나는 아시아 금융본부 70%를 유치하면서 아시아 금융허브가 됐다. 한국이 기업하기 좋은 환경을 만들려면 법인세부터 미국과 OECD 평균 21%로 낮춰야 한다.

2022년 정부의 법인세 인하 제안에 야당은 대기업 특혜라며 겨우 1% 낮췄다. 외국인직접투자(FDI) 유출액이 유입액 보다 거의 4배 많다. 2026년 한국 대학생 청년취업률은 45%다. 2026년 외국인직접투자 유입액보다 유출액이 두 배 이상 될 것이다.

둘째 노동정책 개선과 노사혁신이다.

코로나 때 미국 메리어트호텔은 직원 90%를 해고를 했다. 2022년 코로나가 종식되자 이번에는 100% 채용했다. 미국은 언제든지 해고와 채용이 자유롭다.

정규직과 비정규직 구분이 당연히 없다. 한국은 정규직으로 채용되면 경영상의 이유가 아니면 해고가 불가능하다. 한국기업은 미래의 불확실성으로 인하여 근로자의 50%을 비정규직으로 뽑고 있다.

전 세계 노동정책에서 대체근로가 금지된 나라는 한국이 유일하다. 외국인이 한국에 투자를 가장 꺼리는 이유도 강력한 노조 때문이다.

GM은 흑자에도 불구하고 호주와 한국 군산 등에서 폐업했다. 내연기관에서 전기자동차로 변신하기 위해서다. 한국노사는 상생과 혁신으로 변해야 한다.

셋째 한국은 4차 산업혁명으로 혁신해야 한다.

국민의 생명과 안전을 해치는 것이 아니라면 모든 분야에서 신산업을 허용하는 네거티브(Negative) 제도를 도입해야 한다.

2026년 한국은 파지티브(Positive)정책으로 정부가 허락한 분야만 사업 할 수 있다. 우리나라는 우버, 에어비앤비, 타다를 금지시켰다.

스마트폰 보급률95%, 전자정부, 통신인프라 등 세계 1위다. 4차 산업혁명을 하기에 가장 좋은 나라가 한국임에도 불구하고, 국회는 여·야 합의로 타다 등 신산업을 금지했다.

호주는 우버를 허용하면서 우버 수입 10%를 택시업계 발전에 사용하는 것으로 상생을 선택했다. 한국도 기존 산업과 신산업이 상생하도록 혁신해야 한다.

한국 카카오와 네이버 시가총액은 20조원으로 구글 시가총액 2,000조원 1% 정도다. 정부와 기업은 4차 산업혁명 플랫폼 기업 규제를 줄이고 해외로 진출하도록 독려해야 한다.

삼성전자는 전체 매출중 해외비중이 80%다. 온라인기업은 회원 한명의 가치가 10~20만 원 정도다. 페이스북, 아마존, 애플 등은 전 세계 82억 인구를 대상으로

영업한다. 한국기업도 해외로 진출하도록 정부가 적극 지원해야 한다.

넷째 2026년 한국 외환보유고 4,100억 달러를 두 배 증액하고, 국제금융시장에서 경쟁력을 올려야 한다. 원화가 국제금융에서 결제되는 비중은 0.1%로 세계 35위다.

정부가 제조업만 육성하고 금융을 육성하지 않았다. 선진국이 되려면 제조업과 함께 금융을 육성해야 한다. 사람 몸의 피와 같은 존재가 금융이다.

외환보유고 확대는 모건스탠리 선진국지수(MSCI) 편입 등 한국 금융시장을 크게 향상 시킬 것이다. 한국은 기업하기 좋은 환경 조성, 4차 산업혁명 혁신, 노사정책 상생과 혁신, 그리고 국제금융 육성으로 선진국이 돼야 한다.

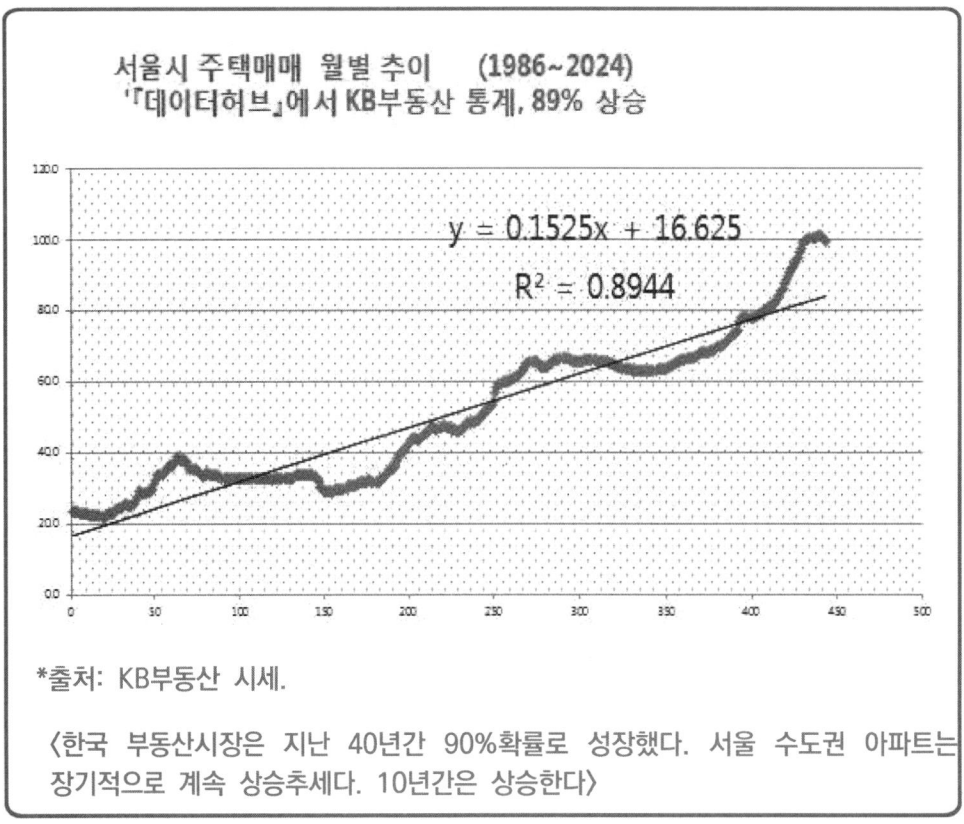

서울시 주택매매 월별 추이 (1986~2024)
『데이터허브』에서 KB부동산 통계, 89% 상승

$y = 0.1525x + 16.625$
$R^2 = 0.8944$

*출처: KB부동산 시세.

〈한국 부동산시장은 지난 40년간 90%확률로 성장했다. 서울 수도권 아파트는 장기적으로 계속 상승추세다. 10년간은 상승한다〉

다섯째 정부와 기업은 내수를 촉진하고 해외관광을 유치해야 한다. 대한민국은 수출에 의존해 한국경제를 이끌고 왔다. 그러나 중국경제 침체, 미국 신용등급 하락 등으로 인하여 가장 큰 피해를 입는 곳이 한국이다. 정부와 기업은 1,000만명 해외관광객을 유치하고, 국내 관광을 적극 독려해야 한다. 국내에서 숙박을 하고 재래시장 등에서 소비를 촉진해야만 한국경제를 살릴 수 있다.

한국 기준금리 3.5%와 미국 5.5%다. 격차가 2%이상 벌어지면 한국은 국제 금융위기에 더 많이 노출된다. 한국 전체 주식에 투자돼 있는 외국인 비중은 약 32%다. 2026년 아르헨티나, 스리랑카 등 세계 22개국이 IMF 구제금융을 받고 있다.

한국은 내수시장을 살려서 경제를 안정시켜야 한다. 중국이 어려워지면서 한국경제는 큰 위기에 직면했다. 한국은 중국에 의존도를 낮추면서 내수경제 활성화로 위기를 극복해야 한다.

◯ 결론

2026년 한국이 2.2% 성장률을 극복하고 4% 고도성장을 하기 위해서는 기업하기 좋은 환경을 만들어야 한다. 법인세를 세계 평균 21% 이하로 낮추고 4차 산업혁명으로 혁신해야한다.

노사혁신과 신산업을 허용해야만 한국경제는 성장 할 수 있다. 우리나라는 무역의존도가 가장 높은 국가이므로 수출을 적극 독력하고, 이와 함께 내수경제도 함께 성장시켜야 한다.

국내에서 가장 일자리를 많이 만들어 내는 것이 건설경기다. 내수 경제 활성화를 위해 건설도 함께 육성해야 한다. 한국이 직면한 고환율·고물가·고금리 복합위기를 극복하는 방법은 수출확대와 해외관광객 유치다.

한국은 석유가격 70% 인상, 중국경제 침체, 반도체 수출 급감으로 큰 위기를 겪었다. 대한민국은 제조업 수출액 기준으로 세계 5위, GDP 세계 9위 경제 강국이다. 2023년 우크라이나 전쟁지속, 중국의 경제 재개, 미국과 중국 패권전쟁 등 대외 위험요소가 많다.

한국은 교역국을 다변화·다원화하여 위기를 극복해야 한다. 우리나라는 중국에 대한 의존도를 낮추면서 아세안, 중동, 남미 등으로 교역국을 확대해야 한다.

2
부

한국과 미국 기준금리 격차와 국제금융 위기를 방어할 수 있는 최고의 방법은 수출 확대다.

2026년 세계 경제가 회복한다면 한국이 가장 빠르게 수출이 확대된다. 정부와 기업은 수출 확대를 이어갈 수 있도록 적극적으로 추진해야 한다.

대한민국은 민관이 모두 힘을 합하여 수출을 적극 확대해야 한다. 우리는 1997년 외환위기와 2008년 금융위기를 극복한 경험이 있다. 대한민국은 4차 산업혁명을 하기에 가장 좋은 환경을 가지고 있다.

한국 방위산업과 K-콘텐츠도 좋은 수출품목이다. 2026년 한국 방위산업이 수주를 받아서 수출 예정인 금액은 100조원이다. 대한민국은 제조업이 강한 국가다.

미국 다음으로 재래식 무기를 가장 신속하게 생산과 보급이 가능한 나라다. 한국의 방위 산업은 세계 5위 정도다. 향후 세계 4위의 무기수출국이 될 것이다.

한국은 반도체, 방위산업, 자동차, 철강, 석유화학 등 수출을 적극 확대하고, 해외관광객 1,000만명 유치로 복합위기를 극복하자. 정부와 민관이 힘을 합친다면 2026년 한국경제성장률은 2.2% 이상 초과 달성할 수 있다.

2026년 한국경제 성장률 전망

◎ 2026년 한국경제 전망 2.2% 성장

2026년 경제성장률이 오르고 기준금리가 인하된다. 정부와 기업은 무역을 확대하고 기업하기 좋은 환경을 만들어야 한다. 기업은 대외변수에 대비해야 한다.

우크라이나 전쟁이 종식된다면 건설, 화학 등 재건산업 위주로 크게 성장한다. 방위산업을 중심으로 한 현대로템, 한화에어로스페이스, LIG넥스원 등 방위기업도 크게 성장할 것이다.

이제 유럽과 전 세계는 자국 방어를 위해 스스로 준비해야 한다. 국가예산 10%정도를 국방비에 지출해야 한다. 유럽과 한국, 일본, 대만 등은 모두 미국 의존도를 낮춰야 한다.

대한민국은 전 세계에서 무역의존도가 75%로 세계 2위다. 한국은 에너지를 100% 수입하고 이를 가공하여 다시 수출한다.

한국 주력 수출 품목은 반도체, 석유화학, 자동차, 철강이다. 대한민국 전체교역 대상국은 중국, 미국, 홍콩, 일본 순이다.

한국은 전체 무역량의 33%를 중국과 홍콩에 의존해왔다. 2025년 9월에는 미국으로 수출과 교역이 확대되면서 중국에 대한 의존도를 낮추고 있다.

대한민국 경제성장을 위하여 다음과 같이 정부와 기업에 제언한다.

〈한국 외환보유고는 충분치 않다. 대만수준으로 올려야 한다. 9300억달러까지 외환보유고를 늘여야 한다. 한국 원-달러 환율은 93% 확률로 계속오른다. 개인과 기업은 환율상승에 대비해야 한다. 미국 시가총액 1등 주식매입이 대안중 하나다.〉

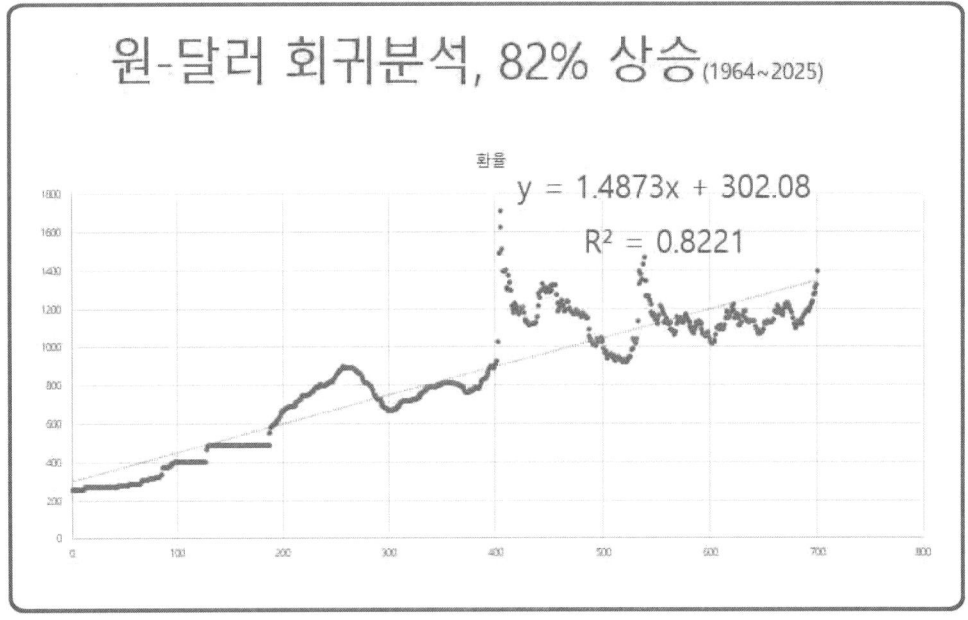

국가명	GDP(억달러)	외환보유액 (억달러)	외환보유액 /GDP 비중
스위스	8,129	9,173	113%
홍콩	3,681	4,215	115%
대만	7,749	5,776	75%
사우디	8,335	4,343	52%
러시아	17,758	6,208	35%
한국	18,102	4,092	23%
인도	31,734	6,306	20%
브라질	16,090	3,397	21%

주요국(외환보유액/ GDP) 비중 (2025.7월) 한국은행, 통계청

원-달러 회귀분석, 82% 상승 (1964~2025)

환율

$y = 1.4873x + 302.08$

$R^2 = 0.8221$

〈지난 60년간 환율은 83% 확률로 상승했다. 2026년에도 환율은 1200~1400원까지 급등락할 것이다〉

194

첫째 무역을 확대해야 한다. 대한민국은 교역으로 먹고사는 나라이다. 수출과 수입이 한국경제의 필수적인 조건이다. 한국경제는 무역의존도 75%, 내수의존도는 25%다. 일본은 무역의존도 28%, 내수가 72%다. 미국의 무역의존도는 20%, 내수가 80%다. 무역의존도 1위 국가는 독일이며 80%다.

한국은 대외지향적이며 무역을 해야만 국가가 생존한다.

한국은 중국이 주도한 RCEP에는 가입되어 있지만, 일본이 주도한 CPTPP에는 가입하지 않았다. 이에 정부와 기업은 한일FTA 효과를 가져오는 CPTPP에 가입해야 한다. 한국은 다자교역에 적극 가입하고 무역을 확대해야 한다.

둘째 미국 기준금리는 2025년 9월 0.25% 인하된다.

미국 연방준비은행은 금년에 1회 내지 2회 정도 기준금리를 내릴 것이다.

미국 기준금리는 5.5%, 한국 기준금리는 3.5%다. 역대 사상 최초로 한미기준금리가 2% 격차다.

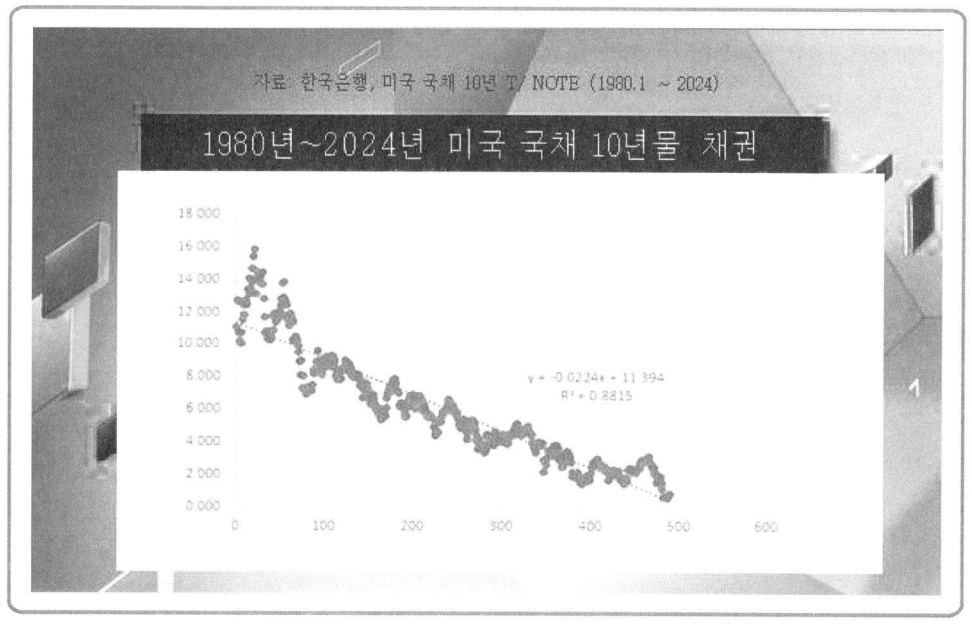

〈미국 기준금리는 장기적으로 50년간 우하향이다. 88% 확률로 인하된다〉

미국 물가는 2025년 8월 2.90%까지 떨어졌다. 미국은 9월 실업율이 4.3%로 증가하면서, 9월 기준금리 인하가능성이 100%확률로 높아졌다.

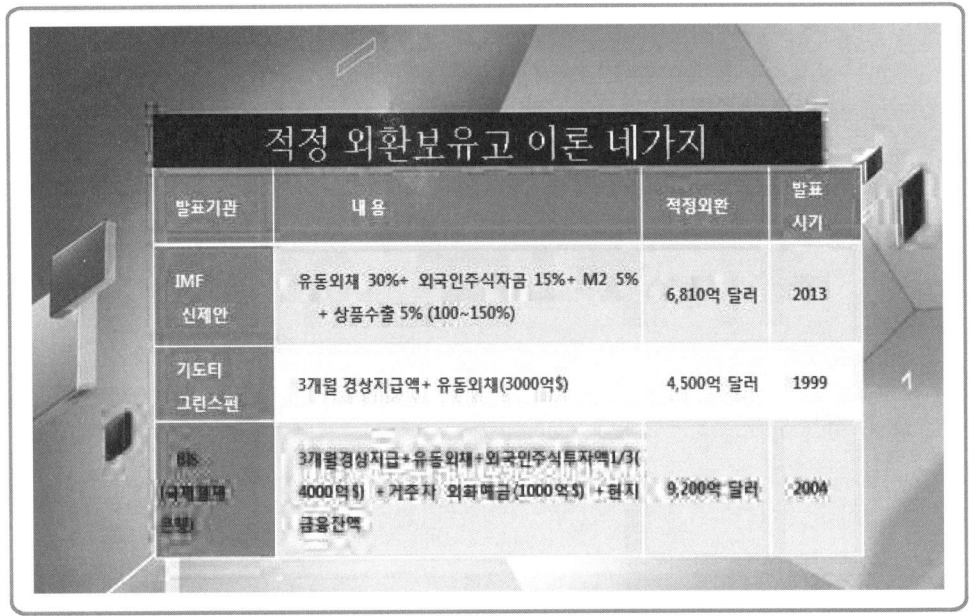

미국은 5.5% 고금리가 유지되면서 물가가 2.9%로 안정됐다. 미국 연준의 하반기 물가목표는 2%다. 2025년 12월 2%에 거의 도달할 예정이므로, 미국은 기준금리를 인하할 것이다.

정부와 기업은 기준금리가 인하되는2025년 12월까지 소상공인과 중소기업을 적극 지원해야한다. 2025년 9월 정부가 소상공인에 대한 대출을 연장해 준 것은 아주 바람직하다.

한국 전체근로자의 88%가 중소기업과 소상공인이다. 소상공인들과 중소기업이 어려움을 극복하도록 적극 지원해야 한다.

셋째 정부의 경제정책은 시장경제 원칙이 가장 바람직하다.

정부는 DSR규제를 9월부터 적용하여 대출을 줄이겠다고 선언했다. 강제적인 정부규제 확대는 부동산경기를 냉각시킨다.

국가 GDP가 성장함에 따라 자연스럽게 가계대출은 증가한다. 한국 가계대출은 부동산 담보대출이 대부분이며, 전체 집값의 40%로 낮다. 따라서 가계부채 총액은 증가했지만 은행 연체율은 0.4%로 매우 낮다.

정부가 금융기관 대출까지 강제로 개입하는 것은 바람직하지 않다. 한국에서 집을 가진 사람과 무주택자 비율이 각각 50% 정도다. 집 없는 서민은 대출을 통하여 자가를 마련해야 한다. 정부 경제정책은 규제확대보다 시장경제에 맡기는 것이 가장 좋다.

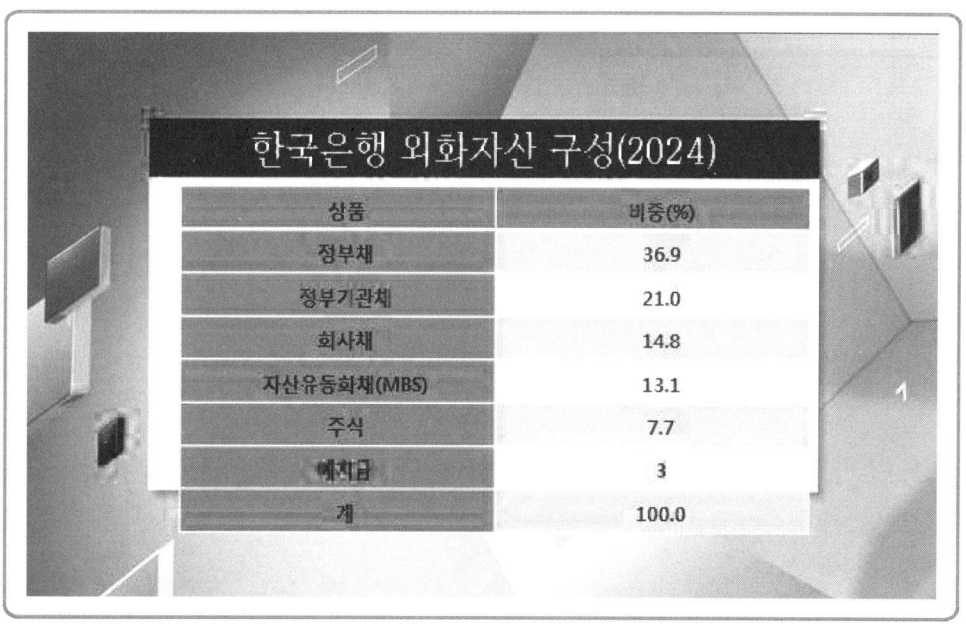

상품	비중(%)
정부채	36.9
정부기관채	21.0
회사채	14.8
자산유동화채(MBS)	13.1
주식	7.7
예치금	3
계	100.0

넷째 2025년 8월 삼성전자 노조가 파업을 3일간 했다. 반도체 생산직 근로자 30%가 동참했다. 반도체는 한국 전체수출 20%를 차지하고 있다. 삼성전자는 적극적인 노사관리를 해야 한다.

오늘날 MZ 근로자들은 많은 급여보다 여가를 중시한다. 또한 성과급과 보상에 대하여 명확하고 분명한 것을 바란다.

삼성전자는 과거의 무노조 노동정책에서 변화하여 MZ 세대에 맞는 노사정책을 펼쳐야 한다. 근로자들도 더 많은 성과급을 바라는 것은 국민 정서에 맞지 않다. 삼성전자 근로자 평균 급여는 1억2천만 원 정도다.

대한민국 4인 가족 평균 소득이 5천만 원 정도를 감안하면 많은 급여를 받고 있다. 경제학에서는 효율임금이론이 있다. 많은 급여를 주는 대신에 많은 노력을 요구하는 것이다. 과거 포드가 효율임금이론을 첫 적용했다.

삼성전자도 일반 직장인 1.5배 급여를 준다. 삼성전자는 근로자와 혁신으로 성장했다. 삼성전자 노조는 파업보다, HBM반도체와 비메모리 반도체 등 더 많은 노력을 해야 한다.

정부와 기업은 미국 기준금리 인하, 무역 확대정책, 반도체시장 회복 등을 감안하여 하반기 경제정책을 펼쳐야 한다.

정부와 기업은 하반기 경제정책을 점검하고 기업하기 좋은 나라를 만들어야 한다.

대한민국이 선진국으로 가는 길은 기업인을 우대하는 것이다.

◎ 2026년 이재명 정부 경제정책 핵심내용

대한민국은 지금 거대한 전환의 기로에 서 있다. 트럼프 대통령의 15~50% 고관세 정책으로 세계 질서는 급변하고 있다.

국내 경제는 저성장과 양극화의 고착화라는 깊은 딜레마 속에 빠져 있다.

한국은 안보와 경제가 위기다.

디지털 전환, 탄소중립, 인구절벽, 기술 패권 경쟁이라는 도전 속에서 새로운 시대의 경제 리더십이 필요하다.

이러한 역사적 요구 속에서 출범한 이재명 대통령 정부의 경제정책은 그 방향성과 철학, 그리고 과감한 실행력을 바탕으로 새로운 대한민국의 청사진을 제시하고 있다.

기업인에게는 생존과 도약을 위한 전략의 나침반이 될 것이며, 개인에게는 새로운 복지와 일자리, 기술 환경에 대비하기 위한 실질적 해설서가 될 것이다.

◎ 요 약

"함께 사는 나라, 함께 가는 경제를 위하여"

"기회는 평등하게, 과정은 공정하게, 결과는 정의롭게."

이재명 대통령이 일관되게 견지해온 정치 철학이자, 경제에 있어서도 변함없는 기준이다.

그의 경제정책은 복지와 성장이 대립하는 것이 아닌, 선순환 할 수 있다는 전제 위에서 설계되었다.

이재명 정부의 주요정책 마다 해당기업과 주요 기업 전망을 함께 첨부했다. 종합주가 5000시대를 맞아 지역화폐주식, 조선업, 방위산업, 에너지관련주 등이 상승할 것이다.

무상 의료, 무상 교육, 청년 기본소득 등 사회적 안전망을 강화하면서도, 인공지능(AI), 바이오, 우주항공, 반도체 같은 미래 전략 산업에 대한 대규모 투자를 병행하고 있다.

이 책은 그러한 철학의 실천이 어떻게 정책으로 구체화되고 있는지를 실증적으로 보여준다.

특히 인공지능 산업에 대한 집중 투자 전략은 단순한 기술 육성을 넘어, 한국 사회 전체의 노동 구조와 산업 생태계를 변화시키는 방향으로 작동하고 있다.

아울러 복지정책은 단순한 이전지출이 아니라, 소비 진작과 노동의욕 유발, 사회 통합을 통해 경제성장을 견인하는 촉매로 설계되어 있다.

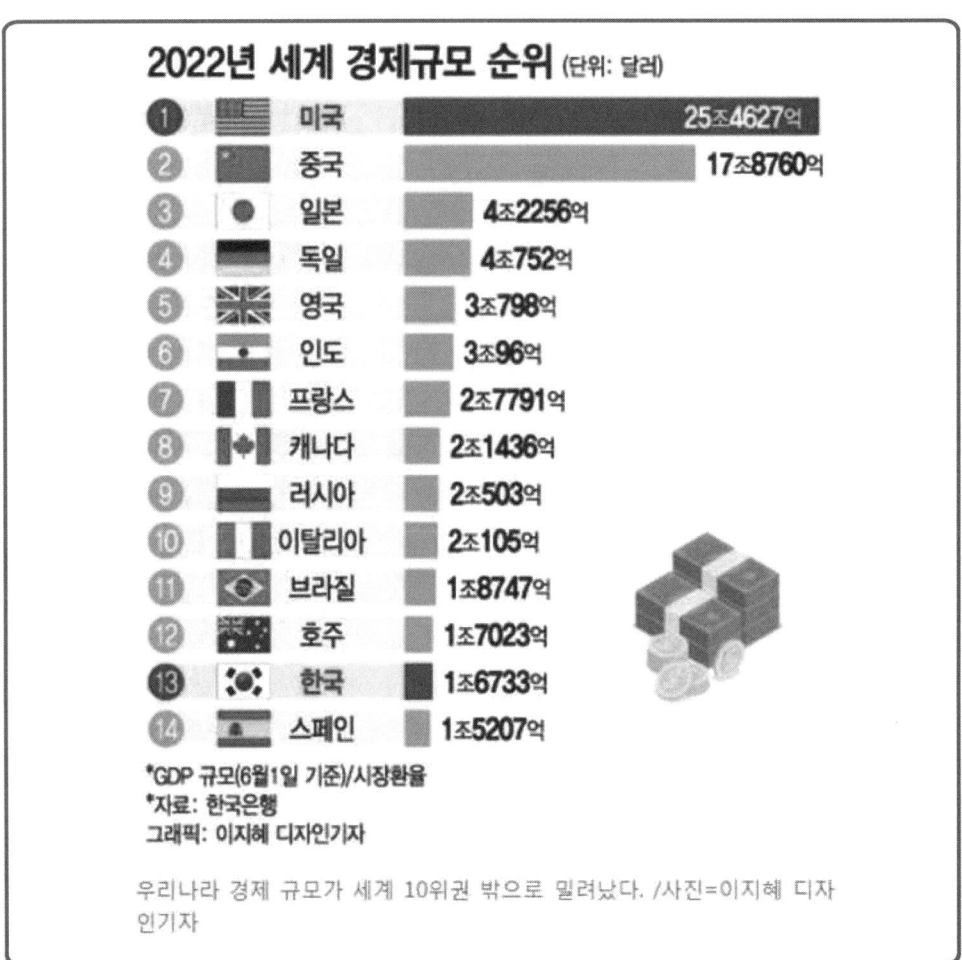

2022년 세계 경제규모 순위 (단위: 달러)

순위	국가	경제규모
1	미국	25조4627억
2	중국	17조8760억
3	일본	4조2256억
4	독일	4조752억
5	영국	3조798억
6	인도	3조96억
7	프랑스	2조7791억
8	캐나다	2조1436억
9	러시아	2조503억
10	이탈리아	2조105억
11	브라질	1조8747억
12	호주	1조7023억
13	한국	1조6733억
14	스페인	1조5207억

*GDP 규모(6월1일 기준)/시장환율
*자료: 한국은행
그래픽: 이지혜 디자인기자

우리나라 경제 규모가 세계 10위권 밖으로 밀려났다. /사진=이지혜 디자인기자

◎ 이재명 대통령 주요 10대 경제 정책과 전망, 주요 기업 전망

1. [경제·산업] 세계를 선도하는 경제 강국을 만들겠습니다.

2. [정치·사법] 내란극복과 K-민주주의 위상 회복으로 민주주의 강국을 만들겠습니다.

3. [경제·산업] 가계·소상공인의 활력을 증진하고, 공정경제를 실현하겠습니다.

4. [외교·통상] 세계질서 변화에 실용적으로 대처하는 외교안보 강국을 만들겠습니다.

5. [사법·행정·보건의료] 국민의 생명과 안전을 지키는 나라를 만들겠습니다.

6. [행정·경제·산업] 세종 행정수도와 '5극 3특' 추진으로 국토균형발전을 이루겠습니다.

7. [교육·경제·복지] 노동이 존중받고 모든 사람의 권리가 보장되는 사회를 만들겠습니다.

8. [경제·복지] 생활안정으로 아동·청년·어르신 등 모두가 잘사는 나라를 만들겠습니다.

9. [교육·복지] 저출생·고령화 위기를 극복하고 아이부터 어르신까지 함께 돌보는 국가를 만들겠습니다.

10. [환경·산업] 미래세대를 위해 기후위기에 적극 대응하겠습니다.

주요 요약

트럼프 1기
저금리·저물가 시대

- ✓ America First
- ✓ 취임 당일 1개 행정명령
- ✓ 중국 고관세 기조
- ✓ 중국 견제 목표의 기술 패권
- ✓ 니어쇼어링 (미국 인근 국가로 공급망 이전)

트럼프 2기
중금리·중물가 시대

- ✓ America Only
- ✓ 취임 당일 26개 행정명령 및 관세 확대론자·대중국 강경파 중심 내각 구성 →MAGA 정책 고속화
- ✓ 중국 + 모든 국가 관세 기조
- ✓ 기술(AI) 패권 + 화석연료 기반 에너지 패권
- ✓ 온쇼어링 (미국 '안'으로 공급망 이전)

한국의 대응 전략

미국 '안'에서 돌파구 찾기 **+** 에너지가 통상 협상의 Key

세부 산업 측면

전망	한국 5대 대미 수출품* 고관세 빨간불 * 자동차, 반도체, 철강, 알루미늄, 의약품 25% 관세 예고	화석기반 에너지(LNG, SMR), AI, 방산 분야에서 한국 산업 수혜 전망
전략	대미 수출 제조업 ↓ 미국 생산 현지화 전략	화석연료 기반 에너지 ↓ 미국산 에너지 수입 확대	AI, 방산 ↓ 대미 수출 확대

◆···(사진=삼일PwC)

제1장: 인공지능(AI) 산업 육성과 디지털 전환

이재명 대통령은 대한민국을 세계 3대 AI 강국으로 도약시키기 위해 100조 원 규모의 투자를 계획하고 있습니다. 고성능 GPU 5만 개 확보, AI 전문인력 10만 명 양성, 전 산업에 걸친 AI 융복합 시스템 확대 등을 추진하여 AI 기반 산업을 활성화하고 글로벌 경쟁력을 확보하려는 전략입니다.

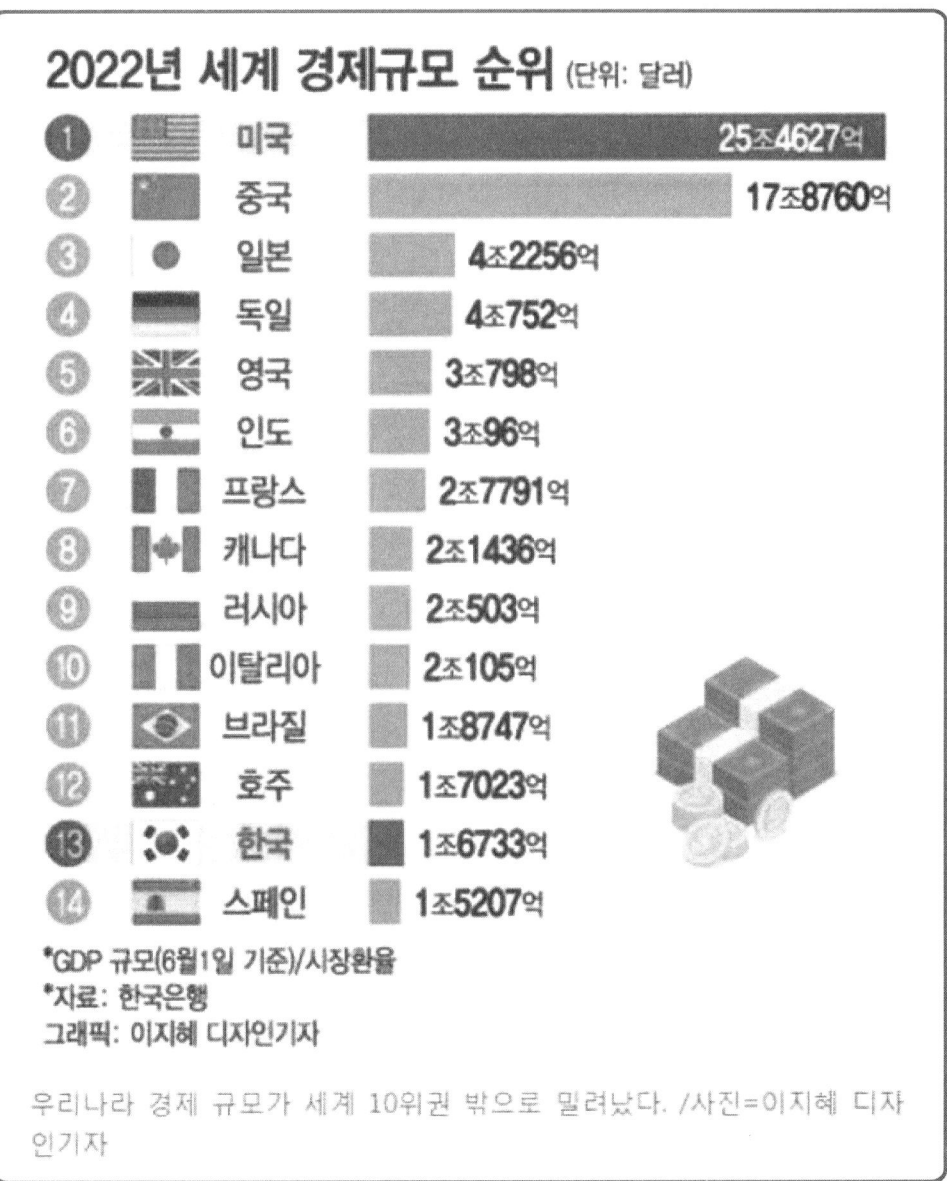

2022년 세계 경제규모 순위 (단위: 달러)

①		미국	25조4627억
②		중국	17조8760억
③		일본	4조2256억
④		독일	4조752억
⑤		영국	3조798억
⑥		인도	3조96억
⑦		프랑스	2조7791억
⑧		캐나다	2조1436억
⑨		러시아	2조503억
⑩		이탈리아	2조105억
⑪		브라질	1조8747억
⑫		호주	1조7023억
⑬		한국	1조6733억
⑭		스페인	1조5207억

*GDP 규모(6월1일 기준)/시장환율
*자료: 한국은행
그래픽: 이지혜 디자인기자

우리나라 경제 규모가 세계 10위권 밖으로 밀려났다. /사진=이지혜 디자인기자

제2장: 복지 확대와 포용적 성장 전략

복지와 성장이 대립하는 것이 아니라 선순환할 수 있다는 전제 하에, 무상 의료, 무상 교육, 청년 기본소득 등 사회적 안전망을 강화하면서도 경제성장을 도모하는 정책을 추진합니다.

제3장: 자본시장 개혁과 공정경제 실현

상법 및 자본시장법 개정을 통해 소액 투자자 보호와 기업 지배구조 개선을 추진합니다. 공정한 시장 규제와 강력한 불법행위 처벌을 통해 투자자들의 신뢰를 회복하고, 자본시장의 투명성을 높이려는 계획입니다.

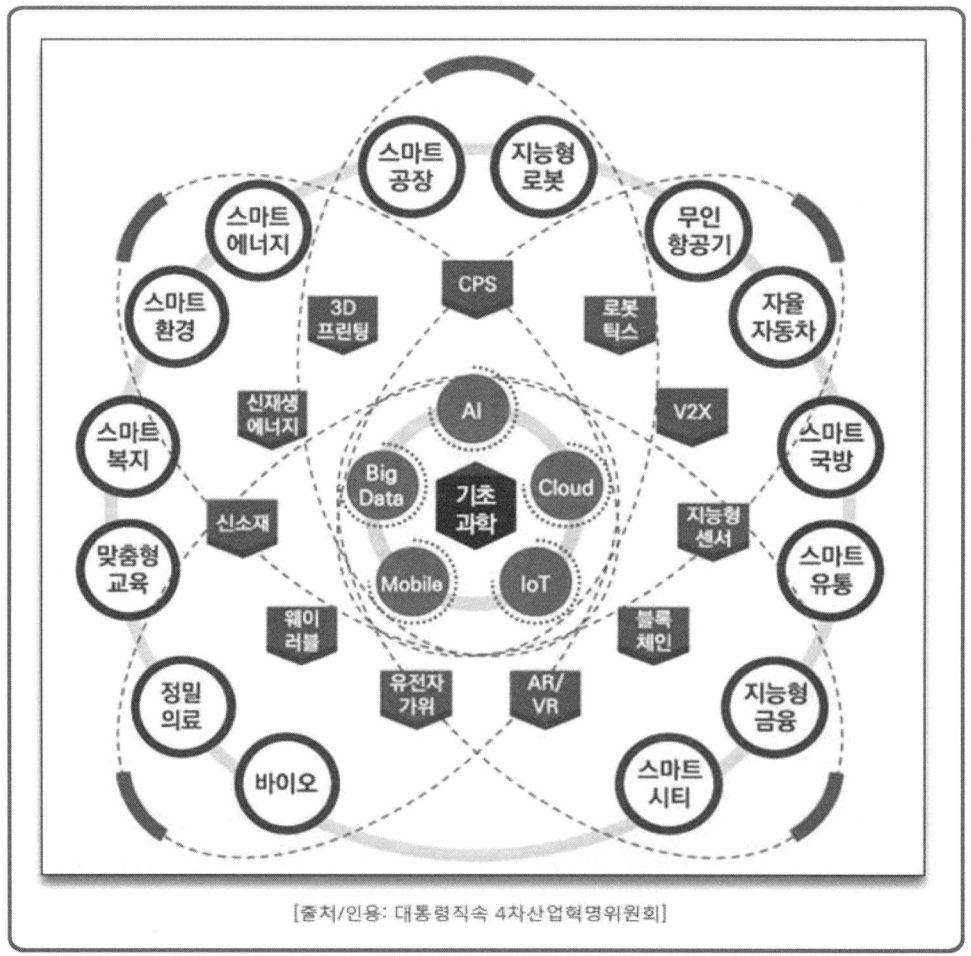

[출처/인용: 대통령직속 4차산업혁명위원회]

제4장: 부동산 정책과 주거 안정 방안

무주택 서민을 위한 장기 임대주택 공급 확대와 1가구 1주택 보유자에 대한 세금 부담 완화를 통해 주거 안정을 도모하고자 합니다. 투기 목적의 부동산 거래는 강력히 규제하되, 실수요자를 보호하는 균형 잡힌 정책을 추진하여 부동산 시장의 안정을 추구합니다.

제5장: 노동시장 개혁과 일자리 창출

포괄임금제 금지, 노란봉투법 추진, 주 4.5일제 도입 등을 통해 노동자의 권익을 보호하고, 일과 삶의 균형을 실현하려는 계획입니다. 하청·특수고용 노동자의 권리 보장과 산재보험 확대 등을 통해 공정한 노동시장을 구축하고자 합니다.

제6장: 지역 균형발전과 지방화폐 정책

세종의사당·대통령 집무실 건립, 공공기관 이전, 초광역권 광역철도, 지역전략산업 육성, RISE 체계 구축, 지역사랑상품권 의무화, 농산어촌 활성화 등을 통해 국토 균형발전과 지방분권을 실현하고자 합니다.

제7장: 외교·안보와 경제의 연계 전략

G20·G7 참여 확대, 글로벌사우스 전략, 주변 4국 실용외교, 남북 평화체제 추진, 전방위 억제능력 확보, 전략산업 생산세제, 식량·물류·어업 안보 강화 등을 통해 튼튼한 경제안보와 지속 가능한 한반도 평화를 실현하려는 계획입니다.

2부

〈이투데이〉

이재명 당선 … 기업 경영환경 격변 예고 속 '경제 살리기' 기대 교차

[6·3대선]

2025-06-03

이재명 대통령이 4일 서울 여의도 국회에서 열린 제21대 대통령 취임선서식에서 연설을 하고 있다. [사진=유대길 기자]

제 21대 대통령 선거에서 이재명 더불어민주당 후보가 승리했다.

우리나라 기업 경영환경에도 중대한 전환점이 예고된다.

'공정과 상생'을 기치로 내건 이 당선 유력인의 경제 개혁 공약에 따라 노동, 조세, 지배구조 등 기업을 둘러싼 법·제도 환경의 급격한 변화가 예상되면서다.

하지만 이재명 대통령은 대선 기간 내내 '경제 살리기'를 최우선 과제로 강조해온 만큼 시장의 불확실성을 최소화하고 민간 활력을 제고할 실용적 조율이 병행될 것이란 기대도 적지 않다.

트럼프 1기	트럼프 2기
저금리·저물가 시대	중금리·중물가 시대

트럼프 1기 (저금리·저물가 시대)
- ✓ America First
- ✓ 취임 당일 1개 행정명령
- ✓ 중국 고관세 기조
- ✓ 중국 견제 목표의 기술 패권
- ✓ 니어쇼어링 (미국 인근 국가로 공급망 이전)

트럼프 2기 (중금리·중물가 시대)
- ✓ America Only
- ✓ 취임 당일 26개 행정명령 및 관세 확대론자·대중국 강경파 중심 내각 구성 →MAGA 정책 고속화
- ✓ 중국 + 모든 국가 관세 기조
- ✓ 기술(AI) 패권 + 화석연료 기반 에너지 패권
- ✓ 온쇼어링 (미국 '안'으로 공급망 이전)

한국의 대응 전략

미국 '안'에서 돌파구 찾기 ＋ 에너지가 통상 협상의 Key

세부 산업 측면

전망	한국 5대 대미 수출품* 고관세 빨간불 * 자동차, 반도체, 철강, 알루미늄, 의약품 25% 관세 예고	화석기반 에너지(LNG, SMR), AI, 방산 분야에서 한국 산업 수혜 전망
전략	대미 수출 제조업 ▼ 미국 생산 현지화 전략	화석연료 기반 에너지 ▼ 미국산 에너지 수입 확대 / AI, 방산 ▼ 대미 수출 확대

◆···(사진=삼일PwC)

재계는 "기업 현실을 반영한 균형 잡힌 정책 추진이 이뤄지길 바란다"는 입장이다.

트럼프 재집권과 국제사회 정세
도널드 트럼프 전대통령, 11월 5일(현지시간) 치러진 미국 대선 승리

한국·일본·대만·호주 등 인도·태평양 동맹국
안보·방위 협력 약화 우려

북대서양조약기구(NATO·나토)·유럽연합(EU)
방위비 부담 증가와 안보우산 약화 우려

중국
관세폭탄 등 무역 마찰 우려

러시아
트럼프의 전쟁 신속 종전
공약에 따른 현상 변화 기대

우크라이나
서방 지원 중단 우려

이란
관계 개선 전망 어두워

이스라엘
최우방국 밀착 관계 강화

이탈리아
우호·전략적 연대 강화

ⓒ연합뉴스

4일 재계에 따르면 이 대통령이 집권 초기 경제 정상화와 민생 안정을 국정 우선순위로 삼겠다는 뜻을 밝혀온 만큼 규제 일변도보다는 현실적 속도 조절이 이뤄질 가능성이 점쳐친다.

한 대기업 관계자는 "이 이재명 대통령의 '경제 우선' 메시지가 구호에 그치지 않고 실제 법제화 과정에서 균형 있게 반영되기를 기대한다"고 말했다.

특히 향후 정무·경제라인 인선은 정책 방향의 속도와 강도를 가늠할 주요 분수령이 될 전망이다. 실용적 인사가 기용될 경우 시장 안정 신호로 작용할 수 있다는 분석도 나온다.

경제 단체 관계자는 "기업들은 우선적으로 예측 가능성과 합리적 경제 정책을 기대하고 있다"며 "민간 활력 유도와 기업 투자 확대를 위한 신호가 동반되길 바란다"고 했다.

다만, 이재명 대통령이 제시한 개혁 의제는 기업 입장에서 규제 리스크로 작용할 여지가 적지 않다. 대표적인 것이 '노란봉투법'과 주 4.5일제 단계적 도입 공약이다.

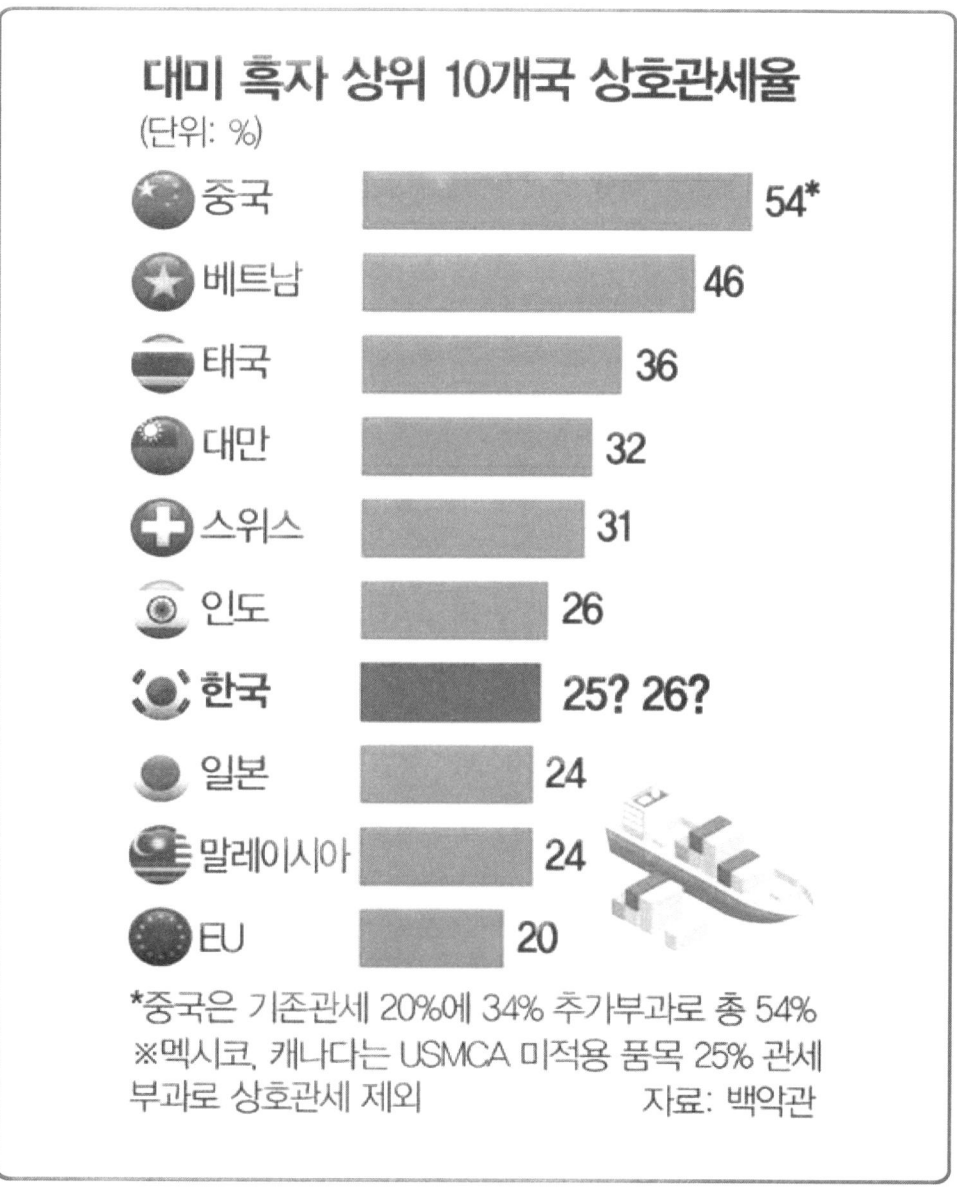

대미 흑자 상위 10개국 상호관세율
(단위: %)

국가	관세율
중국	54*
베트남	46
태국	36
대만	32
스위스	31
인도	26
한국	25? 26?
일본	24
말레이시아	24
EU	20

*중국은 기존관세 20%에 34% 추가부과로 총 54%
※멕시코, 캐나다는 USMCA 미적용 품목 25% 관세 부과로 상호관세 제외

자료: 백악관

노란봉투법은 파업 등 단체행동 중 발생한 제3자 피해에 대한 손해배상 청구를 제한하는 내용이 골자다.

이재명 대통령은 이 법안에 대해 "반드시 통과돼야 할 법"이라고 못 박았다. 경영계는 이 법안이 통과될 경우 "산업 현장의 파업 리스크가 높아지고, 사업 연속성에도 악영향이 우려된다"고 지적한다.

주 4.5일제 역시 기업 경영 부담 요인으로 꼽힌다. 특히 제조·물류·유통 업종 등 상시 인력이 필수적인 업종에선 근로시간 단축으로 인한 생산 차질과 인건비 상승이 현실화할 가능성이 높다는 우려다.

또 다른 대기업 임원은 "현행 52시간제에서도 인력 운용이 빠듯한 상황"이라며 "일률적 단축이 강행되면 기업 부담은 기하급수적으로 커질 수 있다"고 토로했다.

지배구조 개편을 위한 상법 개정도 예고됐다. 이 대통령은 공약집에서 "이사의 충실의무를 명문화하고, 대주주의 사익편취를 억제할 제도적 장치를 마련하겠다"고 밝혔다.

이는 ESG(환경·사회·지배구조) 경영 흐름과 맞닿아 있지만, 동시에 이사의 경영 판단이 사후 소송의 대상이 될 수 있는 법적 리스크를 높인다는 점에서 경계감이 크다.

이 대통령은 또 일정 규모 이상 기업에 대해 독립 사외이사 선임 의무화, 감사위원 분리선출, 전자투표 및 집중투표제 의무화 등을 상법 개정 과제로 제시하고 있다.

이는 이사회 구성과 의사결정 구조에 근본적인 변화를 줄 수 있는 사안으로 기업들의 전략 수립에 영향을 미칠 가능성이 크다.

또한 조세 정책과 관련해 이재명 대통령은 가업상속세 완화나 최고세율 인하에 부정적인 입장을 유지해왔으며, 현행 과세 체계를 유지하는 기조를 천명한 상태다.

재계는 투자 확대와 고용 유인을 위해 일정 부분의 세제 유연성 도입이 필요하다는 입장이다.

대기업보다 제도 대응 여력이 떨어지는 중소·중견기업들은 특히 민감하다. 법률 리스크 관리 인프라와 인력 운용 능력 모두 열위에 있는 상황에서 예고 없는 제도 변화는 큰 혼란을 초래할 수 있다는 우려 때문이다.

2022년 세계 수출/수입시장 점유율 상위 10개국

	수출			수입	
순위	국가	점유율		국가	점유율
1	중국	14.6%		미국	12.9%
2	미국	8.4%		중국	10.8%
3	독일	6.7%		독일	6.2%
4	네덜란드	3.9%		네덜란드	
5	일본	3.0%		일본	3.6%
6	대한민국	2.8%		프랑스	3.3%
7	이탈리아	2.7%		영국	
8	벨기에	2.6%		대한민국	2.9%
9	프랑스			인도	
10	홍콩	2.5%		이탈리아	2.7%

*자료: 국제통화기금(IMF), 한국무역협회
그래픽: 윤선정 디자인기자

김대종 세종대 경영학과 교수는 "이재명 정부 탄생으로 기업 경영환경은 노동 및 지배구조 측면에선 제약 요인이 커질 수 있으나 재정 확대와 산업 육성 정책에 기반한 기회 요인도 동시에 존재한다"며 "기업들이 규제 리스크에 선제적으로 대비하면서도 국가 주도의 전환경제 기조에 전략적으로 연계하는 것이 중요하다"고 조언했다.

송영록 기자 syr@etoday.co.kr

○ 이재명 정부의 핵심 과제는 '안보와 경제'다

이재명 대통령이 4일 서울 용산 대통령실 청사에서 열린 '비상경제점검 태스크포스(TF) 회의'에서 발언하고 있다. (사진=뉴시스)

2025년 6월 4일 취임하는 이재명 대통령의 시대적 과제는 명확하다. 안보와 경제, 두 축의 균형적 추진이야말로 대한민국의 지속 가능한 발전을 위한 핵심 전략이 돼야 한다.

변화하는 국제정세와 국내 경기 위축 속에서 국정 운영의 중심을 잡는 것은 결코 쉬운 일이 아니지만, 국민이 바라는 방향은 분명하다.

무엇보다 안보는 타협할 수 없는 국가의 기둥이다. 러시아-우크라이나 전쟁, 중동 불안정, 대만해협 긴장 등 지정학적 불확실성이 고조되는 가운데, 한국 역시 북한의 핵·미사일 위협에 직면해 있다. 이런 상황에서 한미동맹의 강화는 선택이 아닌 필수다.

미국과의 전략적 공조를 바탕으로 확장억제(extended deterrence)를 실질적으로 이행하고, 기술·정보·군사 협력을 더 깊이 다져야 한다. 특히 중국과의 경제적 의존도가 여전히 높은 현실에서 중국 비중을 줄이고 미국 비중을 올려야 한다.

한국의 수출국 비중을 보면 중국과 홍콩33%, 미국 20%, 일본6%다. 세계 수출액 비중에서 중국이 차지하는 15%를 고려하면, 한국은 중국 비중을 33%에서 절반 이하로 낮춰야 한다. 한국은 미국 산 석유와 가스 수입 비중을 늘려야한다. 2024년 한국의 미국 무역흑자는 85조원이다. 한국은 미국 현지생산을 늘이고 중국산 부품 비중을 줄여야 한다.

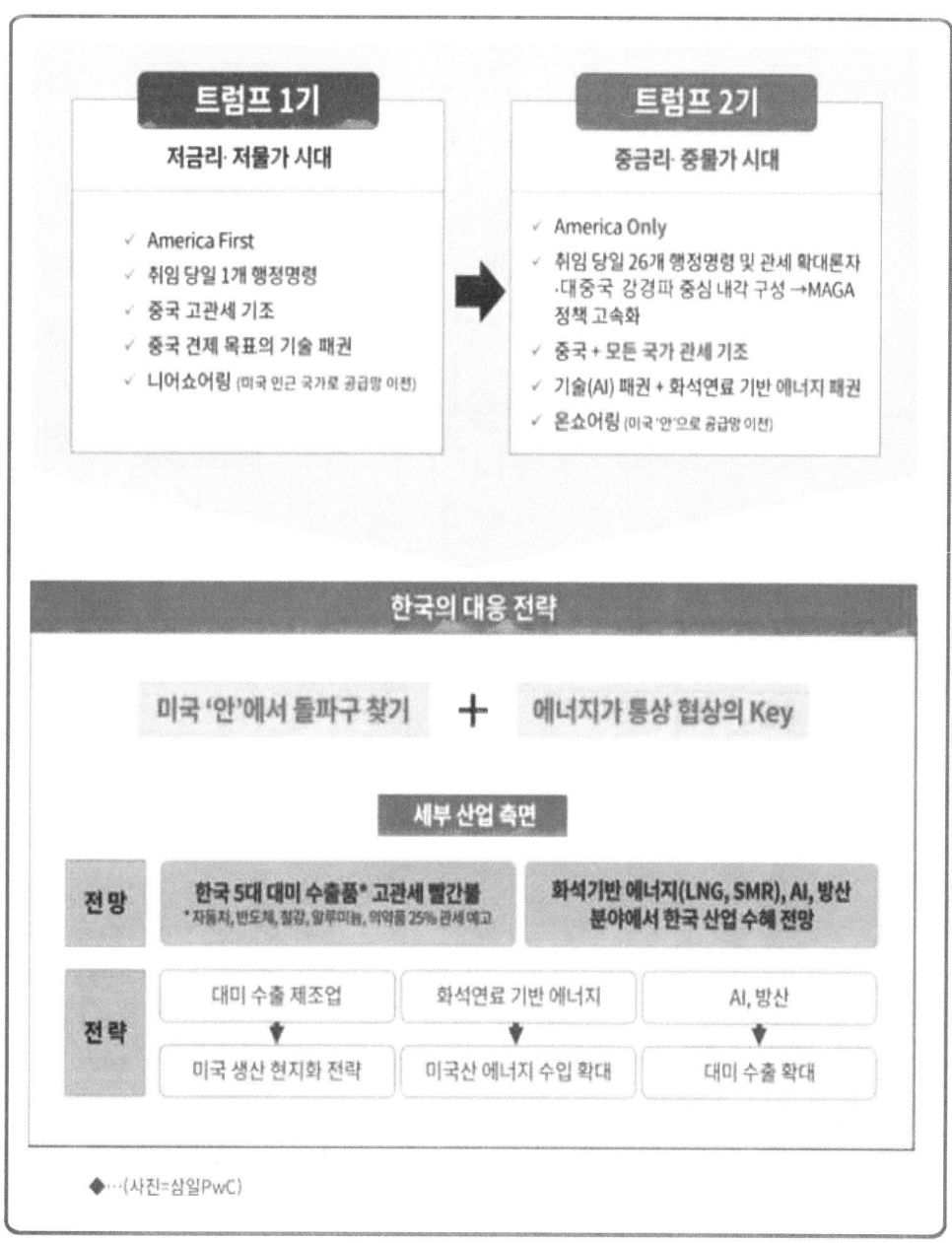

◆···(사진=삼일PwC)

이재명 정부의 경제육성 정책은 새 정부의 성패를 가르는 기준점이 될 것이다. 코로나19의 여파와 고금리·고물가 시대가 서민 경제를 장기 침체로 몰아넣었고, 젊은 세대의 소비 여력은 급감했다. 이재명 정부는 출범 즉시 30조원 정도 과감한 추경 편성과 2.0%까지 기준금리 인하 유도를 통해 내수를 부양해야 한다.

특히 중소기업·자영업자·청년층을 위한 정책 설계는 단기 처방을 넘어 구조적 회복을 위한 발판이 되어야 하며, 주거안정과 일자리 창출이 병행돼야 한다.

국제 통상환경 변화에 대한 준비도 중요하다. 트럼프 대통령의 25% 고관세와 보호무역주의 는 한국 경제에 직접적 타격을 줄 수 있다. 이에 대비해 한국은 수출 다변화 전략과 국내 공급망 안정화 정책이 요구된다.

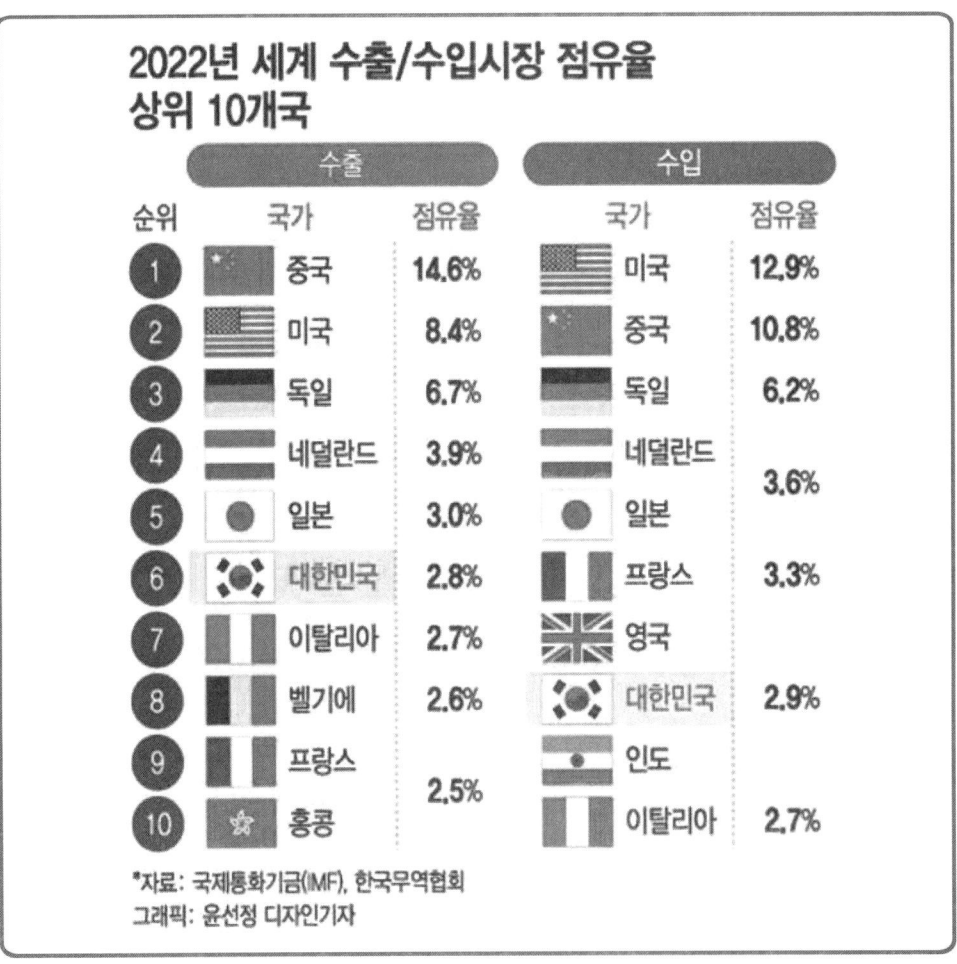

과거에 안주하지 않고, 기술력 중심의 산업 재편과 전략적 무역외교를 통해 돌파구를 모색해야 한다.

결국, 안보와 경제는 따로 가는 두 길이 아니다. 강한 안보는 튼튼한 경제의 기반이 되고, 강한 경제는 안보를 유지할 자산이 된다. 이재명 정부는 이 두 과제를 국정 최우선 순위로 삼아야 하며, 국민의 신뢰와 지지를 이끌어내는 진정성과 실행력을 보여주어야 한다.

국정의 중심축을 다시 잡을 때다. 변화는 이미 시작됐다.

◎ 이재명 정부, 청년고용과 기업 활력에 사활을 걸어야 한다

이재명 대통령이 4일 서울 용산 대통령실 청사에서 열린 '비상경제점검 태스크포스(TF) 회의'에서 발언하고 있다. (사진=뉴시스)

이재명 정부의 최우선 과제는 단연 청년 일자리 문제다. 청년실업은 단순히 개인의 생계 문제를 넘어 국가 성장의 지속가능성과 직결된다. 특히 청년 니트족(교육, 고용, 직업훈련에 모두 참여하지 않는 청년) 비율이 18%다. 경제협력개발기구(OECD) 기준 한국은 세계 3위라는 오명은 국가적 위기 상황임을 방증한다.

2024년 기준 청년취업률은 45%로 일반 고용율 60%보다 낮다. 이재명정부는 청년취업율을 60%이상으로 올려야 한다.

정부가 직접 일자리를 창출하는 데는 한계가 있다. 전체 일자리의 90%는 민간 기업이 만든다. 결국 해답은 명확하다. 기업이 활발하게 투자하고 고용할 수 있도록 여건을 조성하는 것과 기업하기 좋은나라를 만드는 것이 이재명 정부의 핵심 책무다.

그러나 현실은 녹록지 않다. 외국인 직접투자 유입액보다 유출액이 2~5배 많고, 국내 기업들조차 생산시설과 자본을 해외로 돌리는 악순환이 반복되고 있다.

이는 고율의 법인세, 경직된 노동시장, 과도한 규제와 같은 '기업하기 어려운 환경'이 주요 원인이다. 더 늦기 전에 해법을 모색해야 한다.

첫째, 한국 법인세를 21%로 인하해 기업의 국내 투자 유인을 강화해야 한다. 경쟁 국가들이 감세를 통해 투자 유치를 도모하는 가운데, 한국만 고세율을 유지한다면 기업들은 당연히 외면하게 된다.

〈한국 경제 SWOT〉

강 점	기 회
세계 최고 교육, 우수한 인재, 대학진학80% 세계 최상 IT, 통신 인프라, 스마트폰 1위 지정학적 위치(중국, 일본) 2025년 제조업 세계5위, 경제 9위, 금융35위, 신속한 의사결정, 정확성, 창의성	모바일(95%), 반도체, SW인재 양성, 전자정부 시가총액: 미국60%,한국1.5%, 부동산90%상승 4차 산업혁명, IT 융합, 벤처 육성 우수한 기술, 브랜드(한강 노벨상, 한류, BTS)
약 점	위 험
고임금,고물가,고환율(24~25년 1400~1,600원) 에너지 99%수입, 주52시간제, 강력한 노조 4차 산업혁명 규제(허가)—>네거(불법외 허용) 규제: 법인세26%, 소득세(45%), 상속세(60%) 해외직접(FDI):유출2-5배>유입, 청년취업율45%	-트럼프 25% 고관세 정책 → 한국 큰 타격 -미 연준 물가목표(9%→2%) 외환위기, 금융위기: 한미, 한일통화스와프 중국침체, 북핵과 참전, 전쟁지속→조선,방위 미중 패권전쟁, 인구 71년 105만명-→23만명

둘째, 노동시장 유연화가 시급하다. 한국의 노동생산성은 OECD 38개국 중 34위로 꼴찌 수준이다. 강성 노조의 기득권 보호를 넘어서, 청년들에게 기회를 줄 수 있는 탄력적이고 유연한 고용 정책이 필요하다.

셋째, 외국인 투자 유치 전략도 재정비해야 한다. 기술과 자본이 함께 들어오는 외국인 투자는 청년고용 확대의 또 다른 축이다. 세제 혜택, 규제 완화, 인프라 지원 등 적극적인 유인책을 통해 한국을 매력적인 투자처로 탈바꿈시켜야 한다.

넷째 대학생과 청년들에게 코딩을 의무교육화 해야 한다. 100만명 인공지능 인재를 만든다면 일자리도 생기고 해외로 취업하게 된다. 영국은 초등학교 입학부터 코딩을 교육한다. 한국도 초1부터 실질적인 코딩과 컴퓨터를 가르쳐 4차산업혁명 인재를 양성해야 한다.

위와 같은 기업하기 좋은 환경과 인재양성을 한다면 청년취업률 60% 목표는 불가능한 수치가 아니다.

그러나 이를 실현하기 위해선 정부의 직접 개입보다 기업의 활력을 살리는 구조적 개혁이 우선이다. 기업하기 좋은 나라, 투자가 몰리는 나라, 청년이 일하고 싶은 나라가 되어야만 한국의 미래에 희망이 생긴다.

이재명 정부는 이 엄중한 과제를 외면하지 말고, 과감한 결단으로 새로운 도약의 기회를 만들어야 한다.

◎ 이재명 정부, 내수 경기 부양이 최우선 과제다

이재명 대통령이 4일 서울 여의도 국회에서 열린 제21대 대통령 취임선서식에서 연설을 하고 있다. [사진=유대길 기자]

한국 경제가 중대한 갈림길에 서 있다. 무역의존도 75%로 세계 2위인 한국 경제는 세계 경기 둔화와 글로벌 공급망 재편, 미·중 갈등 등의 여파로 외부 요인에 과도하게 흔들리고 있다. 이에 따라 이재명 정부의 핵심 과제는 '내수 경기 회복'이 돼야 한다. 탄탄한 내수 기반 없이 외풍에 견디기는 어렵기 때문이다.

첫째, 금리 인하를 통한 소비 진작이 시급하다. 기준금리 2.75%를 2%로 낮추고 투자활성화를 추진해야 한다. 고금리는 소비자들의 소비 여력을 갉아먹고 기업의 투자 의욕을 꺾는다. 한국은행이 물가를 잡기 위해 금리를 인상해온 것은 이해할 수 있으나, 이제는 물가보다 성장 둔화의 위험이 더 크다.

특히 중산층 이하 가계는 대출 부담으로 인해 소비를 줄이고 있고, 이는 다시 자영업 침체로 이어지는 악순환을 낳고 있다. 이재명 정부는 통화 당국과 긴밀히 협력해 금리 정상화, 나아가 금리 인하를 통해 소비 심리를 회복시켜야 한다.

둘째, 자영업에 대한 실질적인 지원이 절실하다. 자영업은 전체 고용의 20% 이상을 차지할 정도로 중요하지만, 코로나19 팬데믹과 경기 침체, 임대료 부담, 인건비 상승 등으로 벼랑 끝에 몰려 있다. 단순한 대출 만기 연장이나 이자 유예로는 근본적인 회복이 어렵다. 이재명 정부는 자영업자의 디지털 전환을 지원하고, 세금 감면과 사회보험료 부담 경감 같은 구조적인 정책을 병행해야 한다. 특히 자영업 생태계를 재정비하는 장기 전략이 필요하다.

셋째, 대규모 건설 투자 확대가 내수 회복의 촉매제가 될 수 있다. 건설업은 단일 산업에서 고용 유발 효과가 가장 크다. 건설업은 주거 인프라, 도시 재생 등은 국민 삶의 질 향상에도 직결되는 만큼, 국토 균형 발전과 함께 계획된 투자 확대가 바람직하다.

건설업은 10억원 매출이 발생하면 12명 정도 일자리를 만들어낸다. 그 어떤 업종보다 양질의 일자리를 만들어 낸다. 일반 제조업은 10억원 매출 시 5명 정도 밖에 고용하지 못 한다. 건설업은 노동으로 생계를 이어 가는 저소득층에게 가장 큰 기여를 한다.

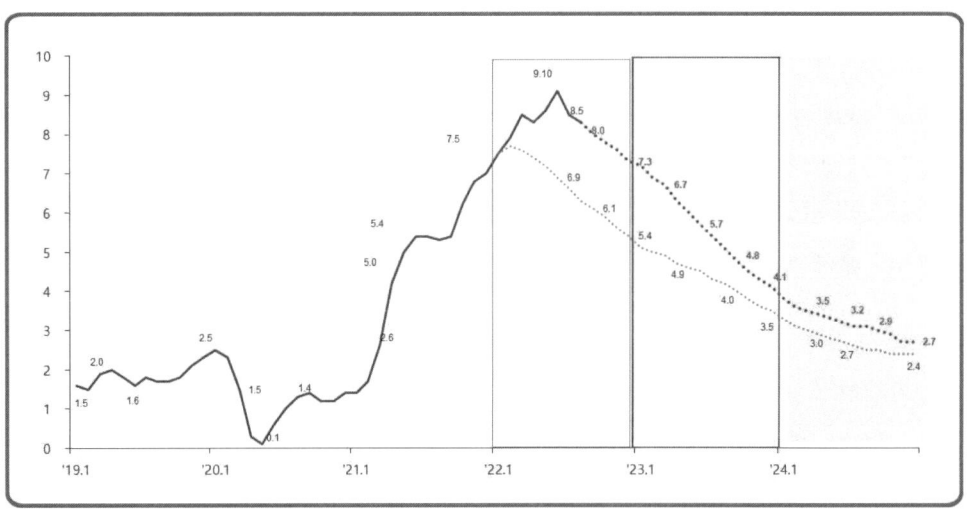

건설업은 기술을 가진 숙련공과 비숙련공까지 일자리를 만들어 줌으로서 서민 경제를 활성화시킨다. 내수 경제 회복에 가장 크게 기여 하는 것이 바로 건설업이다.

IMF **세계 경제성장률** 전망

단위 : %

	2024년		2025년	
전망시점	'23.10.10	'24.1.30	'23.10.10	'24.1.30
세계	2.9	3.1	3.2	3.2
선진국	1.4	1.5	1.8	1.8
신흥국·개도국	4.0	4.1	4.1	4.2
미국	1.5	2.1	1.8	1.7
유로존	1.2	0.9	1.8	1.7
한국	2.2	2.3	2.3	2.3
일본	1.0	0.9	0.6	0.8
중국	4.2	4.6	4.1	4.1
인도	6.3	6.5	6.3	6.5
러시아	1.1	2.6	1.0	1.1

자료: 국제통화기금(IMF)

ⓒ연합뉴스

원형민. 김민지 기자 20240130

과거와 같은 단기 부양책이 아닌, 지역별 수요를 반영한 정교한 계획과 함께 환경적 지속가능성을 고려한 스마트 건설 프로젝트로 방향을 전환해야 한다.

지금 한국 경제는 외부 충격에 과도하게 의존하는 취약 구조에서 벗어나기 위한 전환점을 맞고 있다. 이재명 정부는 내수 중심의 균형 잡힌 경제 체질을 만들기 위해 적극적인 정책 전환에 나서야 한다. 국민의 삶을 지키고 경제의 미래를 준비하는 길은 내수 회복에서 출발한다.

◎ 2026년 한국 주식시장 전망, 4000돌파 할 것.

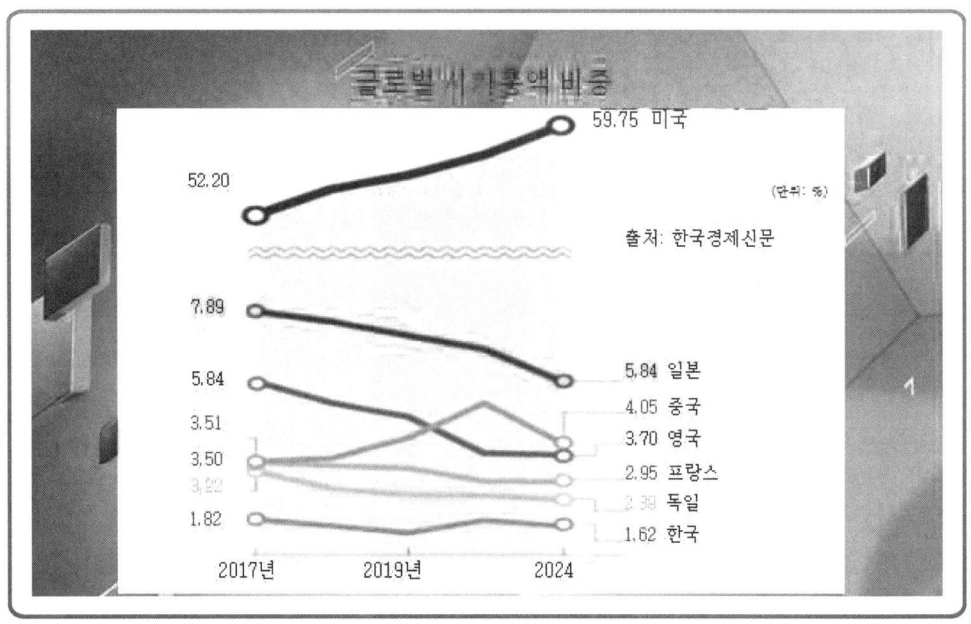

2026년 한국 주식시장은 밝다. 전 고점 3300에 이를 것이다.

그러나 미국90%, 한국 10%를 투자하는 것이 가장 좋다.

대한민국은 자본시장을 육성하여 선진국이 돼야 한다. 한국은 GDP 세계 10위, 제조업 수출액 기준 세계5위다. 그러나 국제금융시장에서 한국 원화가 결제되는 비율은 0.1%로 35위 정도다.

대한민국은 금융시장과 자본시장을 육성해야 강대국이 된다. 서비스업은 가장 많은 일자리를 만들어내는 업종이다. 10억 원 매출이 일어나면 약 15명 정도 일자리도 만들어낸다. 한국은 제조업 중심으로 육성했기에 금융시장이 약하다.

그러나 이제는 금융과 자본시장 인재를 육성하고, 코리아 디스카운트를 해소해야 한다. 한국 자본시장도 세계 5위로 키워야 한다.

미국이 가장 강한 것이 금융과 자본시장이다. 글로벌 시가총액 비중을 보면 미국60%, 일본 5%, 중국4%, 영국3%, 한국 1.5%다.

전 세계 모든 우량한 기업이 미국에 상장한다. 대한민국 쿠팡은 미국에 상장했다. 미국 자본시장은 차등의결권을 부여한다. 창업자에게는 보통주 10배 의결권을 부여함으로써 경영권을 보호해준다.

한국은 차등의결권이 없고, 창업자 보호 방법이 없다. 이런 이유로 쿠팡에 이어 야놀자도 미국 나스닥 상장을 준비하고 있다. 대한민국도 차등의결권을 도입하고 미국 자본시장과 세계표준을 따라야 한다. 한국 자본시장을 육성하는 방법을 제언한다.

주식투자 십계명

1. 미국, 한국: 시가총액 1위 기업만 매수하라.
2. 시가총액 비중,미국 60%, 한국 1.6%(투자, 미국95%:한국5%)
3. 각 업종1등 종목만 매수하라. 시총10위 이내.
4. 우량기업은 손절매 주의. (개인 -15% 손절매 기준)
5. 우량주 장기투자 하자. (10년 이상 투자, 60세 노후자금)
6. 대출받아서 투자해도 좋다. (이자와 원금 능력 이내)
7. 코로나,9.11, 외부적인 요인 : 주가 -50~90%까지 하락. 인내하라.
8. 작전종목, 정치관련, 종목은 절대 금지.
9. 한국 주식: 외국인 30%이상 기업만 투자하라.
10. 매년 20개 기업 부도, 상장기업 2500개중 매년 1% 부도.

◎ 금투세는 폐지.

첫째 금융투자 소득세를 폐지해야 한다. 금투세는 5천만원 이상 차액이 발생하면 22% 세금을 납부하는 것이다. 대한민국은 전 세계에서 주식과 관련된 세금이 가장 많다. 증권거래세, 배당세, 양도세, 소득세 등을 이미 부여하고 있다. 국가예산 600조원에서 증권거래세 수입은 6조원 정도다.

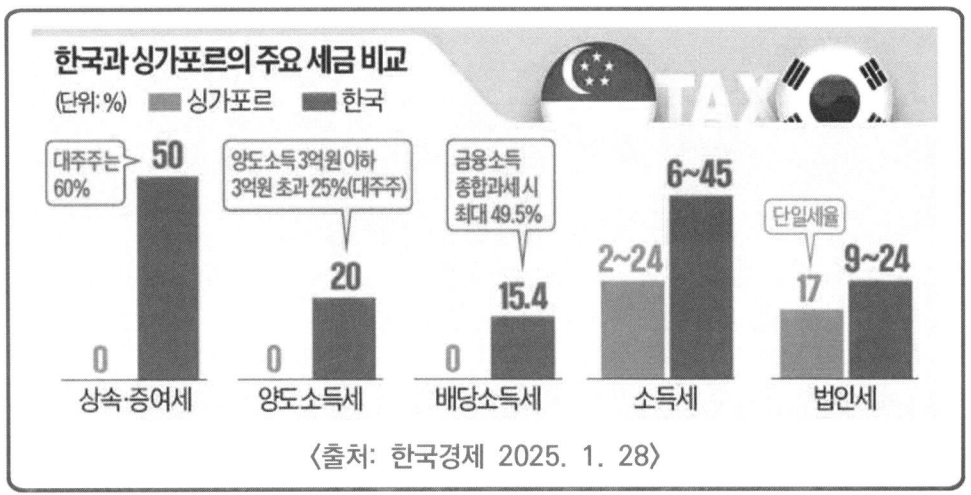

〈출처: 한국경제 2025. 1. 28〉

2026년부터 금투세를 추가로 부여한다면 한국 자본시장은 크게 위축 될 것이다. 약 30% 이상 주가가 하락 할 것으로 예상된다. 금투세는 외국인과 기관에는 적용되지 않는다. 오직 한국인에게만 부가되는 불합리한 조세다.

2025년 8월 증권거래세는 0.18%수준이고, 2026년에는 0.15%로 낮아진다.

한국의 경쟁국 싱가포르는 증권거래세만 받고, 양도세, 배당세 등 주식관련 세금이 하나도 없다. 대만은 과거 금투세를 부여하려 했지만, 주가가 40% 이상 폭락하여 금투세를 폐지했다. 중국, 대만, 홍콩, 싱가포르 등 모두 금투세가 없다.

둘째 공매도는 정부 방침대로 완벽한 잔고시스템을 구축 한 이후 시행돼야 한다. 2025년 8월 금감원장이 공매도 일부 재개를 얘기한 바 있다. 정부정책은 일관성과 예측가능성이 있어야 한다. 대한민국에서 외국인의 불법공매도가 반복되고 있다.

2025년 8월 적발된 것은 9개 투자 은행에서 2100억 원 정도 불법 공매도이다.

불법 공매도는 빌린 주식 잔고가 없는 상태에서 공매도를 한 것이다. 2025년 8월 공매도 비중을 보면 외국인80%, 기관18%, 개인1% 정도다.

외국인과 기관들이 정보와 자금력을 압도하면서 기울어진 운동장이다.

2025년 8월 공매도 잔고시스템을 완비해야 하는 증권사는 약 80개 정도다.

주식 대차 잔고시스템을 갖추는 데는 약 1년 정도 걸린다. 정부와 기업은 완전한 공매도 잔고시스템을 갖춘 이후에 공매도를 재개해야 한다. 금감원장의 공매도 일부 재개는 대통령실과 의견이 다르기에 일관된 정책실행이 필요하다.

셋째 정부와 기업은 주가조작 등 불공정행위를 엄하게 처벌해야 한다. 2021년 기준으로 한국에서 약 100여건 주가조작이 발생했다. 주가조작이 적발이 되더라도 실제로 재판을 받는 비율은 10%정도다. 주가조작을 하면 평균 46억 원 정도 이익이 발생했다.

한국은 불공정행위가 적발돼도 처벌이 약하기 때문에 반복하여 발생한다. 정부와 기업은 주가조작과 불법공매도 등 주식불공정 행위에 대하여 엄하게 처벌해야 한다. 민사와 형사재판을 모두 집행하여 불공정거래를 뿌리 뽑아야 한다.

주요국 증권거래세·주식 양도소득세 부과 현황

	증권거래세	주식양도소득세
한국	○	○
미국	×	○
일본	×	○
독일	×	○
영국	△ 인지세	○
프랑스	○	○
홍콩	○	×

자료: 한국조세재정연구원·한국경제연구원　　　The JoongAng

한국 자본시장을 육성하기 위해서는 주식과 관련된 세금을 모두 없애고, 기업하기 좋은 환경을 만들어야 한다. 2023년 기준으로 외국인직접투자 유출액이 유입액의 4배다. 대학생 청년 취업률은 45%다. 정부와 국회는 기업하기 좋은 환경을 만들어 외국기업을 유치해야 한다.

대한민국은 법인세26%, 소득세45%, 상속세60%로 세계 최고 수준이다. 아일랜드는 법인세를 12%로 낮추고 유럽에서 가장 부자가 됐다. 정부와 기업은 자본시장을 육성하기 위하여 법인세를 낮추면서, 금투세를 폐지해야 한다. 기업이 배당을 많이 하게 되면 미래에 대한 투자가 감소하여 주가는 하락하게 된다. 기업에 자율성을 주고 투자하기 좋은 환경을 만들어야 한다.

정부와 기업은 자본시장을 육성하여 대한민국을 선진국으로 만들어야 한다.

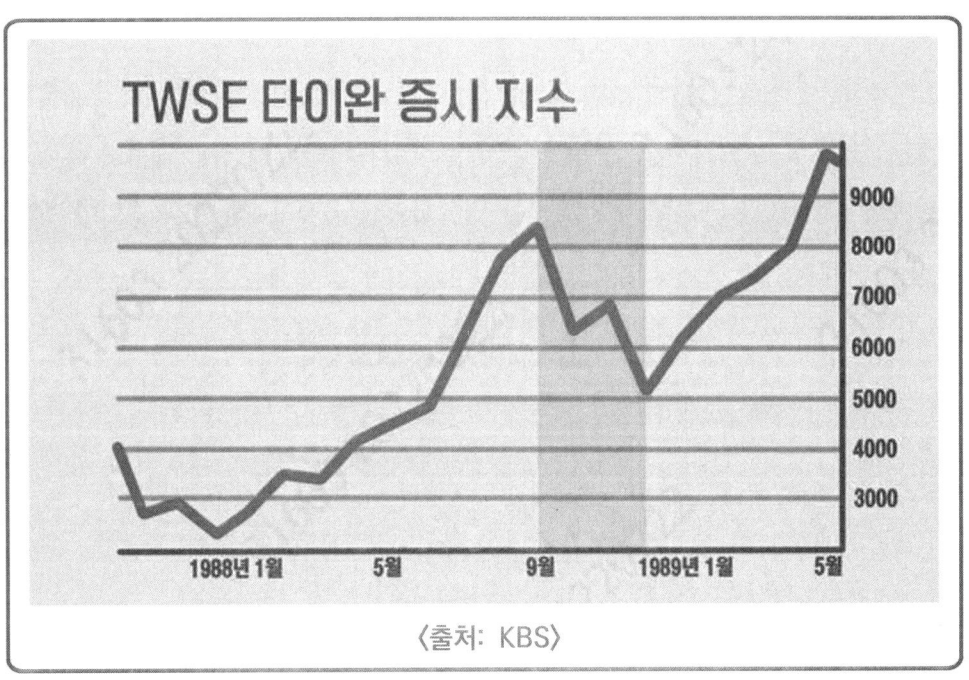

〈출처: KBS〉

226

◎ 주식투자 3대 원칙

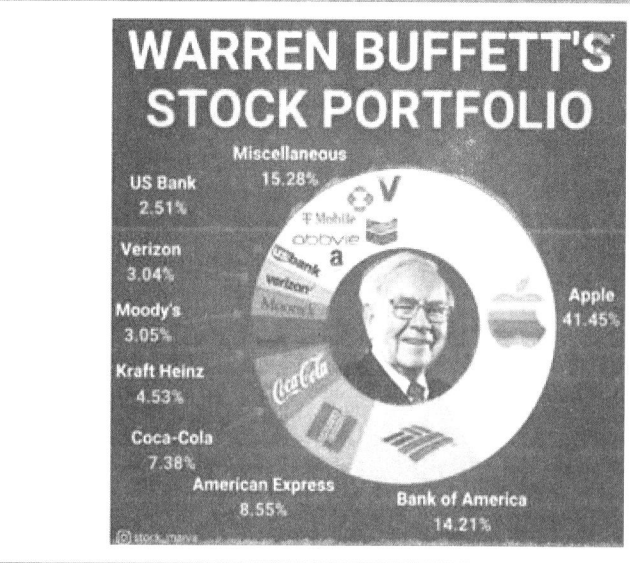

올바른 주식 투자의 방법을 생각해야 한다. 투자의 3대 원칙은 수익성, 안정성, 환금성이다. 2025년 8월 에 2차 전지 주식 열풍이 불면서 국내 전체 주식거래액의 20%가 2차 전지 종목이다.

에코프로, 포스코 등 이차전지 관련주가 최고 17배까지 상승했다.

주식투자하는 모든 사람들이 이차전지 주식에 큰 관심을 가지고 있다.

포모(FOMO: Fear of missing out) 증후군까지 불러왔다. 내가 그 주식을 가지지 못함으로 인해 두려움이 극대화되는 것을 말한다. 그러나 주식 투자는 절대로 내가 가지지 못한 것을 두려워해서는 안 된다. 수년전 가상화폐투자와 MZ세대들이 대출로 무리하게 집을 구매한 것도 같은 이유였다. 그러나 유행을 따라간 위 투자들은 모두 큰 후유증을 남기며 젊은 사람들은 힘들게 했다. 절대로 유행을 따라서는 안된다. 원칙을 지키며 우량주를 투자해야 한다.

주가는 실적이 뒷바침 되지 않으면, 주가는 원래자리로 돌아간다.

이차전지 이후 초전도체도 큰 이슈다. 진실이 뭔지 매우 어려운 내용이다. 초전도체와 관련된 기업 주가가 급등락을 하고 있다.

이와 같이 2차 전지와 초전도체 등 유행을 따라가는 주식은 냉정히 봐야한다.

에코프로는 시가총액이 32조 원을 넘었다. 관련기업을 모두 합하면 한국 현대자동차를 능가하는 수준이다.

PER은 한주가 벌어들이는 순이익의 몇 배인가를 평가하는 지표다. 미국의 테슬라 주가수익배율(PER)이 20정도다. 그러나 에코프로의 주가수익배율 PER는 870이다. 삼성전자 PER가 10 정도다. 한국 제조업 평균 PER이 약 10배 정도임에 비하여 2차 전지주가 고평가 됐음을 알 수 있다.

일각에서는 PEG 지수로는 적적한 가격이라는 평가도 있다. PEG 지수는 주당순이익이 급속하게 오르는 성장주를 반영하여 평가해야 한다고 주장한다.

피터린치가 주장한 것으로 2차 전지 성장 속도가 매우 빠르기에 이를 반영하면 적정주가라는 것이다.

한국 네이버와 카카오가 주가수익배율이 17~40이다. 주식 투자는 노후생활에 대비하여 투자하는 것이다. 따라서 급등락하는 주식에 소중한 자금을 투자하는 것은 바람직하지 않다.

자기 월급 25%를 시가총액 1등만 투자를 해서 1조를 모았다는 기사가 있다.

대한민국은 2,500개 상장기업 중 매년 20개 정도가 부도가 난다.

2차 전지 주식 같이 급등락을 하는 종목은 노후생활을 위한 장기투자에 바람직하지 않다.

2차 전지 주식에 투자 하고 싶은 분들에게 투자금의 10% 정도만 투자하라고 권한다.

전기자동차 배터리의 최종 구매자인 테슬라의 성장성이 중요하다.

최종적으로 이차전지는 테슬라와 같은 완성차가 구매를 해 주어야 한다.

경영학에서 주가의 정의는 "미래의 현금 흐름을 2025년 10월 가치화 한 것 + 투자심리"다.

6개월 또는 1년 뒤에 에코프로를 포함한 2차 전지 실적이 2025년 8월 주가만큼 나오지 않는다면 주가는 실적에 맞는 가격으로 수렴하게 된다.

대한민국은 제조업 기준 세계5위다. 자동차 배터리 분야는 세계 1위다. LG엔솔, SK, 삼성 SDI 등 이차전지 분야 최고 선두기업이다.

2025년 8월 전기자동차는 전세계 자동차 시장 5% 정도를 차지하고 있다. 매년 평균 성장율은 35% 정도다. 2차 전지 주가는 전기자동차 판매와 연동된다.

2차 전지를 만드는 소재 기업 주가만 무한정 오를 수 없다. 최종적인 전기자동차 판매 기업의 수요가 있어야 한다. 전기자동차는 매년 35% 정도 성장한다.

2025년 8월 과열된 이차 전지 주식을 냉정히 보아야 한다. 공매도는 과열된 주가를 식히는 역할을 한다. 주가가 과열됐을 때는 공매도는 주가를 내리게 한다.

주식 투자자들이 평정심을 가지고 지켜봐야 할 때다. 대출금과 이자를 감당할 수 없는 과도한 투자는 바람직하지 않다.

가상화폐 투자 열풍처럼 과도한 투자를 해서는 안된다.

워렌버핏은 전기자동차 주식을 한주도 가지고 있지 않다. 그의 자산 50%는 애플이다. 전세계 시가총액 1위가 애플이다.

전 세계 글로벌 시가총액 비중을 보면 미국60%, 한국1.6%다.

적정한 주식투자 비율은 미국90%, 한국10%다.

미국 애플과 삼성전자를 위 비율대로 투자하는 것이 가장 좋은 투자다.

절대로 테마와 이슈에 휘둘리지 않아야 한다.

세계 1등 주식을 매월 투자하는 것이 가장 좋은 투자 방법이다.

◎ 싱가포르처럼 자본시장 세금을 모두 없애자

한국이 금융투자소득세를 없애기로 했다. 정부와 기업은 주식관련 세금을 모두 없애는 것도 좋다. 자본시장 육성을 위한 주식관련 세금폐지나 규제완화를 환영한다.

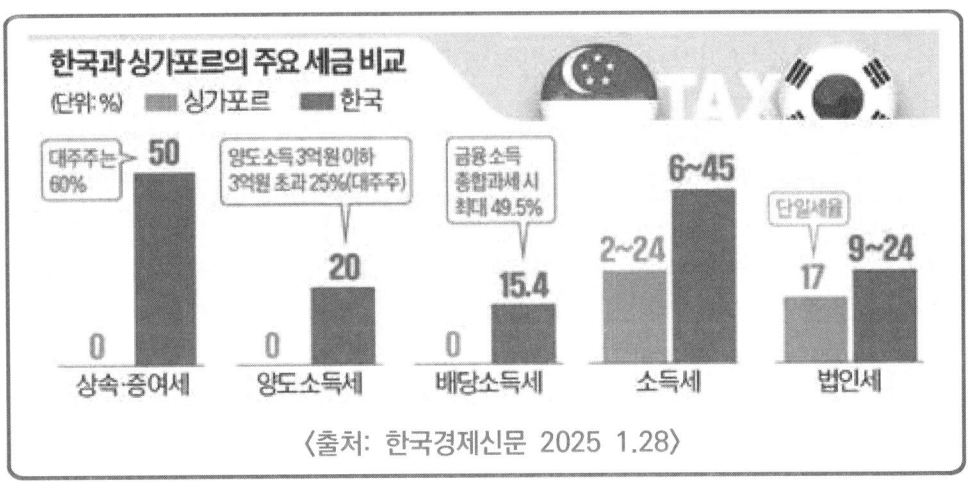

〈출처: 한국경제신문 2025 1.28〉

싱가포르는 주식 관련 세금이 하나도 없다. 싱가포르는 배당세, 소득세 등 세금이 하나도 없으며, 오직 거래세 0.20%받고 있다.

싱가포르는 약 700개 기업이 상장돼 있다. 싱가포르는 법인세를 17%로 낮추고, 홍콩에서 이탈하는 아시아 금융본부 80%를 유치했다.

싱가포르는 아시아 금융본부 대부분을 유치하면서, 아시아에서 가장 부자나라가 됐다. 싱가포르는 24시간 환전이 가능하고, 모건스탠리 선진국 지수에도 편입돼 있다.

한국 한국이 주식관련 세금을 낮추는 것은 매우 바람직한 방향이다. 대한민국은 금융시장과 자본시장을 육성해야 한다.

미국과 영국 등 선진국은 금융서비스가 국가 경제발전에 기여하는 비중이 매우 높다. 대한민국은 제조업 중심 국가이지만, 향후는 금융시장과 주식시장을 육성해야 한다.

일반제조업이 10억 원 매출에 4명 정도의 일자리를 만들지만, 금융업은 9.2명을 일자리를 만든다. 한국이 금융을 육성하고 성장시킨다면 일자리는 더욱 증가한다.

2015년 정부와 기업은 동북아시아 금융허브를 육성하겠다고 선언했다. 그러나 한국 국제금융 경쟁력은 2025년 서울이 11위, 부산이 36위 정도다.

한국이 금융경쟁력을 올리려면 한국 외환보유고를 2025년 8월 보다 두 배 정도 더 쌓고, 24 시간 환전이 가능해야 한다.

한국 주식시장 코스피가 모건스탠리 선진국 지수 편입되려면, 외환시장 환전이 필수다.

코리아 디스카운트로 불리는 것은 한국 자본시장의 여러 문제점 때문이다. 투명하지 못한 회계, 지정학적 리스크 등 많은 단점이 있다.

그러나 우리는 단점을 장점으로 승화해야 한다. 유럽의 중심지이며, 2차 세계대전 당시 치열한 전쟁 지역인 벨기에 2025년 8월 EU본부가 있다.

한국도 전 세계 각축장이기에 역설적으로 안전지대로 만들어야 한다. 우리나라는 기업하기 좋은 환경을 만들고, 해외와 국내 많은 기업을 상장시켜야 한다. 해외기업 유치는 전쟁 억지력에 큰 도움이 된다.

한국은 코스피 2000개, 코스닥 1700개, 총 3700개 기업이 상장돼 있다. 그러나 매년 20개 기업이 부도가 난다.

2025년 8월 3년간 주가조작이 약 100여건 발생했다. 주가조작을 하면, 한 회당 50억 원 정도를 남긴다. 그러나 주가조작이 적발돼도 징역형은 10% 정도다. 한국 주식시장을 발전시키기 위해서는 주가조작에 대하여 엄벌에 처해야 한다.

정부와 기업은 기업하기 좋은 환경을 만들고, 자본시장을 육성하는 특단의 대책을 강구해야 한다.

싱가포르처럼 주식 관련 세금을 모두 없애고, 한국을 아시아 금융허브로 성장시켜야 한다.

◉ 2026년 한국 주식시장 전망

Ⅰ. 요약

한국은 자본시장 육성을 위하여 불공정거래를 엄벌에 처하고, 건전한 주식시장을 만들어야 한다. 정부와 기업은 법인세 인하 등 기업하기 좋은 환경을 만들어야 한다. 우리나라는 제조업 세계 5위, GDP 세계9위다. 그러나 국제금융에서 원화가 결제되는 순위는 세계 30위권이다. 시가총액 비중으로 본다면 미국60%, 일본6%, 중국5%, 한국 1.6%다. 한국은 자본시장을 육성하여 선진국으로 발돋움해야 한다.

2022년 주가조작이 105건 적발됐고, 평균 부당이득금은 46억 원이다. 검찰 불기소율은 55%, 기소 후 40%가 집행유예로 풀려났다. 주가조작에 대하여 솜방이 처벌이 이어지면서 주가조작이 반복되어 일어난다.

지난 6월 검찰총장이 증권거래소를 방문하여 주가조작 세력에게 패가망신 수준의 처벌을 하겠다고 밝혔다. 한국은 건전한 자본시장 발전을 위하여 주가조작에 대하여 미국 수준의 엄한 처벌이 필요하다. 미국의 메이도프는 징역 150년을 선고받고 옥사했다.

법인세를 보면 싱가포르 17%, 미국과 OECD 평균 21%, 한국26%다. 한국이 싱가포르보다 높은 법인세를 유지하면서 아시아 금융허브가 될 수 없다.

서울을 금융특구로 지정해 해외금융 기관과 기업을 유치해야 한다.

한국은 법인세를 OECD 평균 21% 이하로 낮추고, 기업하기 좋은 환경을 만들어야 한다. 싱가포르는 자본이득세, 배당세, 소득세 등 주식관련 세금이 하나도 없다. 한국이 MSCI(모건스탠리 선진국 지수)에 편입되기 위해서는 외환보유고를 더욱 확대하여, 24시간 외환거래가 가능하게 하자.

II. 서론

한국과 일본 경제교역이 정상화되고 있다. 미국은 한국, 일본, 대만을 묶어서 반도체 동맹을 맺었다. 미국과 중국의 패권전쟁이 시작되면서, 미국 중심으로 자유시장 경제체제를 확고하게 만들기 위함이다. 한국은 일본과 교역이 정상화되면서 금융거래도 확대되고 있다.

2023년 6월 29일 한국 재무부 장관이 일본 재무부 장관을 7년 만에 만나 한일통화스와프 100억 달러가 체결됐다. 한일통화스와프는 한국이 2008년 국제금융 위기를 극복하는데 큰 역할을 했다.

한국은 1997년 IMF 위기를 맞았고, 2008년 환율이 1600원 까지 오르면서 제2의 금융위기 위기에 직면했다. 그러나 이명박 정부시절 한미통화스와프 600억 달러와 한일통화스와프 700달러가 유지되면서 위기를 벗어날 수 있었다.

한국은 언제든지 외환위기를 겪을 수 있을 정도로 국제금융 시장이 취약하다. 가장 큰 이유는 한국이 충분한 외환보유고를 비축하지 않았기 때문이다.

2023년 한국 GDP대비 외환보유고는 23%로 매우 낮다. 대만은 1997년 IMF외환위기를 전혀 격지 않았다. 그 이유는 GDP 대비 외환보유고를 90%까지 충분히 확보했기 때문이다.

스위스, 홍콩, 싱가포르 등은 GDP 대비 100%가 넘는 외환보유고를 비축하면서 금융시장을 세계적 수준으로 유지하고 있다. 한국이 모건스탠리 선진국지수에 편입 되지 못하는 이유도 외환시장을 24시간 운영 하지 못하기 때문이다.

한국이 MSCI 선진국 지수에 편입되기 위해서는 외환시장을 24시간 개방해야 한다. 한국 주식시장이 Korea 디스카운트를 벗어나는 길은 세계금융시장에서 원화가 24시간 거래돼야 한다. 2025년 한국 원화가 국제금융에서 결제되는 비중이 0.1%로 매우 낮다. 그 이유는 한국이 제조업 중심으로 경제를 운영했기 때문이다. 이제는 한국이 금융과 자본시장을 육성하여 선진국이 돼야 한다.

자본시장은 주식, 채권, 선물 등 장기투자를 위한 것이다. 따라서 정부와 기업은 한국 자본시장 육성을 위해 먼저 기업하기 좋은 환경을 만들어야 한다. 정부와 기업은 한국 국제금융 경쟁력을 올려야 한다. 서울을 국제금융 중심 도시로 육성해야 한다.

핀테크 기업 본사 90%, 일반기업 본사 70%가 서울에 있다. 오세훈 시장은 서울을 핀테크 육성과 인재양성으로 세계 5위 아시아 금융중심 도시로 만들겠다고 선언했다. 지난 6월 여의도에 120층 이상 고층건물 증축을 허용하면서 금융특구로 개발하겠다고 선언했다.

영국 컨설팅그룹 지엔의 국제금융센터지수(GFCI) 평가에서 한국 순위는 2015년 6위, 2017년 27위, 2025년 서울 10위, 부산37위다.

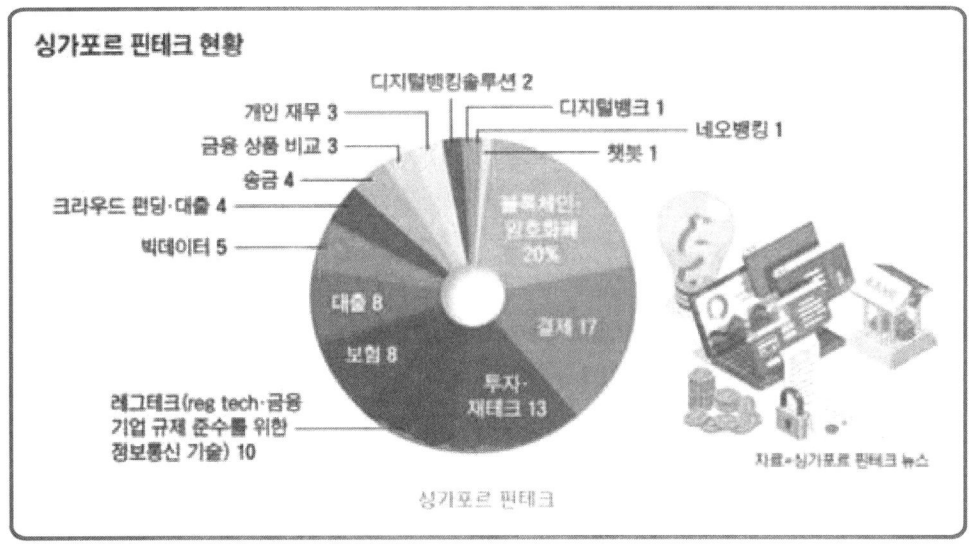

싱가포르 핀테크

우리나라는 수도권에 기업 본사가 집중돼 있다. 금융업은 싱가포르(3위)와 뉴욕(1위)처럼 한 도시 집중해야 효율성과 경쟁력을 높일 수 있다.

싱가포르는 도시국가로서 국제금융 순위가 한국보다 높다. 금융과 주식 관련 세금이 전혀 없고, 법인세가 17%다. 상장된 기업 35%가 해외기업이다. 홍콩에서 철수하는 국제금융 본사를 싱가포르가 유치하여 2025년 8월 아시아 금융본부 70%가 있다.

정부는 싱가포르처럼 주식관련 세금을 모두 없애고, 금융특구에는 17%로 법인세를 낮춰야 한다. 한국을 기업하기 좋은 나라로 만들어야 아시아 금융 중심

국가가 될 수 있다.

글로벌 시가총액 비중에서 미국 60%, 일본 5% 중국4%, 한국 1.6%다.

한국은 주식관련 배당세, 소득세, 양도세가 있고 거래세 0.2%로 싱가포르와 같다. 한국 상장기업 2500개중 외국기업은 1%도 안 된다.

우리나라 26% 법인세도 문제다. 외국인직접투자(FDI)를 유치하기 위해서는 세금 감면이 필수다. 문재인 정부 때 법인세가 22%에서 25%로 올랐다. 지방세 포함하면 27%로'거꾸로 정책'이었다.

세계는 법인세를 낮추면서 기업을 유치하여 일자리를 만드는데 총력을 기울인다. 2025년 국회가 법인세를 26%로 인하했지만, 미국과 OECD 평균 21%, 싱가포르 17%에 비하면 높다.

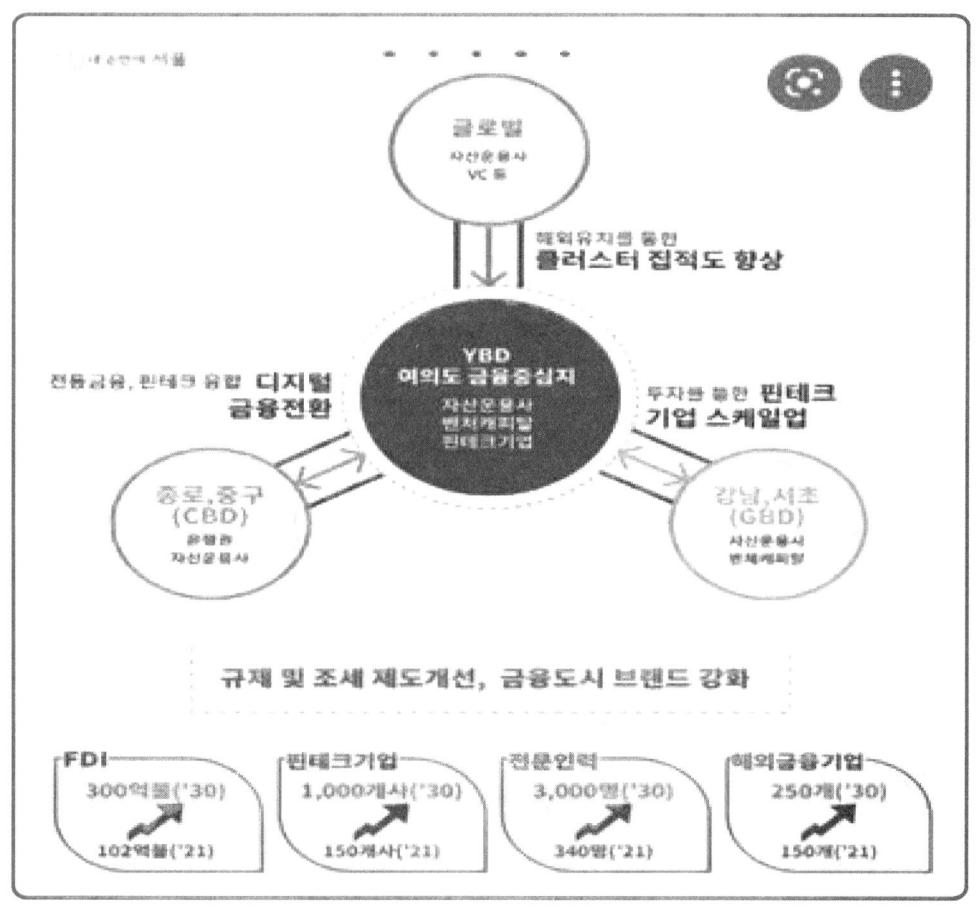

한국이 기업하기 좋은 환경을 만들지 못하여, 2022년 외국인직접투자(FDI) 유출액이 유입액의 4배 정도다. 한국의 삼성, 현대 등은 미국, 베트남으로 공장을 옮기고 있다. 대학생 청년취업율이 45%다.

2003년 노무현 정부 때 추진한 '동북아 금융 허브' 프로젝트는 실패했다. 증권거래소, 증권예탁원 등 금융공기업 지방이전으로 한국 국제금융 경쟁력이 후퇴했다.

노무현 정부의 최초 전략은 '해외 주요 글로벌 금융 기업의 유치'가 핵심이었다. 그러나 지난 20년간 한국이 유치한 사례는 한 건도 없다. 그와 반대로 2017년 미국 골드만삭스, 스위스, UBS, 호주 매쿼리, 시티은행 등이 우리나라를 떠났다.

증권거래소, 캠코 등은 부산, 신용보증기금은 대구, 국민연금은 전주, 사학연금은 나주, 공무원 연금은 제주도로 이전하면서 주요 금융기관이 전국으로 분산됐다.

외국인이 한국 금융담당자를 만나려면 전국을 돌아야 한다. 한국 금융경쟁력이 낮아진 이유다. 경제학의 목표는 공정성과 효율성이다.

한국이 국민연금 개혁을 많은 국민의 반대에도 불구하고 추진하는 것은 그 방향성이 옳기 때문이다. 정부와 기업은 다수 국민의 반대에도 불구하고, 국가 미래를 위한 정책은 추진해야 한다.

한국이 아시아 국제금융 중심도시가 되려면 싱가포르 수준 이상으로 집중화와 함께 기업하기 좋은 나라로 만들어야 한다. 법인세 인하, 주식관련 세금 전면 삭제 등 혁신을 해야, 한국이 아시아 금융 중심국가가 될 수 있다. 한국금융시장 현황을 알아보고 자본시장 육성방안을 제시하고자 한다.

Ⅲ. 금융시장 현황

한국이 해야 할 가장 중요한 경제정책은 한국에 외환위기가 오지 않도록 철저히 대비하는 것이다. 정부와 기업은 2025년 8월 외환보유고를 두 배로 확대하고, 현금 비중을 30%로 늘려야 한다.

국제결제은행(BIS)이 권고하는 한국 적정외환보유고는 9,300억 달러다. 우리나라 외환보유고는 2025년 6월말 기준 4,200억 달러다. 2025년 8월 보다 두 배 증액해야 한다. 한국은 15개월 연속 경상수지 적자 지속, 우크라이나 전쟁, 중국경제 재개, 미국의 기준금리 5.75%까지 인상, 아르헨티나 등 신흥국 부도 등 경제위기를 잘 극복해야 한다.

정부와 기업은 금융위기에 대비하는 것과 국제금융 경쟁력을 올리는 것이 시급한 업무다. 한국이 해야 할 중요한 업무는 미국 기준금리 인상으로 인한 금융위기에 대비해야 한다.

미국은 2023년 12월까지 기준금리를 5.75%까지 올리고, 물가를 2%로 낮춘다. 정부와 기업은 우크라이나 전쟁으로 인한 유가 70% 폭등과 물가인상, 중국 경제 불황, 미국 6조 달러 환수 등 국제금융위기에 대비해야 한다.

〈주요국 외환보유액과 GDP 비중〉

주요국(외환보유액/ GDP) 비중 .(2025.7월) 한국은행, 통계청

국가명	GDP(억달러)	외환보유액 (억달러)	외환보유액 /GDP 비중
스위스	8,129	9,173	113%
홍콩	3,681	4,215	115%
대만	7,749	5,776	75%
사우디	8,335	4,343	52%
러시아	17,758	6,208	35%
한국	18,102	4,092	23%
인도	31,734	6,306	20%
브라질	16,090	3,397	21%

※출처: 김대종"한국 외환보유고 연구", 한국은행, IMF

2025년 8월 기준 GDP 대비 외환보유고 비중을 보면 한국은 23%로 낮은 수준이다. 스위스 117%, 홍콩 117%, 대만70%, 사우디아라비아 55%로 외환위기에 철저하게 대비하고 있다.

스위스의 GDP는 한국의 절반도 안 되지만, 한국보다 두 배 이상의 외환보유액을 가지고 있다. 1997년 아시아 외환위기 때 대만은 외환위기를 전혀 겪지 않았다. 대만은 충분한 외환보유고로 비축했기 때문이다.

2023년 6월 한일통화스와프 100억 달러가 체결됐다. 한국 국제금융안정에 크게 기여할 것이다. 국방과 마찬가지로 외환시장에서도 우리가 자력으로 경제를 지켜야 한다. 한국이 제조업은 육성했지만, 경제의 혈액과 같은 금융은 육성하지 않았다.

1997년에는 환율이 2,000원까지 오르면서 한국은 외환위기를 겪었다. 2008년 금융위기 때도 환율이 1,600원까지 올랐다. 외환위기를 방어할 두 개의 방어막 한미, 한일통화스와프재개는 필요하다.

환율이 오르는 것이 국제금융 위기의 가장 좋은 지표다. 2025년 7월 환율은 1,400원까지 상승했다.

2025년 스리랑카, 파키스탄, 아르헨티나 등 많은 나라가 이미 외환위기를 겪고 있다. 터키는 환율이 두 배 오르고, 기준금리는 15%다. 아르헨티나는 12번째 외환위기를 맞아 IMF 구제금융을 받고 있다.

2025년 8월 미국은 기준금리를 5.25%까지 올리면서 전 세계에 풀린 6조 달러를 환수중이다. 한국을 비롯한 신흥국들은 2008년과 같은 국제금융위기를 겪지 않으려면 철저하게 대비해야 한다.

2026년 한국의 금융시장의 문제점과 대안은 다음과 같다.

첫째 한국 환율이 1400원에 육박하면서 외환시장이 불안하다. 2025년 단기외채비율은 34%로 2015년 이후 가장 높은 수준이다. 1997년 한국의 외환위기도 단기외채 비율이 올라가면서 일본계 자금 유출이 시발점이었다.

2025년 달러 부족 국가는 아르헨티나, 이란, 터키, 러시아, 인도, 인도네시아, 브라질, 한국, 그리고 남아공 등이다.

둘째 국제금융시장의 불확실성이 증가하고 있다. 미국은 2025년 기준금리 5.5% 인상으로 6조 달러가 미국으로 회귀중이다. 전 세계 달러 부족, 한미 통화스와프 거부, 한국 세계2위 무역의존도 75%, 신흥국 국가부도, 15개월 무역수지 적자 등으로 안심해서는 안된다.

세째 한국은행 외환보유고 현금 부족이다. 한국은행 외화자산 구성을 보면 국채 36%, 정부기관채 21%, 회사채 14%, 자산유동화채권(MBS) 13%, 주식 7.7%, 현금 3%다. 한국은행은 위험성이 높은 정부기관채는 매도하고 현금과 국채중심으로 운용해야 한다.

한국은행은 외환보유고 21%를 미국 국채 대신에 위험성이 높은 정부기관채에 투자하고 있다. 위 정부기관채는 페니메이와 프레디맥이라는 모기지 기업이다. 한국의 LH공사와 비슷하다.

2008년 위 두 기업은 미국에서 청산후보 대상이었다. 한국은 미국 정부기관채 투자를 국채로 전환해야 한다. 2008 금융위기를 기점으로 중국은 미국채권을 국채중심으로 전환했다.

한국은행은 외환보유고 현금 비중을 3%에서 10%로 늘려야 한다. 투자 3대 원리는 안전성, 수익성, 환금성이다.

⟨적정 외환보유고 이론 네가지⟩			
발표기관	내용	적정 외환보유액	발표 시기
IMF	3개월 경상지급액	1,500억 달러	1959
IMF 신 제안	유동외채 30%+ 외국인주식자금 15%+ M2 5% + 상품수출 5% (100~150%)	6,810억 달러	2013
기도티, 그린스펀	3개월 경상지급액+ 유동외채	4,500억 달러	1999
BIS (국제결제은행)	3개월 경상지급액+ 유동외채+ 외국인주식투자액 1/3 + 거주자 외화예금+ 현지 금융잔액	9,300억 달러	2004

적정외환보유고에 대한 이론은 네 개다.

첫째 IMF는 적정 외환보유액을 3개월 경상지급액으로 한다. 한국 1개월 경상지급액은 약 500억 달러로, 3개월은 1,500억 달러다. 아르헨티나는 IMF 권고대로 외환보유고 652억 달러를 비축했지만, 12번째 국가부도를 맞았다. 각

국가는 IMF 권고 이상으로 충분히 외환보유고를 비축해야 한다.

둘째 IMF가 새로 제안한 적정외환보유고는 외국인 주식자금 15% 등을 포함하여 약 6,810억 달러다. 한국은 IMF 제안보다 3,000억 달러가 부족하다.

셋째 1999년 그린스펀(Greenspan)과 기도티(Guidotti)는 〈3개월 경상지급액 + 유동외채(단기외채 100%와 1년 안에 만기가 돌아오는 장기채)〉를 외환보유고로 제시했다.

2025년 한국 단기외채는 약 1,500억 달러이다. 장기채권 가운데 1년 안에 만기가 돌아오는 경우는 알 수 없기에, 통상적으로 단기외채 200%를 유동외채로 본다. 기도티 기준 적정외환보유고는 4,500억 달러이다.

넷째 2004년 국제결제은행(BIS)은 〈3개월 경상지급액 + 유동외채 +외국인 주식투자자금 1/3 + 거주자 외화예금 잔액(1000억 달러) + 현지 금융잔액〉을 제시했다. BIS가 권고하는 한국 적정외환보유고는 9,300억 달러이다.

2025년 8월 우리나라의 외환보유고 4,100억 달러는 BIS 제안보다 5,100억 달러 부족하다. 한국은 높은 자본시장 개방성과 유동성으로 인해 외국인들이 쉽게 유출을 할 수 있다.

2025년 8월 기준 국제 결제 통화 비중은 미국 달러(60%), 유로(26%), 파운드(6%) 위안(3%), 엔(3%)이다. 원화는 0.1%로 아주 낮다.

중국 위안화와 일본 엔화는 국제결제에서 인정되는 기축통화(基軸通貨)이기에 외환위기로부터 안전하다. 한국은 무역의존도 (수출+수입)/GDP 75%로 세계 최고 수준이기에 외환보유고가 아주 중요하다.

2025년 8월 한국 외환보유고 4200억 달러는 IMF와 BIS가 권고하는 수준보다 많이 부족하다. 우리나라는 세계5위 제조업강국이면서, 무역의존도 75%로 세계2위이다. 그러므로 경상수지 흑자가 발생할 때 1조 달러 이상 충분히 비축해야 한다.

국방과 마찬가지로 국제금융시장에서도 우리가 자력으로 경제를 지킬 수 있도록, 제1 방어막인 외환보유고를 1조 달러 이상 비축해야 한다.

〈한국은행 외화자산 구성〉

상품	비중 (단위:%)
정부채	36.9
정부기관채	21.0
회사채	14.8
자산유동화채(MBS)	13.1
주식	7.7
예치금 (현금)	3
계	100.0

자료: 한국은행 연차보고서, 김대종 정리

정부와 한국은행은 1997년 IMF의 위기와 2008년 국제금융위기를 겪고도 외환보유고를 충분히 비축하지 않고 있다. 정부와 기업은 BIS 권고대로 외환보유고를 9,300억 달러로 증액해야 한다.

Ⅳ. 주식시장 육성방안

〈주가와 주요변수 상관관계〉

	전국집값	종합주가	cd금리	서울집값	외환보유액	경기동행	대출총액	물가지수	평균환율	경상수지
전국집값	1.00									
종합주가지수	0.93	1.00								
cd금리	-0.82	-0.78	1.00							
서울집값	0.98	0.91	-0.77	1.00						
외환보유액	0.96	0.96	-0.86	0.92	1.00					
경기동행지수	0.97	0.93	-0.87	0.93	0.98	1.00				
대출총액	0.98	0.91	-0.85	0.96	0.96	0.99	1.00			
물가지수	0.97	0.93	-0.86	0.93	0.98	0.99	0.97	1.00		
평균환율	0.05	-0.17	-0.12	0.05	-0.10	0.03	0.11	0.03	1.00	
경상수지	0.58	0.59	-0.72	0.48	0.66	0.65	0.61	0.65	0.02	1.00

〈자료: 한국은행, 김대종 정리〉

자본시장은 주식시장, 채권시장, 파생금융상품 등으로 구성돼 있다.

한국도 가상화폐 시장을 포함한 4차 산업혁명 신산업을 미국과 일본 수준으로 조성해야 한다.

주식시장은 유가증권시장, 코스닥시장, 프리보드 시장으로 이루어져 있다.

한국에는 2025년 8월 2500여개 기업이 상장돼 있고 시가총액은 약 2000조 원이다. 한국 자본시장 육성을 위하여 불공정거래에 대해서는 엄벌에 처하여 건전한 시장을 만들어야 한다.

주가와 주요변수의 상관관계 분석결과 은행이자율이 가장 중요한 변수다. 은행이자 하락은 주가상승과 부동산 상승으로 이어진다. 부동산은 집 대출금리가 7%보다 높으면 집값은 하락하고, 그 이하면 상승한다. 주식시장도 거의 동일한 수준이다.

2025년 SG주가조작 사건을 포함하여 다수의 불공정사례가 적발됐다. 2022년 주가조작 105건 적발됐고, 평균 부당이득금은 46억 원이다. 검찰의 불기소율은 55%이고, 기소된 것 중 40%가 집행유예로 풀려났다. 주가조작을 하더라고 처벌받는 경우가 매우 적어 주가조작이 반복되어 일어난다.

한국은 건전한 자본시장 발전을 위하여 주가조작, 시세조정, 통정매매 등에 대하여 미국처럼 엄한 처벌이 필요하다. 미국 폰지사기범 메이도프는 징역 150년을 선고받고 옥사했다.

주가조작 사건이 반복되는 이유는 불공정거래로 얻는 이득이 처벌보다 훨씬 크기 때문이다. 2025년 8월 국회는 주가조작으로 얻은 이득의 2배를 배상하게 하는 법안도 발의했다. 시세조정 등 불공정거래에 대하여 미국 수준으로 엄하게 처벌해야만 주가조작을 멈출 수 있다.

한국 코스피는 지난 40년 동안 86% 확률로 상승했다. 한국의 우량한 주식을 장기보유한 경우 대부분 이익이 발생한다. 한국에서는 매년 20여개 기업이 부도가 난다. 따라서 시가총액 상위종목과 외국인 지분 30%이상 있는 종목들이 상대적으로 안전하다.

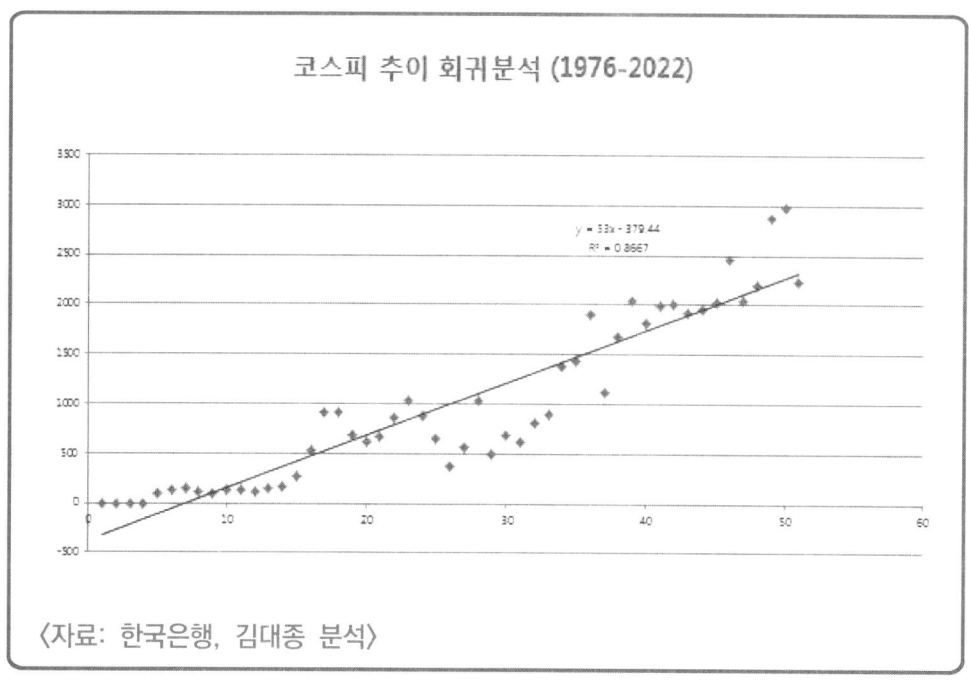

코스피 추이 회귀분석 (1976-2022)

$y = 53x - 379.44$
$R^2 = 0.8667$

〈자료: 한국은행, 김대종 분석〉

2025년 9월 미국 애플은 시가총액 4500조 원으로 한국 전체 시가총액 두 배 정도다. 애플은 2025년 8월 한국에서 결제시장에 뛰어들었다. 이미 5천만 건 정도가 결제됐다. 애플은 국제결제시장에서 비자카드에 이어 세계 2위다.

한국은 금산분리가 철저하게 규제되어 있다. 그러나 애플은 2025년 8월 3억3천만 원까지 예금을 받는다. 애플은 4.5% 높은 이자와 편리성, 안전성 때문에 예금이 크게 증가했다. 미국 시중은행 이자 10배를 지급한다.

한국도 자본시장을 육성하기 위해서는 금산분리 폐지를 검토해야 한다. 애플은 전체 매출 중 30%를 서비스분야에서 일어난다.

미국 GE(제너럴 일렉트로닉)은 오래전부터 소매금융업에 진출했다.

한국도 이제 자본시장 육성을 위해 금산분리 해제를 검토해야 한다. 특히 미국은 금융업종간 장벽이 없다. 증권사, 은행, 보험, 카드 등 금융장벽이 없기 때문에 모든 업무를 할 수 있다.

골드만삭스는 상업은행과 투자은행 역할을 한다. 이자수익이 전체 수익의 40%이하다. 우리나라 은행은 전체수익 90%가 이자다. 오직 예대마진 1.5%로만 생존한다.

한국도 은행, 증권, 보험 등의 장벽을 걷어내야 한다. 금산분리 규정도 해제하여 산업자본과 금융자본이 융·복합이 되도록 해야 한다.

한국의 4차 산업혁명과 핀테크 산업은 정부가 허락한 분야만 사업할 수 있는 파지티브(positive)제도다. 한국 4차 산업혁명은 국회와 정부규제로 어려움을 겪고 있다. 2023년 6월 대법원은 타다 금지법을 무죄 판결했다.

대한민국은 Uber와 에어비엔비가 금지됐다. 호주는 우버가 벌어들인 돈 10%를 택시에 지원하는 것으로 상생을 선택했다. 한국도 핀테크를 포함한 4차 산업혁명 산업을 전격 허용해야 한다.

미국과 일본 수준에서 가상화폐를 정부가 인정해야 한다. 한국에서는 가상화폐 상장이 금지되면서, 싱가포르와 유럽에서 상장하고 있다. 한국 자본시장 육성을 위해서는 가상화폐와 블록체인 등 신산업에 대한 규제를 완화해야 한다.

한국은 스마트폰 보급률, 통신 인프라, 전자정부가 1위다. 4차 산업혁명에서 가장 앞서 가는 대한민국은 모바일 중심으로 자본시장을 육성해야 한다.

미국 Apple이 한국 결제시장에 진출하면서 카카오페이 등 국내기업들은 어려움을 겪고 있다. 또한 쳇GPT를 중심으로 Microsoft, Google 등이 진출하면서 한국의 네이버, 카카오는 검색시장 등에서 어려움을 겪고 있다.

한국 자본시장 육성을 위해서는 모바일 중심으로 육성해야 하고, 정부 규제 완화가 필요하다. 미국은 정부가 원칙적으로 4차 산업혁명 모든 분야에서 사업을 할 수 있다.

오직 국민의 생명과 안전을 해치는 분야에서만 제한한다. 미국은 네거티브 제도를 적용하기에 세계적인 유니콘 기업이 탄생했다.

4차 산업혁명에서 가장 많은 유니콘 기업이 탄생하는 분야가 핀테크다. 2025년 한국 유니콘 기업은 23개다. 한국 모든 증권사와 금융기관들은 모바일 중심으로 혁신해야 한다.

소매업에서 온라인구매는 35%로 향후 65%까지 증가 할 것이다. 모든 증권사와 금융기관들은 영업, 판매, 관리 등 모든 업무를 모바일 중심으로 전환해야 한다.

오세훈시장이 추진 중인 서울 여의도 금융 특구는 싱가포르 수준이 되어야한다. 싱가포르가 아시아 금융본부 70%를 유치한 것처럼, 한국도 세계적인 증권사 등 금융기관을 유치해야 자본시장이 발전 할 수 있다.

채권시장 역시 금융시장 전체에서 50%가까이 차지한다. 국민연금은 1000조 원 중에서 향후 주식 비중을 50%까지 늘릴 예정이다. 채권시장은 가장 안정적이고, 수익이 보장돼 있는 시장이다. 정부와 기업은 채권시장에 발전을 위해서 미국 싱가포르 수준으로 규제 완화를 지속해야 한다.

국민연금은 1000조 원 정도를 운용하고 있지만 캐나다 연금 수익률의 절반에도 못 미친다. 전세계 연금 수익률 1위인 캐나다 연금은 전체 투자금액 중 주식 비중에서 미국85%, 캐나다 본토 기업은 15%다.

전세계 시가총액 비중에서 미국 60%, 한국 1.5%다. 적정한 포트폴리오를 본다면 미국과 한국을 시가총액 대비 적정한 비율로 분산해야 한다. 우리나라 국민연금은 국내 주식시장 70%, 미국30%다.

2022년 한국 직접투자 유출액이 유입액의 4배다. 한국 대학생 청년취업률은 45%다. 한국 기업 유출이 유입보다 크면 한국 자본시장은 어렵다. 한국 법인세를 미국 수준으로 21%로 낮춰야 한다. 한국 자본시장이 성장할 수 있도록 여의도 금융 특구는 17%로 법인세를 낮춰야 한다.

V. 결론

한국 자본시장 육성을 위하여 주가조작 등 불공정거래와 불법공매도 등을 막아야 한다. 2025년 8월 한국의 주식투자 비중은 전체국민 20%정도다.

한국인 전체 자산 70%는 부동산이다. 국민들의 주식투자 비중이 미국수준 70%로 확대돼야 기업투자가 활성화되고, 한국경제가 부흥한다. 불공정거래를 엄단하고, 투명한 시장조성이 필요한 이유다.

국회와 정부, 자본시장 관계자는 시급히 불공정 거래 처벌강화 등 혁신을 조속히 하고, 강력히 추진해야 한다. 시가총액 비중도 미국60%, 한국 1.6%다.

한국 자본시장이 국민신뢰를 회복하여 투자를 유치해야 한다. 한국도 미국 수준으로 투자자가 증가한다면 세계 시가총액 비중 5%까지 성장할 것이다.

2025년 8월 주가조작을 적발해도 가벼운 처벌만 하기에 반복된다. 또한 재범율도 매우 높다. 자본시장 발전을 위하여 주가조작, 시세조정을 미국 수준으로 엄하게 처벌해야 한다.

한국도 자본시장을 육성하여 제조업 순위와 같은 세계 5위로 성장시키자.

정부와 기업은 불공정 거래 엄단, 불법공매도 금지, 외환거래 24시간 허용 등으로 자본시장을 적극 육성해야 한다.

◎ 2026년 주식투자 3대 원칙

2026년 한국주식시장은 미국 기준금리인하로 3,800을 돌파할 것이다. 미국 대통령에 누가 당선되느냐에 따라 큰 변화가 있을 것이다.

그러나 한국 주식시장이 크게 상승하려면 제도와 규정 변화가 필요하다. 기업하기 좋은 나라를 만들면 한국 주식시장은 크게 오른다.

올바른 주식 투자의 방법을 생각해야 한다. 투자의 3대 원칙은 수익성, 안정성, 환금성이다. 2025년 2차 전지 주식 열풍이 불면서 국내 전체 주식거래액의 20%가 2차 전지 종목이다.

에코프로, 포스코 등 이차전지 관련주가 최고 17배까지 상승했다. 주식투자하는 모든 사람들이 이차전지 주식에 큰 관심을 가지고 있다.

포모(FOMO: Fear of missing out) 증후군까지 불러왔다. 내가 그 주식을 가지지 못함으로 인해 두려움이 극대화되는 것을 말한다. 그러나 주식 투자는 절대로 내가 가지지 못한 것을 두려워해서는 안 된다.

수년전 가상화폐투자와 MZ세대들이 대출로 무리하게 집을 구매한 것도 같은 이유였다. 그러나 유행을 따라간 위 투자들은 모두 큰 후유증을 남기며 젊은 사람들은 힘들게 했다. 절대로 유행을 따라서는 안된다. 원칙을 지키며 우량주를 투자해야 한다.

주가는 실적이 뒷받침 되지 않으면, 주가는 원래자리로 돌아간다. 이차전지 이후 초전도체도 큰 이슈다. 초전도체와 관련된 기업 주가가 급등락을 하고 있다.

이와 같이 2차 전지와 초전도체 등 유행을 따라가는 주식을 추격매수하면 안된다.

PER은 한주가 벌어들이는 순이익의 몇 배인가를 평가하는 지표다. 미국의 테슬라 주가수익배율(PER)이 20정도다. 그러나 에코프로의 주가수익배율 PER는 870이다. 삼성전자 PER가 10 정도다. 한국 제조업 평균 PER이 약 10배 정도임에 비하여 2차 전지주가 고평가 됐음을 알 수 있다.

일각에서는 PEG 지수로는 적적한 가격이라는 평가도 있다. PEG 지수는 주당순이익이 급속하게 오르는 성장주를 반영하여 평가해야 한다고 주장한다.

피터린치가 주장한 것으로 2차 전지 성장 속도가 매우 빠르기에 이를 반영하면 적정주가라는 것이다.

한국 네이버와 카카오가 주가수익배율이 17~40이다. 주식 투자는 노후생활에 대비하여 투자하는 것이다. 따라서 급등락하는 주식에 소중한 자금을 투자하는 것은 바람직하지 않다.

자기 월급 25%를 시가총액 1등만 투자를 해서 1조를 모았다는 기사가 있다.

대한민국은 2,000 개 상장기업 중 매년 20개 정도가 부도가 난다.

2차 전지 주식 같이 급등락을 하는 종목은 노후생활을 위한 장기투자에 바람직하지 않다.

2차 전지 주식에 투자 하고 싶은 분들에게 투자금의 10% 정도만 투자하라고 권한다.

전기자동차 배터리의 최종 구매자인 테슬라의 성장성이 중요하다.

최종적으로 이차전지는 테슬라와 같은 완성차가 구매를 해 주어야 한다.

경영학에서 주가의 정의는 "미래의 현금 흐름을 2025년 8월 가치화 한 것 + 투자심리"다.

6개월 또는 1년 뒤에 에코프로를 포함한 2차전지 실적이 2025년 8월의 주가만큼 나오지 않는다면 주가는 실적에 맞는 가격으로 수렴하게 된다.

대한민국은 제조업 기준 세계5위다. 자동차 배터리 분야는 세계 1위다. LG엔솔, SK, 삼성 SDI 등 이차전지 분야 최고 선두기업이다.

2025년 8월 전기자동차는 전세계 자동차 시장 5% 정도를 차지하고 있다. 매년 평균 성장율은 35% 정도다. 2차 전지 주가는 전기자동차 판매와 연동된다.

2차 전지를 만드는 소재 기업 주가만 무한정 오를 수 없다. 최종적인 전기자동차 판매 기업의 수요가 있어야 한다. 전기자동차는 매년 35% 정도 성장한다.

2025년 8월 과열된 이차 전지 주식을 냉정히 보아야 한다. 공매도는 과열된 주가를 식히는 역할을 한다. 주가가 과열됐을 때는 공매도는 주가를 내리게 한다.

주식 투자자들이 평정심을 가지고 지켜봐야 할 때다. 대출금과 이자를 감당할 수 없는 과도한 투자는 바람직하지 않다.

가상화폐 투자 열풍처럼 과도한 투자를 해서는 안된다.

워렌버핏은 전기자동차 주식을 한주도 가지고 있지 않다. 그의 자산 50%는 애플이다. 전세계 시가총액 1위가 애플이다.

전세계 글로벌 시가총액 비중을 보면 미국60%, 한국1.6%다.

적정한 주식투자 비율은 미국90%, 한국10%다.

미국 애플과 삼성전자를 위 비율대로 투자하는 것이 가장 좋은 투자다.

절대로 테마와 이슈에 휘둘리지 않아야 한다.

세계 1등 주식을 매월 투자하는 것이 가장 좋은 투자 방법이다.

기업과 개인 생존전략

1. 기업 생존전략

국내 구독경제형 기업 현황

렌탈 모델	웅진코웨이	정수기, 비데, 공기청정기 등 가정용품 렌탈 관련 사업
	SK네트웍스	SK렌터카를 통한 카 라이프 사업과 SK매직을 통한 생활가전 렌탈 사업 영위
	하츠	후드 전문 렌탈 서비스 제공, 주기적으로 방문해 필터 교체, 후드 청소
	쿠쿠홈시스	공기청정기, 정수기, 비데 등 생활가전 렌탈
정기배송 및 서비스 모델	에스원	보안 시스템 및 건물 관리 서비스 제공
	지어소프트	오아시스의 오픈마켓 구축과 새벽배송 사업 영위
	GS리테일	장보기 쇼핑몰 GS프레시 운영
	본느	구독형 이커머스 업체인 Boxycharm 등 미국 내 온라인 구독형 샘플 시장 진출
무제한 이용 모델	메가엠디	성인 교육과 관련한 7개의 온라인 교육 사이트 운영
	메가스터디교육	고등 온라인 메가스터디, 중등 온라인 엠베스트, 초등 온라인 엘리하이트 운영
	더존비즈온	SW패키지를 11만 개 업체와 전국 9000여 개 세무·회계사무소에 공급하는 한편 클라우드 사업
	한국기업평가	기업신용정보에 대한 검색 등을 온라인으로 제공
	디앤씨미디어	웹소설 및 웹툰 전문 콘텐츠 공급 업체
	지니뮤직	유무선 음악 플랫폼(지니·올레뮤직·엠넷닷컴)을 통해 스트리밍, 다운로드 서비스 등의 형태로 소비자에게 공급
기타 유형	SM엔터테인먼트	유료 팬클럽 리슨(Lysn) 서비스, 연회비 내면 다양한 혜택 제공
	CJ ENM	TV홈쇼핑에서 생리대 정기배송 서비스 론칭, 티빙을 통한 OTT(온라인 동영상 서비스) 사업
	엔씨소프트	PC당, 게임당 월정액으로 운영

자료 : 한국투자증권

생산의 4대 요소는 모바일, 토지 노동 자본이다.

모든 기업은 스마트폰을 기업 영업, 마케팅, 연구 등에 적용해야 한다.

구독경제를 활성화해야 생존할 수 있다.

2026년도 고물가 고금리 고환율로 기업은 매우 어렵다. 미국은 2026년 12월까지 기준금리를 3.6%로 인하한다

한국 시중금리도 인하된다. 한국은 최고 8%까지 인상된 후 내린다. 기업은 현금비축과 재고자산 축소, 기업 투자 등 철저한 대비가 필요하다

2026년 대졸자 청년취업률이 45%다.

외국인직접투자(FDI) 유출액이 유입액의 4배다. 호주는 우버를 허용하면서 총수익 10%를 택시 발전기금으로 사용한다. 한국도 택시부족 해결을 위해 우버, 타다 등 4차 산업혁명을 허용하고, 택시 산업 기부로 상생하자.

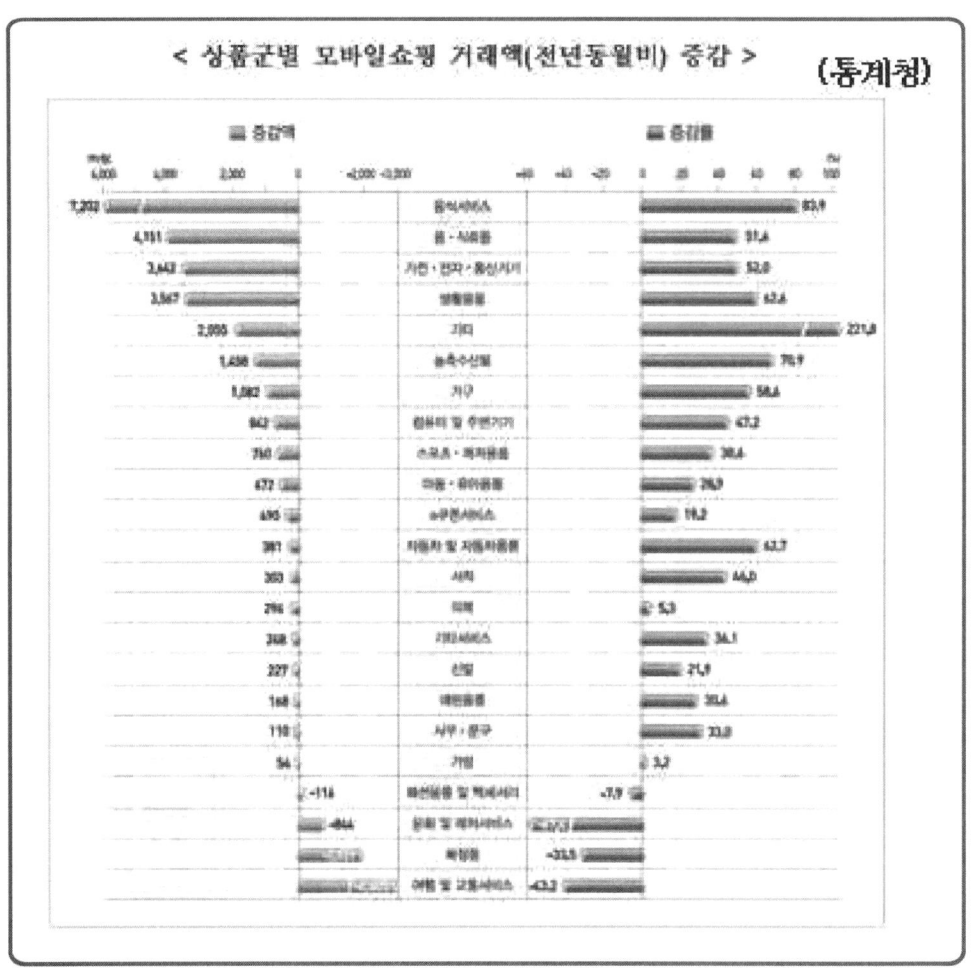

한국 법인세 26%를 OECD 평균21%로 낮춰 해외기업을 유치해야만 일자리가 생긴다

중소기업은 한국 기업 99%, 근로자 88%다. 중소기업인은 한국경제의 풀뿌리로 고용창출과 국가발전에 가장 큰 역할을 한다. 2025년 소매액 650조원의 35%가 온라인쇼핑이며, 최고 65%까지 증가한다.

모든 기업은 직원 업무를 스마트폰, 구독경제 그리고 온라인산업 등 4차 산업혁명을 이용해야만 생존할 수 있다.

2026년 우크라이나 전쟁은 소모전으로 계속된다. 미국 대통령에 누가 당선되느냐에 따라 종전가능성도 있다.

한국은 유가70% 폭등, 중국 교역 축소, 세계2위 무역의존도 75%, 중국 패권전쟁, 미국 기준금리 인하, 환율 1400원 등에 대비해야 한다.

환율은 1964년 300원에서 2026년 1400원까지 상승했다. 60년간 매달 1.4원씩 올랐으며, 92% 확률로 상승한다. 환율은 계속 상승하므로 기업은 달러비축이나, 애플, 엔비디아 등 미국 1~3위 주식투자로 대비해야 한다.

2026년 미국 기준금리 인하로 금리는 안정된다. 그러나 환율은 1370~1450원까지 상승할 수 있다

한국기업은 고물가 고금리 고환율로 매우 어렵지만 위기에 잘 대응해야 한다. 온라인산업 등 4차 산업혁명을 적극 활용하여 국가 경제발전에 기여하겠다.

한국은 SW인력 100만 명을 양성하여 청년실업자 문제를 해결하고, 4차 산업혁명을 선도하자.

기업은 신축적이고 탄력적인 활동을 해야 한다. 모바일과 구독경제가 생존전략이다.

2. 개인 생존전략과 자산증대 비법

한강이남 아파트 청약, 미국 시가총액 1위 애플, 엔비디어

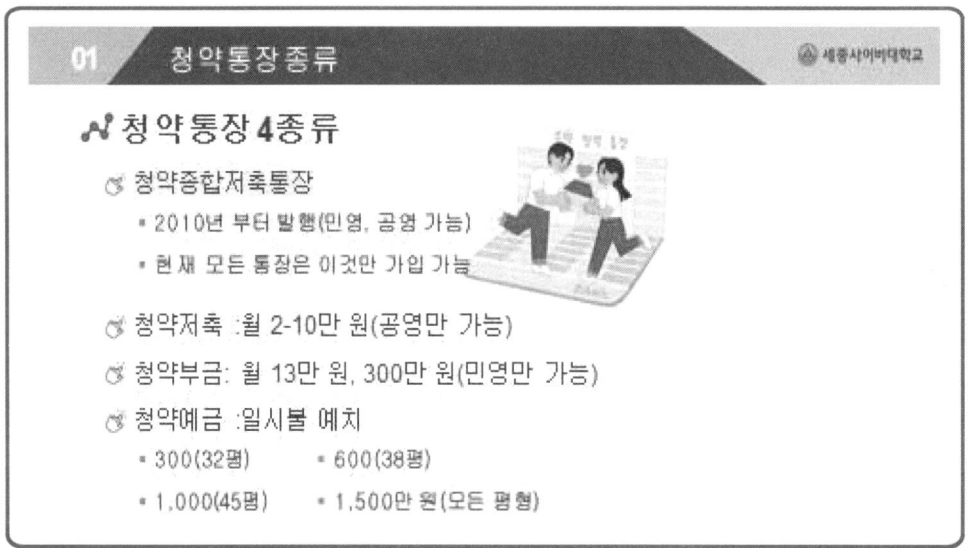

개인이 부자가 되는 가장 빠른 방법은 대한민국에서는 아파트 청약에 당첨되는 것이다.

2025년 분양 된 아파트 중 강남에서 당첨이 원베일리와 원 펜타스는 차액이 25억원이다.

32평 기준 분양가 19억원, 시세는 45억원이다.

펜타스 32평 분양가는 22억이므로 평균 25억 원이 차액이다.

직장인들이 평생을 벌어도 모으기 힘든 돈을 아파트 당첨으로 이룰 수 있다.

아파트에 당첨이 되면 계약금을 20% 납부해야 된다. 그러나 전세로 준다면 계약금 정도면 준비하면 누구나가 부자가 될 수 있다. 저축은행과 제 2금융권 등에서는 계약금 등도 모두 빌려 준다.

아파트 당첨만 된다면 큰 돈을 벌 수가 있다.

언론에서 현금을 10억원 이상 준비해야 된다고 하지만 실제로 당첨만 되면, 높은 금리이지만 제2 금융권에서 계약금까지 빌릴 수 있다.

은행에서 대출을 받고 돈을 빌리는 것을 두려워해서는 안 된다. 차액이 무려 20억원 남는데 6% 정도 이자를 몇 달간 내는 걸 두려워 해서는 안 된다. 서울 아파트는 가급적이면 한강 이북이 아니라 한강 이남을 해야 한다.

한강이남은 분당, 성남, 판교, 용인, 동탄 등 계속 성장하기 때문이다. 따라서 한강 이북보다는 한강 이남을 추천한다.

한강 이북에 주택을 사는 것보다 한강 이남에서 전세를 살면서 어떻게 부자가 되는지를 알아보는 것도 좋은 방법이다.

강남, 서초, 송파, 강동구에 살게 되면 주변 부동산시세와 더 많은 정보를 알게 된다. 부자들과 살아야만 부자가 되는 방법을 알 수가 있다.

한국에서 가장 빠른 부자가 되는 것은 역시 아파트 당첨이다.

또한 아파트 당첨은 본인, 배우자, 양가 부모님 모두를 통장에 가입시켜 돌아가면서 청약을 해도 좋다.

한국에서는 아파트 당첨 후 3년이 지나면 다시 1순위가 된다. 집이 있어도 38평이나 넓은 평수는 추천 물량도 많다.

부자가 되려면 직장만 열심히 다녀서는 절대 안 된다.

아파트 청약과 공부를 많이 해야 한다. 틈틈이 부자가 되는 법을 배워야 한다. 필자가 저술한 "부자학" 책을 읽는 것도 좋은 방법이다. 아파트 청약 통장만 연구를 잘해도 된다.

2025년 9월 부터는 아파트 청약납입금이 월 25 만원으로 오른다. 이제는 청약저축과 부금, 예금이 사라지고 아파트 청약종합저축 통장만 남았다.

2025년 9월 이후 공공아파트를 청약 할 수 있는 청약저축 통장도 민영아파트 청약이 가능하다.

정부가 25 만원씩 납입금을 올린 이유도 주택기금 소진으로 알려지고 있다.

한국 1% 부자는 순자산 30억 원이다. 한국1% 부자의 평균 자산은 55억 원이다, 직장인들이 조금만 노력하고 공부하면 1% 부자가 될 수 있다.

유태인들은 티콘 올람 사상을 가지고 있다.

페이스북과 구글을 만든 유태인들은 부자가 되어 가난한 국민들을 도우라고 가르친다.

한국인도 탈무드 교육처럼 부자가 되어 세상을 살기 좋은 곳으로 만들라고 자녀들에게 가르치자.

한국인도 부자가 되어 가난한 국민을 위하여 살아야 한다.

부자가 되는 방법은 금융공부만 하면 누구나 부자가 될 수 있다. 한국에서는 아파트 청약통장 가입과 당첨이 가장 빠르게 부자가 되는 방법이다.

청약통장은 청약저축, 청약부금, 청약예금이 있다. 2009년 5월 청약종합통장 하나로 통합됐다. 본인과 부모님이 가지고 있는 통장이 무엇인지 확인한 후에 주택유무, 가입기간 등을 고려해 당첨되는 전략을 세워야 한다.

주식하는 어린이들에게 부자가 되는 방법을 알려주는 것이 공모주 청약이다. 한국인과 외국인은 누구나 공모주 청약을 할 수 있다. 2025년 8월 적정가격에서 거래되는 유통시장보다는, 시세에서 30% 할인되는 공모주 청약(IPO)을 꼭 가르쳐야 한다.

2026년 기준 전 세계 주식 시가총액 글로벌 비중에서 미국 60%, 한국 1.5%다. 러시아와 우크라이나 전쟁 등으로 인하여 한국 주식이 30% 하락했다.

그러나 미국은 전 세계 기축통화 역할을 하면서, 오히려 주가가 사상최고치를 경신하고 있다. 지난 40년 기준으로 애플은 3,600배, 삼성전자는 400배 정도 상승했다.

미국 시가총액 1~3위 애플, MS, 엔비디어 을 사는 것이 가장 안전하고 빠르게 부자되는 방법이다.

워렌버핏은 자기 자산의 50%를 애플에 투자하고 있다. 애플의 시가총액은
4,500조 원이다.

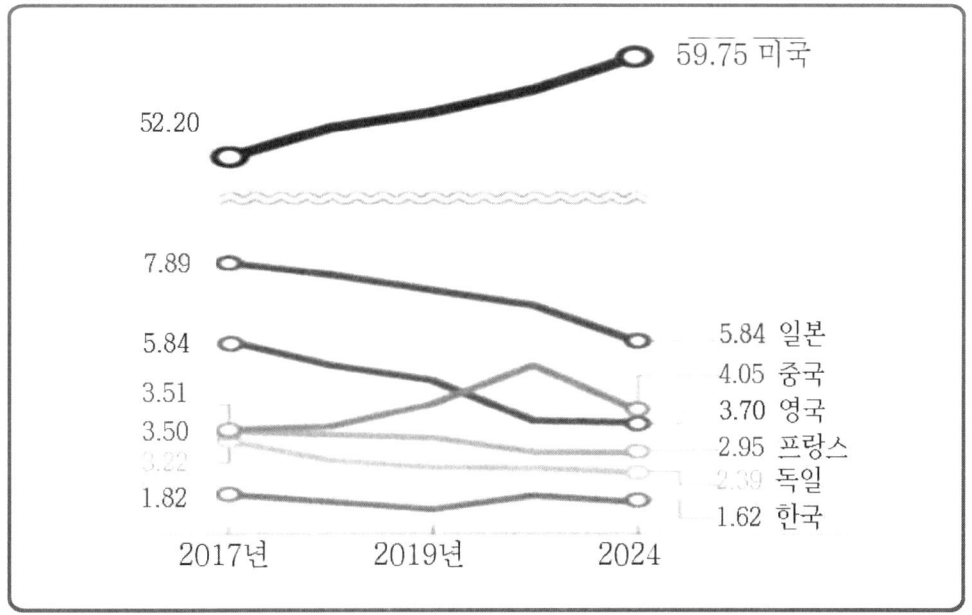

유태인들은 자녀가 13세가 되면 성인 축하금으로 3천만 원 정도를 모아서 준다.
이 돈은 미국 우량주에 투자되어 대학을 졸업하는 25세가 되면 3억 정도 된다.
구글과 페이스북 같은 유태인 창업기업이 많은 이유다.

2025.8.19.일 기준 미국 시가총액 3위 애플

〈애플 그래프〉

〈애플은 지난 40년 동안 3500배 상승함〉

◎ 주식 성공사례

1조 자산가 된 80대 개인의 투자법

김용관 자산관리부장공개 2017-12-08 [the bell]

주식 투자로 돈 버는 비법 하나를 소개해 드릴까 합니다. 아주 단순하지만 엄청난 수익률을 자랑하는 비기(祕技)입니다. 현실 가능한 것이지 저도 잘 모르겠습니다. 판단은 여러분의 몫입니다.

이 분은 서울 명문대학교에서 학생들을 가르치다 은퇴한 교수님이십니다. 올해 80대 중반으로 건강하게 여생을 즐기고 있다고 합니다. 이 분의 자산이 얼마일까요? 놀라지 마십시요. 이 사례를 들려준 사람의 이야기로는 1조원이 넘는다고 합니다. 시쳇말로 '이거 실화냐'라고 의심하는 분들도 많을텐데 실화 맞다고 합니다.

주력 종목은 삼성전자 한종목. 2000년 11월 삼성전자를 대거 사들인 후 지금까지 보유하고 있다고 합니다. 재산 규모가 사실인지 믿기 어렵지만 대형 증권사의 고위 임원이 본인이 직접 관리해온 고객의 이야기를 들려준 것이니 거짓은 아닐 것입니다.

전문 투자자도 아닌 개인이 어떻게 이렇게 많은 재산을 모았을까요. 이 교수는 30대 중반인 1970년대부터 주식 투자를 시작했다고 합니다. '월급쟁이가 돈 벌수 있는 방법은 주식 투자 밖에 없다'고 생각했다고 합니다. 그당시만해도 주식 투자는 투기나 도박으로 여겨지던 때입니다. 시간이 날때면 칠판에 시세를 적던 명동으로 가서 직접 매매를 하곤 했답니다. 월급의 25%를 떼어 매월 주식에 투자했다고 하네요.

인문대 출신 교수라 주식에 대해선 아무 것도 몰랐습니다. 종목 선정의 바탕이 될 수 있는 경영이나 경제에 대해서도 지식이 전무했습니다. 그래서 단순하게 접근하기로 하고 큰 원칙을 하나 세웠습니다.

그 원칙은 '우리나라에서 가장 좋은 주식 한 종목에만 투자한다'였습니다. 문제는 수천개가 넘는 종목 중에서 가장 좋은 주식을 고르는 일이었습니다.

저PER, 저PBR, 순이익, 영업이익, 배당 등 다양한 기준이 있었겠지만 그가 선택한 방법은 아주 단순했습니다.

바로 '시가총액 1위 종목'이었습니다. 여러가지 변수가 있겠지만 시가총액 1위 종목이 될 정도면 좋은 주식이 분명하다고 생각했습니다. 단순하지만 결과적으로 탁월한 안목이었던 셈입니다.

그때부터 지금까지 시가총액 1위 종목만 투자했습니다. 매매는 시가총액 1위 종목이 바뀌면 이뤄졌습니다. 실제 이 분이 매매한 종목을 보면 우리 경제의 발전상이 한눈에 드러납니다.

80년대 수출관련주가 주력으로 부상하면서 현대차, 삼성전자, 유공, 금성사 등이 매매 대상에 올랐습니다.현대건설이나 대림산업 같은 건설주도 눈길을 끕니다. 80년대 초반에는 한일은행, 제일은행, 조흥은행이 하루가 멀다하고 시총 1위 전쟁을 벌이기도 했습니다. 90년대 들어서는 포스코나 SK텔레콤, 한국전력, 한국통신 등이 주요 매매 대상이었습니다.

80년대만해도 1위 종목 시가총액이 1000억원 안팎이었지만 89년 종합주가지수가 1000을 찍으면서 개별 종목의 시가총액도 급격하게 오르기 시작했습니다. 그래서 한번 이익을 낼때 10배, 20배씩 내는 경우가 많았다고 합니다. 이 과정에서 재산은 급격하게 불어났습니다.

마지막으로 거래한 종목이 2000년 11월21일 15만8000원으로 시가총액 1위에 오른 삼성전자입니다. 당시 삼성전자의 시가총액은 23조8956억원. 8일 종가 기준으로 삼성전자 시가총액은 366조3815억원으로, 17년 동안 15배 가량 올랐습니다.

정말 대단하지 않습니까. 그리고 단순하지 않습니까. 필요한건 17년동안 매도하지 않고 기다린 끈기였습니다. 말이 쉽지 실제로는 거의 불가능한 이야기입니다. 우리같은 하수들은 이미 수십번은 사고 팔았을 기간입니다.

제레미 시겔의 '주식에 장기 투자하라'에도 나타나듯이 투자 기간이 길어지면 주식은 채권보다 수익률이 높아지고 변동성도 크게 낮아집니다. 이 교수는 이같은 원리를 실증적으로 보여주고 있습니다.

증권사 임원은 10년전쯤 이 사례를 다른 PB 수십명에게도 이야기 해줬다고 합니다. 그 중에 딱 한명의 PB가 실행에 옮겼다고 합니다. 이 사람은 자신의 모든 자산을 다 팔아서 시가총액 1위 종목인 삼성전자를 샀다고 합니다. 결과는 말안해도 아시겠지요.

오해하지 마세요. 삼성전자를 매수하라는게 아닙니다. 핵심은 가장 좋은 종목, 즉 시가총액 1위 종목을 매수해서 이익을 극대화했다는 것입니다. 이분이 투자한 시가총액 1위 종목 중 증시에서 사라진 종목이 꽤 많습니다. 제일은행, 한일은행, 조흥은행, ㈜대우 등등. 17년째 시가총액 1위인 삼성전자도 미래에 어떻게 될지 알수 없습니다.

삼성전자가 너무 올라서 매수하기 부담스럽다는 분도 있을 겁니다. 시총 60조원으로 2위에 있는 SK하이닉스를 사는 것은 어떨까요? 그 분 기준으로는 가장 좋은 주식이 아니기 때문에 실패한 투자라고 했습니다. 원칙을 지키라는 말이죠.

증권사 임원은 대안으로 해외 주식을 권했습니다. 미국의 시가총액 1위 종목인 애플, 일본의 토요타자동차, 중국의 텐센트, 베트남의 비나밀크, 우리나라 삼성전자 등 5개국 시총 1위 종목으로 포트폴리오를 구성하는 것도 성장성과 안정성을 담보할 수 있다고 했습니다.

성투하시기 바랍니다.

뒷말) 이 사례를 이야기해 준 임원은 어떻게 됐는지 궁금하시죠. 그도 비슷한 원칙을 세웠지만 얼마 못가 예전대로 돌아갔다고 하네요. 너무 많은 정보와 지식이 독이 됐다고 합니다. 매일 증시를 보고 있으니 흔들릴 수 밖에 없었다고 합니다. 단순하지만 지키기 힘든 투자 방법입니다.

〈출처: 김용관 부장 2017년 11월 10일 thebell 기사입니다.〉

3
부

3. 2026년 채권과 금, 안전자산 가격 계속 오른다

2026년 금은 90% 확률로 계속 오른다. 매월 일정금액 금 투자도 좋다.

채권이자는 하락하고 채권가격은 오른다

◎ 채권 가격은 오르고, 이자율은 하락 할 것이다.

채권 가격은 오르고, 이자율은 2026년에 하락할 것으로 보인다.

채권이자율에 대하여 1980년부터 2025년 10월까지 미국 국채 10년물을 회귀분석해 보았다. 회귀분석 결과 매월 단위로 마이너스 0.01%씩 하락했다. 전체 기간이 약 600개월 정도다. 채권 금리가 과거 20%까지 상승을 했지만 2025년 11월 기준으로 0.87% 로 하락을 했다.

2026년 1월 미국 새 대통령이 취임을 한다. 미국 대통령은 미국의 경기를 되살리기를 원한다. 따라서 예산을 확대하고 긴급지원금을 지급하면서 , 강력한 재정정책을 펼 것이다. 또한 재정정책을 확대하게 되면 경제가 활성화 되면서 미국의 주식 가격이 많이 오르게 된다.

반대로 미국의 채권 가격은 상승하면서, 이자율은 하락하게 될 것이다. 주식과 채권이자율은 반대 방향으로 움직인다.

주식은 위험 상품이다. 경제가 성장할 때는 큰 상승을 한다. 2025년 미국 주식시장은 큰 성장을 했다.

채권이자와 채권가격은 반대로 움직인다.

채권 가격이 오르면, 채권 이자율은 하락한다. 2026년 미국 기준금리는 5.0%다. 그러나 채권의 미국 10년 물 기준으로는 1%대를 유지하고 있다.

회귀분석 결과를 설명 드리면 X축은 기간이다.

매월 기준이고, Y축은 채권의 이자율이다.

40년 기준으로 분석 결과, 매월 기간이 시간이 흐름에 따라 채권의 이자는 하락을 했다. 매월 마이너스 0.02% 평균 하락을 했다.

결정계수가 0.88이다. 이 그래프가 미국의 채권이 하락하고 있다는 것을 88% 정도 설명을 할 수 있다는 것이다. 88%의 비율로 미국의 채권가격이 하락한다는 것을 실증적으로 보여준다.

결론은 미국의 채권 이자율이 계속 하락한다는 것이다.

미국은 2020년 기준으로 GDP가 22조 달러, 중국은 16조 달러, 일본이 5 달러, 한국이 2조 달러이다.

경제규모가 커지게 되면 주식시장은 계속 상승하게 된다.

전 세계 경제에서 미국이 차지하는 비중은 25% 정도 된다.

주식 시장에서 미국이 차지하는 비중은 50% 정도다. 25%는 유럽이 차지하고 있다. 나머지 25%는 중국 일본 한국의 차지하고 있다

한국경제가 세계 경제에서 차지하는 비중은 1%다. 한국 주식 시장이 차지하는 비율도 1.5%다.

한국의 2026년 코스피 종합주가지수와 코스닥을 합치면 시가총액이 2500조원 정도 된다.

한국의 대표 삼성전자가 500조원 정도. 미국의 애플의 시가총액은 원화 기준으로 4,500조원이다.

경제가 계속 커지므로 미국의 빅테크 기업들은 기업들은 계속 성장을 할 것이다.

미국 대통령은 전기자동차, 친환경 에너지, 인프라 구축 등으로 확장 경제를 추구할 것이다. 경제가 활황이 되고 주식시장이 성장하게 되면, 채권 가격은 상승하게 된다. 즉 채권 이자율은 계속 하락하게 될 것이다.

여러 가지 근거와 실증분석 결과 2026년도 채권 이자율은 하락하게 될 것이다. 소폭 반등은 있겠지만 장기적인 추세는 계속 하락할 것으로 보인다.

이것은 40년을 기준으로 미국 채권 금리가 하락하는 것을 보여주는 분석 결과다.

한국의 3년물 국채와 미국의 10년물 국채 추이를 비교해 보았다.

파란색이 한국의 3년물 국채이고 오렌지색이 미국의 10년 물 국채 다.

미국 국채와 마찬가지로 한국의 채권도 하락 추세다.

한국의 국채는 가장 높았을 때 가 9% 정도인데 2026년 3%대로 하락했다.

회귀분석 결과를 보게 되면 한국의 3년 물 국채는 매월 시간이 지남에 따라 마이너스 0.02%씩 하락을 했다.

일시적인 반등과 상승은 있었지만, 장기적인 추세는 한국 국채 이자율이 계속 하락했다는 것이다.

특히 결정계수를 보게 되면 82%다. 82% 확률로 한국의 국채 이자율이 2026년에도 하락할 것을 보여주고 있다.

한국의 국채 이자율은 미국 국채와 함께 우하향 그래프를 계속 이어가고 있다. 미국 국채 이자율이 2025년에 한국 국채 보다 더 높은 적이 있었다.

그러나 장기적으로 한국 3년 국채이자율이 미국의 10년 물 국채 이자율보다 아래에서 움직이고 있다. 거의 동조화 되어 함께 움직인다고 보면 된다.

2026년 한국도 경제가 성장하게 될 것이다. 주식시장은 3,300포인트 까지 오를 전망이다. 2025년 한국의 코스피 총 최고점은 3000 포인트다.

미국 새 대통령은 한국, 일본, 호주 등 우방국과 함께 경제를 활성화하겠다고 했다. 과거 트럼프 대통령은 미국 우선주의 보호무역주의를 취했다

당선된 미국 대통령 경제정책은 이전 대통령과는 달리 미국 우선주의가 될 것이다.

미국 신임 대통령은 미국의 진정한 가치를 되살리겠다고 했다.

그것은 전 세계 경제를 이끌어가고, 미국 중심이 아니라, 미국의 우방국들과 함께 전 세계경제를 동반성장하기를 원한다는 것이다.

미국 신임 대통령 무역정책에 대해 비 개방적이다.

미국은 중국이 주도하고 있는 RCEP에 대하여 부정적이다.

미국 대통령은 미국 경제가 세계 경제를 주도하고, 세계 무역에 표준을 이끌어야 한다.

트럼프는 2017년 2월 CPTPP를 탈퇴했다. 일본은 트럼프가 탈퇴한 CPTPP를 2018년 완전 체결시켰다.

2026년 한국은 CPTPP에 가입은 하지 않았다. 2015년 가입 선언만 했다. 미국은 중국 주도의 RCEP를 그냥 지켜보지는 않을 것이다.

중국은 일본을 방문하여 중국이 CPTPP에 가입하는 것이 세계 경제에도 도움이 되고 일본 경제에도 도움이 된다고 이야기했다. 중국은 일본이 주도한 CPTPP에 가입을 강력히 원한다.

미국이 세계 다자무역에 복귀하게 되고, 무역이 확대된다면 한국 경제에는 큰 호재다. 한국은 무역 의존도가 75%로 세계2위다.

한국경제가 성장하게 되고 발전하게 되면 주식 시장은 2026년에 3300 포인트를 넘어서게 될 것이다. 경제가 활성화되면 채권의 이자율은 하락하게 될 것이다

2026년에는 무역이 확대되고 사람들의 교류가 더 증가 하게 될 것이다.

한국은 무역의존도가 2026년 기준으로 세계2 위로 75%다.

과거 무역 의존도가 85%까지 상승한 적이 있었다. 무역의존도는 (수출+수입)/GDP 이다.

2026년에는 세계 경제가 교역을 확대되면, 한국 경제는 큰 성장을 하게 될 것이다.

2026년에는 한국 경제성장률이 3% 증가하게 될 것이다.

주식시장은 굉장히 큰 폭으로 활성화될 것이다.

2026년에는 주식시장과 반대로 채권 이자율은 하락하게 될 것이다.

채권의 이자율은 채권가격과 반대로 움직인다.

2026년에는 교역확대와 인구 이동 증가로 경제는 다시 활성화된다.

결론은 채권이자율은 2026년에 하락하게 될 것이다. 동시에 채권가격은 2026년에 상승하게 될 것이다.

〈1980년부터 2025년 10월 까지 미국 국채10년물 채권 추이분석〉

$y = -0.0224x + 11.394$
$R^2 = 0.8815$

자료: 한국은행, 미국 국채 10년 T/ NOTE (1980.1 ~ 2025)

〈한국 3년물 국채와 미국 10년물 국채 추이〉

$y = -0.0224x + 6.5013$
$R^2 = 0.8194$

(참조: 파랑색 한국 국채, 오렌지색 미 국채)

(자료: 한국은행, 한국 국채 3년물, 미국 국채 10년 T/ NOTE
    (2000.1 ~ 2025.10월)

4. 2026년 금 가격 전망. 76% 확률로 상승한다.

2026년부터 2030년까지의 금 가격은 4192.00달러까지 상승할 것으로 예상됩니다.

연도	연중	연말
2025년	$2,589	$2,769
2026년	$2,801	$2,809
2027년	$2,894	$3,130
2028년	$3,345	$3,560
2029년	$3,703	$3,865
2030년	$4,133	$4,192

〈출처: XAUUSD〉

〈저자설명: 금은 안전 자산으로 매년 오른다. 미국 기준금리 인하로 금이 다시 인기를 얻고 있다. 금은 영원한 안전자산이라고 보면 된다〉

2026년 금 가격은 계속 상승하게 될 것이다. 1970년도에는 금이 2달러 밖에 하지 않았다. 그러나 2025년 12월 2,500 달러까지 올랐다. 약 1000배나 오른 것이다

금 가격은 미국의 달러 가치나, 채권 이자율과 반대로 움직인다.

일시적으로 미국 경제가 흔들리거나, 미국 달러화가 강세가 됨으로 인해서 급등이나 하락은 있을 수 있다.

그러나 장기적으로 금 가격이 상승한다는 것을 이 그래프가 보여주고 있다.

회귀분석 결과에서 보듯이 금 가격은 우상향 그래프를 가지고 있다.

2026년에는 전 세계가 경제 활성화된다. 특히 미국 새 대통령 취임으로 대규모 재정정책을 통하여 많은 돈이 풀게 될 것이다.

재닛 앨런 미국 재무부 장관은 미국의 FRB 의장 출신이다.

그녀는 미국 경제를 살리기 위하여 대규모 재정 정책을 실행할 것이다.

미국은 2% 이상으로 물가가 오르는 것을 허용할 것이다.

확장적인 재정정채과 금융정책으로 물가가 오르는 것보다는, 일자리를 만드는 것을 더 중요시하게 생각한다는 의미다.

과거에도 앨런은 일자리 우선 정책을 펼쳤다. 2026년도에 미국의 경제 정책은 대규모 재정 정책을 통하여 미국의 일자리를 만드는 것이다.

미국 경제를 활성화하고 경기부양에 주안점을 둘 것이다.

2026년 미국은 경기부양을 위하여 대규모 재정정책과 금융정책을 시행할 것이다. 위 두 가지 정책이 시행되면 주식시장은 큰 활황을 하게 된다. 채권 이자율은 더 하락하게 될 것이다.

정부가 하는 정책은 두 가지 정책이 있다. 재정정책과 금융정책이다.

재정 정책은 국가가 예산을 풀어서 경기를 부양하는 것이다.

통화정책은 기준금리를 낮추는 정책을 말한다.

한국의 기준금리는 3.5%다. 미국의 기준금리는 5.5%다.

많은 사람들이 물가가 오르기 때문에, 금과 같은 실물 투자를 하게 될 것이다.

따라서 2026년도에는 주식 가격이 오르고, 채권이자율은 하락, 채권가격은 상승한다. 금 가격은 더 오른다.

미국이 통화량을 계속 증가하게 되고, 재정정책을 펴게 되면 금 가격은 더 상승하게 될 것이다. 2026년 미국 달러화가 강세지만 금 인기는 계속된다.

미국의 통화량이 많아진다는 것은 전 세계에 달러 공급은 많아지면서 달러의 가치가 하락하게 된다는 것을 의미한다.

달러가치 하락을 막는, 위험회피 차원에서 더 많은 사람들이 금을 사게 될 것이다.

따라서 금 가격은 2026년도에 상승하게 될 것이다. 또한 2025년 이후에도 금 가격은 우상향 그래프를 그리면서 상승할 것으로 보인다.

원자재에 포함이 되는 것이 금 가격이다. 금은 원자재로도 사용이 되고 가치저장의 수단도 된다.

따라서 금 가격은 지난 45년을 기준으로 했을 때 계속 상승하는 그래프를 가지고 왔다. 2026년에 채권 이자율은 하락하게 되겠지만, 금 가격은 상승할 것이다.

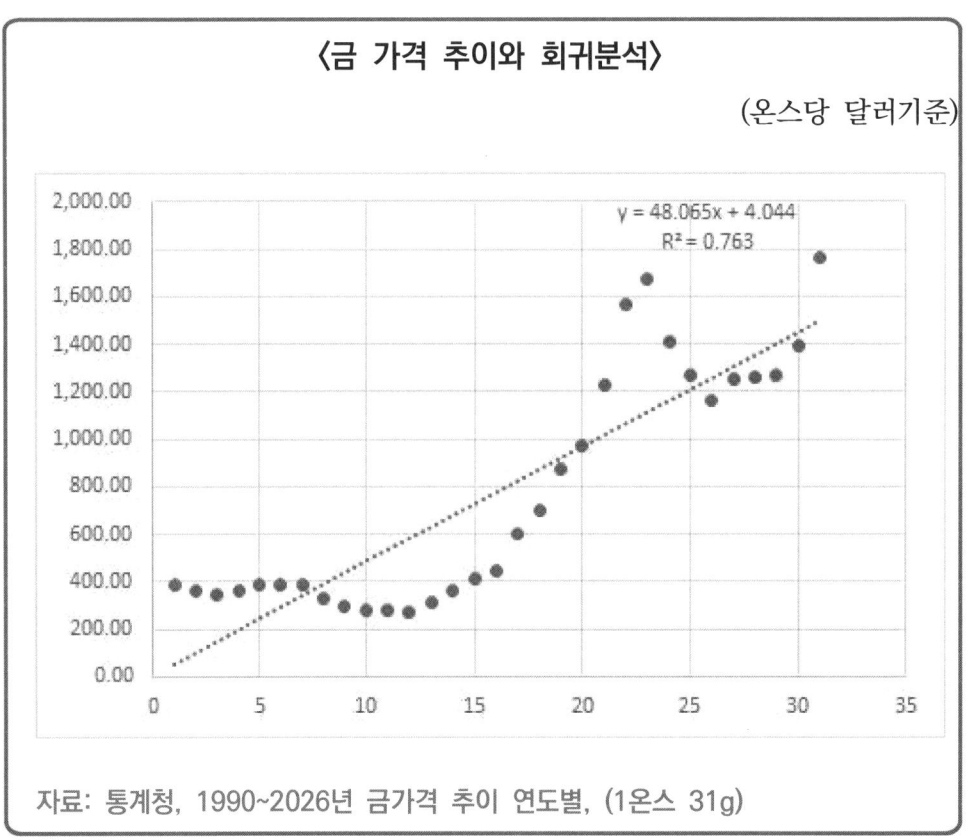

〈금 가격 추이와 회귀분석〉

(온스당 달러기준)

$y = 48.065x + 4.044$
$R^2 = 0.763$

자료: 통계청, 1990~2026년 금가격 추이 연도별, (1온스 31g)

〈금 가격은 지난 35년 동안 매년 48달러 증가한 것을 보여준다. X축은 연도 기준이고 Y축은 금 가격이다. 그래프에서 보듯이 금 가격은 매년 48 달러씩 증가했다. 회귀분석 결과 결정계수가 76%다. 76%로 확률로 상승한다는 것이다. 45년 동안 회귀분석 결과는, 금 가격은 장기적으로 상승한다〉

국제 금 시세 차트(USD/T.oz)

2036.13

2000.00

1800.00

1600.00

1400.00

1200.00

019   2020   2021   2022   2023   2024

1일 5일 1달 3달 6달 YTD 1해 5해 전체

08:27:40 (UTC+9)

최근 5년의 금가격 그래프. 전체적으로 상승세가 눈에 띔

경제인플루언서@호디알티

출처 : XAUUSD 차트

3부 - 기업과 개인 생존전략 ▮ 269

5. 온라인 쇼핑과 구독 경제: 한국 중소기업 생존 전략

2025년 한국 소매시장은 600조 원 규모이며, 그중 절반이 넘는 52%가 온라인에서 이루어지고 있다. 이 비중은 앞으로 80%까지 확대될 것으로 전망된다. 한국은 전 국민이 스마트폰을 사용하며 세계1위다. 온라인 쇼핑의 95% 이상이 모바일을 통해 진행된다. 이제 PC 기반 시대는 저물었으며, 모바일 중심의 소비 패턴이 일상이 되었다.

이러한 변화 속에서 쿠팡과 같은 온라인 플랫폼을 통한 판매는 더 이상 선택이 아닌 생존 필수 전략이다. 특히 5인 미만의 소상공인도 온라인 시장에 참여하지 않으면 지역 경쟁에서 밀리고, 나아가 시장에서 사라질 위험이 크다. 재래시장 상인들도 온라인쇼핑에 참여해야만 생존한다.

한국의 IT 인프라는 세계 최고 수준이다. 전자정부, PC 보급률, 통신망 인프라 등 세계1위 조건은 온라인 쇼핑과 구독 경제를 결합한 새로운 사업 모델이 빠르게 자리 잡을 수 있는 환경을 제공한다. 이 강점을 활용하지 않는 것은 기회를 스스로 포기하는 것과 같다.

◯ 구독 경제의 본질과 성공 사례

구독 경제(subscription economy)는 매출과 수익이 매달 안정적으로 반복 발생하는 구조를 말한다. 불규칙한 매출 변동 위험을 줄이고, 장기적인 고객 관계를 유지할 수 있다는 점에서 세계적 대기업들이 적극적으로 채택하고 있다. 애플, 마이크로소프트, 아마존 등 글로벌 기업 모두가 정기 구독 모델을 운영하며, 이를 통해 안정적 현금 흐름과 고객 충성도를 동시에 확보하고 있다. 예를 들어 마이크로소프트는 윈도우를 한 번에 구매하는 대신 매월 10달러를 지불하면 계속 사용할 수 있도록 했다. 이는 초기 구매 부담을 없애고, '낙인 효과'를 통해 고객이 장기적으로 이탈하지 않도록 하는 전략이다.

한국 중소기업도 이러한 구독 모델을 충분히 적용할 수 있다. 한 식당은 1만 원짜리 점심을 7천 원에 제공하는 쿠폰을 20장 묶음으로 판매한다. 이 쿠폰은 점심뿐만 아니라 남으면 커피나 와인으로 교환 가능해 고객 만족도를 높인다.

인근 기업들은 가격 경쟁력과 편리함 덕분에 해당 식당을 정기적으로 이용하고, 식당은 매월 안정적인 현금 흐름을 확보하게 된다.

◎ 전문가 서비스 업종의 파격 구독 모델

구독 경제는 제조·유통업뿐 아니라 전문 서비스 업종에도 적용 가능하다. 필자가 아는 한 세무사와 노무사는 상담료를 과감하게 낮추는 전략을 택했다.

기존에는 1회 상담에 10만 원을 받았지만, 이를 월 구독료 1만 원으로 조정해 무려 90% 할인된 가격에 상담을 제공했다.

이러한 파격적인 가격 정책 덕분에 거래 기업 수가 1만 개를 넘어섰고, 매월 안정적인 매출과 현금 흐름을 확보할 수 있었다. 이 방식은 기존 고가 서비스가 가진 '접근 장벽'을 허물어, 더 많은 고객이 서비스를 경험하도록 만드는 효과가 있다. 일정 고객 수만 확보되면 가격 인하분을 충분히 상쇄하고도 남는 구조가 완성된다.

전문가 서비스 업종은 신뢰와 장기 관계가 중요한 분야이므로, 정기 구독은 고객 충성도를 강화하고 경쟁업체 진입을 어렵게 만든다. 특히 세무·노무 분야는 매월 반복적으로 필요한 서비스가 많아 구독 모델과의 궁합이 매우 높다.

◎ 온라인 쇼핑과 구독 경제의 시너지

온라인 쇼핑과 구독 경제는 서로 보완하며 시너지를 만든다. 온라인 플랫폼은 고객 접근성을 넓혀주고, 구독 모델은 한 번 확보한 고객이 장기적으로 거래를 이어가도록 만든다. 두 전략을 결합하면 신규 고객 유입과 기존 고객 유지라는 두 마리 토끼를 동시에 잡을 수 있다.

예를 들어, 온라인 쇼핑몰에서 정기 결제를 통해 매월 필요한 제품을 자동 배송하는 서비스는 고객의 편리함을 극대화하고, 판매자에게는 매출 예측 가능성을 높여준다. 중소기업이 쿠팡 마켓플레이스, 자체 쇼핑몰 등을 통해 구독형 상품을 판매하면 초기 마케팅 부담을 줄이고 안정적 수익 기반을 마련할 수 있다.

한국 기업의 생존전략은 온라인과 구독경제다.

⚪ 신정부, 경제 성공의 길은 규제혁신뿐이다

이재명 대통령이 4일 서울 용산 대통령실 청사에서 열린 '비상경제점검 태스크포스(TF) 회의'에서 발언하고 있다. (사진=뉴시스)

2026년 하반기, 한국 경제는 복합적 국면에 진입하고 있다. 긍정적인 신호와 부정적인 조짐이 교차하는 이 시점에서, 이재명 정부는 반드시 경제적으로 성공해야만 한다. 정치적 성과는 일시적일 수 있으나, 경제의 실패는 국민 모두에게 고통을 안긴다.

특히 한미 간 15% 관세 협정 타결은 분명한 외교적·경제적 성과였다. 그러나 이와 동시에 추진된 증권거래세 강화 등은 기업과 시장에 찬물을 끼얹는 조치였다. 한국이 진정으로 '기업하기 좋은 나라'가 되지 않는다면, 글로벌 경쟁에서 도태될 수밖에 없다.

이재명 정부는 지금이라도 정책의 방향을 전환해야 한다. 기업 친화적 환경 구축은 더 이상 선택이 아니라 생존의 문제다. 트럼프 대통령은 미국을 '제조업 하기 가장 좋은 나라'로 만들겠다고 선언했다. 그는 "관세 15%를 피하려면 공장을 미국에 옮기고, 미국인을 고용하라"고 강력히 주장한다.

실제로 미국은 법인세를 21%에서 15%까지 인하할 계획을 가지고 있으며, 철저한 감세를 통해 세계 각국의 기업을 유치하고 있다. 4차 산업혁명의 상징인 우버, 에어비앤비가 바로 그 미국에서 태어났다는 사실은 시사하는 바가 크다.

반면, 한국은 여전히 복잡한 규제, 중복되는 주식 관련 세금으로 기업을 억누르고 있다. 기업의 투자 의지를 위축시키고 청년 일자리 창출에도 걸림돌이 되고 있다. 지금 대한민국 청년실업률은 45%를 넘나들고 있다.

청년들이 일하고 싶어도 일자리가 없고, 기업은 고용을 꺼리며 해외로 눈을 돌리고 있다.

아일랜드는 법인세를 12.5%로 낮추고 1,700여 개의 글로벌 기업을 유치했다. 그 결과 일인당 국민소득이 12만 달러를 넘었고, 유럽 최고의 경제 성과를 기록하고 있다. 싱가포르는 법인세 17%와 0.2%의 증권거래세 외엔 자본이득세, 배당세, 상속세가 없다. 그 결과 글로벌 자본이 몰리고, 금융·물류·IT 중심지가 되었다.

한국도 규제 혁신으로 승부해야 한다. 박리다매 전략을 통해 글로벌 기업을 유치하고, 국내 기업의 성장 여력을 높여야 한다. 주식시장과 기업투자에 대해 장기적으로는 양도세를 폐지하거나 최소화하고, 배당소득세도 낮추어 국민이 자산을 늘릴 수 있는 투자환경을 만들어야 한다. 그래야 청년들이 미래를 설계할 수 있고, 중산층이 복원된다.

이재명 정부는 관세 협상을 잘 마무리한 외교적 성과를 경제정책으로 확장해야 한다. 기업이 자율적으로 성장할 수 있도록 지원하고, 글로벌 기준에 맞는 감세 정책과 규제 혁신 로드맵을 제시해야 한다.

이것이야말로 대한민국이 저성장을 극복하고, 청년에게 일자리를 제공하며, 중산층을 회복하는 유일한 길이다.

2026년 세계는 변화하고 있다. 지금 우리가 경제 구조를 바꾸지 않으면, 기회는 다시 오지 않는다. 이재명 정부는 반드시 경제적으로 성공해야 하며, 그 출발점은 바로 규제개혁, 그리고 기업 친화적 국가로의 도약이다.

◎ 이재명 정부, 미국 중시 통상정책으로 국익 지켜야 한다.

2024년 한국의 대미 무역흑자는 약 85조 원에 달했다. 이는 한미 양국 간의 견고한 경제 협력의 결과이며, 대한민국 수출 구조의 중요한 축으로서 미국 시장의 비중이 점차 확대되고 있음을 보여준다.

2025년 10월 한국의 수출 대상국 비중은 중국과 홍콩이 약 33%, 미국이 20%, 일본이 6% 수준이다. 그러나 급변하는 세계 통상 질서와 미중 전략 경쟁 구도 속에서, 이재명 정부는 미국 중심의 통상 전략을 강화해야 한다.

첫째 미국과의 협력 확대는 불가피한 선택이다.

한국은 그동안 중국 중심의 수출 구조에 의존해 왔지만, 중국 경제의 둔화와 지정학적 불확실성이 커지면서 리스크가 확대되고 있다. 특히 중국과 홍콩 수출 의존도가 33%에 달한다는 것은 매우 높은 수준이다. 이러한 구조는 한국 경제의 취약성을 높이는 요인이므로, 향후 이 비중을 15% 수준으로 줄이는 것이 필요하다. 전 세계 수출시장에서 중국이 차지하는 비중이 15%다. 한국은 그동안 중국 비중이 너무 높았다.

반면, 미국은 기술, 에너지, 소비 시장 등 다양한 분야에서 한국과의 상호 보완성이 뛰어난 전략적 파트너다. 특히 반도체, 배터리, 자동차 등 고부가가치 산업에서 미국과의 협력은 기술적 발전과 안정적 시장 확보라는 두 마리 토끼를 잡을 수 있는 기회다.

둘째 미국산 에너지 수입 확대와 경제·안보 동시 달성이다.

러시아-우크라이나 전쟁과 중동의 불안정성으로 에너지 안보가 국가 전략의 핵심으로 부상한 가운데, 미국은 안정적인 에너지 공급국으로 주목받고 있다. 셰일가스와 석유 생산이 풍부한 미국은 한국의 에너지 다변화 전략에 최적의 파트너다.

이재명 정부는 미국산 원유 및 LNG 수입을 확대해 가격 안정과 에너지 안보를 동시에 달성해야 한다. 이는 대미 통상 흑자의 균형을 맞추는 수단으로도 활용 가능하다.

셋째 미국 현지 생산 확대와 트럼프 리스크 대응이 필요하다.

트럼프 대통령은 미국 우선주의와 보호무역주의를 부활했다. 트럼프 정부는 이전에도 '무역적자 축소'를 명분으로 동맹국을 압박했으며, 한국도 예외가 아니었다.

이에 대비해 이재명 정부는 트럼프 진영과의 소통 채널을 미리 확보하고, 산업계와 함께 미국 내 생산기지 확대 전략을 마련해야 한다. 특히 자동차, 배터리, 전자 분야의 현지 생산 확대는 정치적 압력 완화와 시장 접근성 강화라는 두 가지 효과를 기대할 수 있다.

넷째 공급망 다변화로 중국 리스크 줄여야 한다.

코로나19 팬데믹과 미중 갈등은 한국 산업의 '중국산 부품 의존도' 문제를 부각시켰다. 2025년 10월 한국 제조업의 핵심 부품 다수가 중국에서 수입되고 있으며, 이는 공급망 불안정의 주요 원인이 되고 있다. 이재명 정부는 중국산 부품 의존도를 낮추기 위해 인도, 베트남, 멕시코 등 대체 공급국 확보에 적극 나서야 하며, 국내 부품 산업의 경쟁력 강화에도 투자해야 한다.

다섯째 한국도 4차 산업혁명을 적극 허용하고 수용해야 한다.

한국은 스마트폰을 가장 잘 만들지만 우버, 에어비앤비 타다 등 신산업을 금지했다. 한국이 우버만 허용해도 청년 일자리 수백만 개가 생길 것이다.

2024년 외국인직접투자 유입보다 유출이 두 배 많다. 4차 산업혁명 금지 등으로 인하여 한국 기업은 미국, 베트남, 인도 등으로 급속하게 유출되고 있다.

미국 수준으로 기업하기 좋은 나라를 만들어야만 국내 일자리가 생긴다. 아일랜드는 법인세를 50%에서 12%로 낮추고 다국적 기업 1700 개를 유치했다. 2025년 10월 1인당 국민소득 12만 달러로 세계 1위다. 싱가포르는 법인세를 17%까지 낮추고 상속세가 없다. 싱가포르는 아시아 금융 허브로서 증권거래세를 제외하고 배당세, 소득세 등 세금이 없다.

한국이 제조업과 자본시장을 육성하려면 미국과 싱가포르 수준으로 기업하기 좋은 나라를 만들어야 한다. 한국 대학생 청년취업율이 45%다. 대학을 졸업하고도 절반이 취업을 못 한다.

이재명 정부는 일자리를 만드는 기업하기 좋은 나라를 만들어야 한다. 트럼프 대통령이 원하는 것은 미국 제조업 부활과 일자리 만들기다. 트럼프 대통령은 법인세를 21%에서 15%까지 낮추겠다고 선언했다.

결론은 한미 전략적 동맹을 경제 동맹으로 확대해야 한다.

이재명 정부는 '균형 외교'라는 기조 속에서도, 미국과의 전략적 경제 동맹 강화가 불가피하다는 현실을 직시해야 한다.

통상, 에너지, 생산, 공급망 등 여러 분야에서 미국 중심의 정책 전환은 단순한 선택이 아니라, 한국 경제의 생존을 위한 필수 전략이다. 21세기 새로운 국제질서 속에서 대한민국이 지속 가능한 번영을 이루기 위해서는, 한미 간 경제 협력을 더욱 심화시키는 용기 있는 결단이 필요하다.

⭕ 안보와 경제가 이재명 정부의 핵심이다.

이재명 정부가 출범하며 가장 시급히 해결해야 할 과제는 안보와 경제다. 국내외 정세는 점점 불안정해지고 있으며, 국민은 생존과 직결되는 두 분야에서 확실한 성과를 원하고 있다.

먼저 안보는 국가 존재의 기초이다. 북한은 최근에도 미사일 도발을 이어가고 있고, 러시아-우크라이나 전쟁, 중동의 혼란 등으로 세계 안보 상황은 갈수록 악화되고 있다. 이러한 상황에서 한미동맹은 더 이상 선택이 아니라 필수이며, 안보 전략의 핵심 축이다.

미국과의 긴밀한 협력을 통해 확장억제력을 강화하고, 공동 군사훈련과 정보공유를 확대해 억지력을 높여야 한다. 전시작전권 전환 논의도 철저히 현실에 기반하여 추진해야 하며, 동맹을 유지하면서 자주국방 능력도 동시에 키워야 한다.

국방력은 단순한 병력 강화가 아니라 기술과 정보에서 비롯된다. 드론, 인공지능, 위성정보 등 4차 산업 기술을 접목한 스마트 국방체계 구축이 시급하다. 유사시 선제 탐지와 즉각 대응이 가능한 체계를 갖춰야 하며, 이는 전쟁을 억제하는 가장 효과적인 방법이다.

다음으로 경제 분야에서 가장 중요한 과제는 물가 안정이다. 특히 식료품 가격은 서민 생활에 직접적인 영향을 준다. 2025년 10월 식품 가격은 지속적으로 오르고 있으며, 이는 단순한 인플레이션 차원을 넘어 생활의 어려움으로 이어지고 있다. 정부는 수입 확대를 통해 식품 공급을 늘리고, 관세를 과감히 철폐해 식품 가격을 안정시켜야 한다.

식품은 수요탄력성이 낮은 필수재이므로 가격 인상은 국민 부담으로 직결된다. 기업은 사회적 책임을 인식하고, 연간 가격 인상폭을 2% 이내로 자율 조정해야 한다. 정부와 기업이 협력하여 유통과 생산의 효율성을 높인다면 가격 안정은 충분히 가능하다.

또한 기업하기 좋은 환경을 만드는 것도 매우 중요하다. 이재명 정부는 4차 산업혁명 기술 기반 산업의 규제를 과감히 완화하고, 기술 테스트베드와 인프라를 확대해 혁신 기업의 성장을 지원해야 한다.

세금은 벌금이 아니라 투자 촉진의 수단이 되어야 한다. 규제 개혁과 세제 혜택은 결국 일자리 창출과 경제성장으로 이어진다.

안보와 경제는 결코 분리된 주제가 아니다. 강한 안보는 안정된 경제의 토대이며, 건강한 경제는 지속가능한 안보의 기반이다. 이재명 정부는 이 두 축을 균형 있게 추진해야 하며, 이를 통해 국민에게 안심과 희망을 줄 수 있다.

준비된 국방과 따뜻한 경제 정책만이 대한민국의 미래를 지킬 수 있다. 이중과제를 슬기롭게 해결한다면 우리는 새로운 도약의 시대를 맞이할 수 있을 것이다.

◎ 복지 확대의 위험성과 프랑스로부터의 교훈

한국은 비기축통화국가로 국가재정에 더욱 많은 관심을 가져야 한다. 한국은 프랑스의 전철을 밟지 말아야 한다. 국가 재정을 튼튼히 하고, 국제적 신뢰를 지켜야만 대한민국의 미래가 안전하다.

프랑스는 지난 수십 년간 국민 복지 확대를 국가 정책의 핵심으로 삼아왔다. 무상 의료, 교육, 연금, 실업급여 등 다양한 복지 제도를 강화하며 국민의 생활 안정과 평등을 추구했지만, 그 대가는 막대한 재정 부담이었다. 경제 성장 둔화와 맞물리면서 프랑스의 국가 부채는 국내총생산(GDP) 대비 110%를 넘어섰고, 유럽연합과 국제신용평가기관으로부터 재정 건전성 경고를 받는 상황에 이르렀다. 일부에서는 프랑스가 국제통화기금(IMF) 구제금융을 요청해야 할 정도로 위기에 몰려 있다고 지적한다. 복지를 늘리며 국민에게 혜택을 베풀었지만, 재정이 버티지 못하면서 국가 전체가 심각한 위기에 빠진 것이다.

이재명 정부는 2026년 예산을 전년 대비 7.28% 늘리며 복지 지출을 대폭 확대했다. 그 결과, 한국의 국가채무 비율은 2029년이면 국내총생산 대비 58%에 달할 전망이다. 문제는 한국이 기축통화국이 아니라는 점이다. 미국이나 일본은 달러·엔화로 부채를 발행해도 전 세계 투자자들이 매입하지만, 원화는 그렇지 않다.

만약 국제신용평가기관이 한국의 국가신용등급을 두 단계만 낮춘다면, 외국인 투자자들의 자본 유출이 급격히 일어나고, 이는 곧 금융위기로 이어질 수 있다. 1997년 외환위기의 뼈아픈 기억이 아직도 생생하다. 따라서 한국은 복지 확대보다는 재정 건전성 확보에 더 큰 무게를 두어야 한다.

정부는 지금과 같이 경기 부양과 표심 확보를 위한 복지 확대에만 치중할 것이 아니라, 긴축 재정을 통해 국가 신뢰를 지켜야 한다. 세금은 무한정 늘릴 수 없고, 부채는 언젠가 갚아야 한다. 국가 재정이 흔들리면 사회적 약자를 위한 복지마저 유지할 수 없다. 오히려 재정을 건전하게 관리해야 지속 가능한 복지가 가능하다. 즉, 지금은 돈을 쓰는 것이 아니라 아끼고, 미래 세대를 위해 국가 신용을 지키는 데 집중해야 한다.

프랑스의 사례에서 우리가 배워야 할 교훈은 분명하다. 정부가 모든 것을 책임지고 국민에게 혜택을 베풀겠다는 생각은 결국 국가의 재정 파탄으로 이어질 수 있다. 시장경제의 자율성과 효율성에 맡겨야 할 부분은 시장에 맡기고, 정부는 최소한의 사회 안전망과 공정한 경쟁 질서를 유지하는 데 주력해야 한다. 그것이야말로 국가 재정을 탄탄히 하고, 한국이 국제금융시장에서 신뢰를 지켜내는 길이다.

프랑스는 복지 확대라는 달콤한 선택의 결과, 재정 위기라는 쓰라린 대가를 치르고 있다. 한국은 비기축통화국이라는 구조적 약점을 안고 있는 만큼, 재정 관리에 더욱 신중해야 한다. 지금 필요한 것은 선심성 복지가 아니라 긴축 재정, 그리고 시장경제의 활성화다.

6. 2026년 금리 인하와 글로벌 자산시장 전망

한국 경제 SWOT	
강 점	**기 회**
세계 최고 교육, 우수한 인재, 대학진학80%	모바일(95%),온라인,구독경제,AI
세계 최상 IT, 통신 인프라, 스마트폰 1위	반도체, SW인재 양성, 전자정부
지정학적 위치(중국, 일본)	시가총액: 미국60%,한국1.5%,부동산90%상승
2025년 제조업 세계5위, GDP10위, 금융35위,	4차 산업혁명, IT 융합, 벤처 육성
신속한 의사결정, 정확성, 창의성	우수한 기술, 브랜드(한강 노벨상, 한류, BTS)
약 점	**위 험**
고임금,고물가,고환율(25~26년 1400~1,600원)	-트럼프 25% 고관세 정책 → 한국 가장 큰 타격
에너지99%수입,상법개정,노란봉투법,강력 노조	-미 연준 물가목표(9%→2%)
4차 산업혁명 규제(허가)—>네거(불법외 허용)	외환위기, 금융위기: 한미, 한일통화스와프
규제확대: 법인세26%, 소득세(45%),상속세(60%)	중국침체, 북핵과 참전, 전쟁지속→조선,방위
해외직접(FDI):유출2-5배>유입, 청년취업율45%	미중 패권전쟁, 인구 71년 105만명-→23만명

⭕ 서론: 전환기의 의미

2025년은 세계 금융시장에서 새로운 전환점으로 기록될 가능성이 크다. 미국 연방준비제도이사회(연준·Fed)가 기준금리를 낮추기 시작했기 때문이다. 현재 기준금리는 4.25%로, 연내 두 차례 인하를 통해 3.5%까지 하락할 전망이다. 시장은 이 인하 가능성을 88%로 평가하고 있으며, 매년 1%씩 점진적으로 인하될 것이라는 시나리오도 제시된다. 금리 전환은 단순히 차입 비용을 낮추는 수준을 넘어, 자산시장과 실물경제, 국제 금융 질서 전반에 중대한 변화를 초래한다.

⭕ 미국 금리 인하: 정책 배경과 확률적 전망

연준의 금리 정책은 인플레이션과 고용, 경기 성장이라는 세 가지 축에 의해 결정된다. 2022년부터 이어진 고금리 정책은 물가 안정에 기여했지만, 동시에 경기 둔화를 심화시켰다. 소비 둔화, 기업 투자 감소, 부동산 거래 위축이 이어지면서 연준은 새로운 선택을 강요받았다.

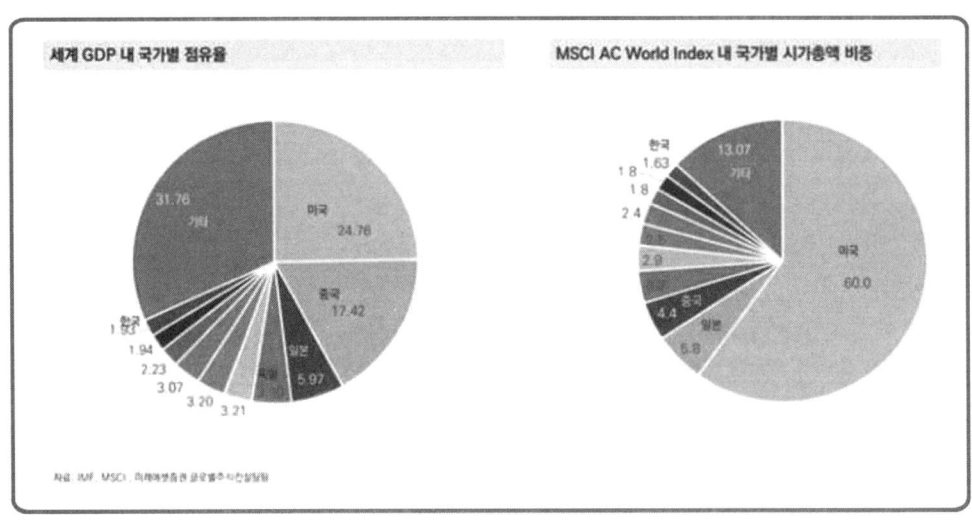

세계 GDP 내 국가별 점유율 / MSCI AC World Index 내 국가별 시가총액 비중

금리 인하 확률이 88%라는 전망은 단순한 숫자가 아니다. 이는 금융시장이 정책 변화에 대해 거의 확신하고 있음을 의미한다. 특히 연준이 매년 1%씩 추가 인하할 수 있다는 가정은 장기적으로 낮은 금리 환경이 유지될 수 있음을 보여준다. 이러한 정책 전환은 달러 가치, 자산 가격, 투자 심리에 직접적인 영향을 미친다.

⊙ 금리와 자산가격: 역사적 메커니즘

금리와 자산 가격은 정반대 방향으로 움직이는 경향이 있다. 금리가 낮아지면 대출 비용이 줄어들어 가계 소비와 기업 투자가 늘고, 시중에 유동성이 공급된다. 이 유동성은 상대적으로 높은 수익을 추구하는 주식·부동산으로 흘러가게 된다. 따라서 금리 인하는 자산 시장을 부양하는 주요 요인이 된다.

역사적으로도 이 패턴은 반복되었다.

- 2001년 닷컴 버블 붕괴 이후: 연준은 금리를 빠르게 인하하며 주식시장 회복을 지원했다.

- 2008년 글로벌 금융위기: 대규모 금리 인하와 양적 완화가 부동산과 주식시장의 반등을 이끌었다.

- 2020년 코로나19 팬데믹: 제로금리 정책과 대규모 유동성 공급이 기술주와 부동산 가격을 급등시켰다.

따라서 2025년 금리 인하도 역사적 맥락에서 자산시장 상승을 촉발할 가능성이 높다.

◯ 미국 금융시장: 빅테크의 경쟁과 채권의 귀환

2026년을 전후해 미국 증시의 시가총액 1위 자리를 두고 엔비디아, 애플, 마이크로소프트가 경쟁할 것으로 예상된다.

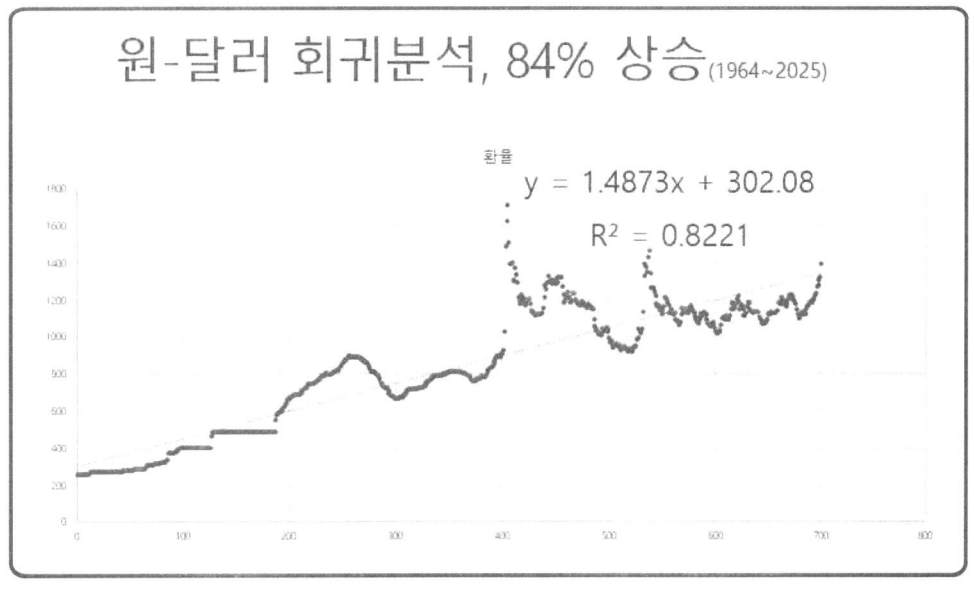

- 엔비디아는 인공지능(AI) 반도체 분야의 독보적 위치를 차지하며, AI 시대의 대표 기업으로 자리 잡았다.

- 애플은 아이폰, 아이패드, 서비스 생태계를 통해 안정적인 현금흐름을 확보하고 있다.

- 마이크로소프트는 클라우드 컴퓨팅과 AI 플랫폼을 무기로 꾸준히 성장세를 이어가고 있다.

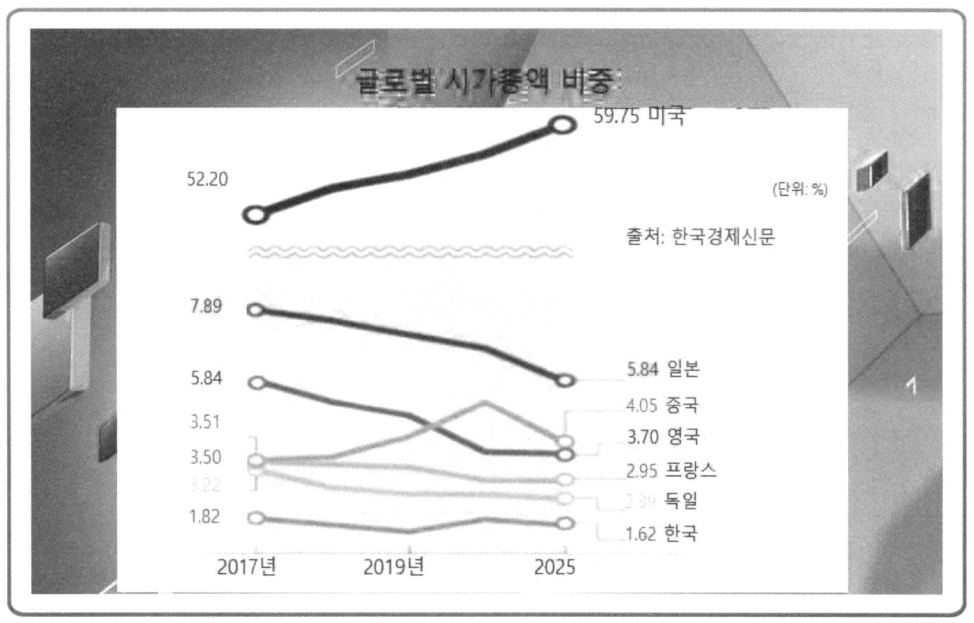

글로벌 시가총액 비중

52.20

59.75 미국

(단위: %)

출처: 한국경제신문

7.89

5.84

5.84 일본

3.51

4.05 중국

3.50

3.70 영국

3.22

2.95 프랑스

1.82

2.39 독일

1.62 한국

2017년   2019년   2025년

주식시장은 금리 인하 국면에서 일반적으로 상승하지만, 경기 둔화와 맞물려 있다는 점에서 단순한 낙관은 위험하다. 성장주와 배당주를 병행하는 분산 전략이 바람직하다.

한편, 채권시장은 금리 하락기에 가장 먼저 반응하는 자산이다. 금리 인하가 시작되면 채권 가격은 상승하고, 안정적 수익을 추구하는 은퇴자와 보수적 투자자에게 매력적인 기회를 제공한다. 특히 미국 국채와 같은 우량 채권은 안정성과 수익성을 동시에 확보할 수 있는 대안이 된다.

○ 금과 환율: 또 다른 변수

금값은 76% 확률로 상승할 것으로 전망된다. 금은 고금리 국면에서는 매력이 줄지만, 금리 인하 국면에서는 대체 투자 수단으로 부각된다. 또한 글로벌 불확실성이 확대될 때 안전자산 선호 현상으로 금값이 상승하는 경향이 있다.

원·달러 환율은 84% 확률로 상승할 것으로 예측된다. 달러 강세는 한국 투자자에게 양날의 검이다. 달러 자산 투자 시 환차익을 기대할 수 있지만, 원화 약세로 인한 국내 물가 불안이 우려된다. 따라서 환율 상승기에 대비해 달러 자산을 일정 비율 보유하는 것이 바람직하다.

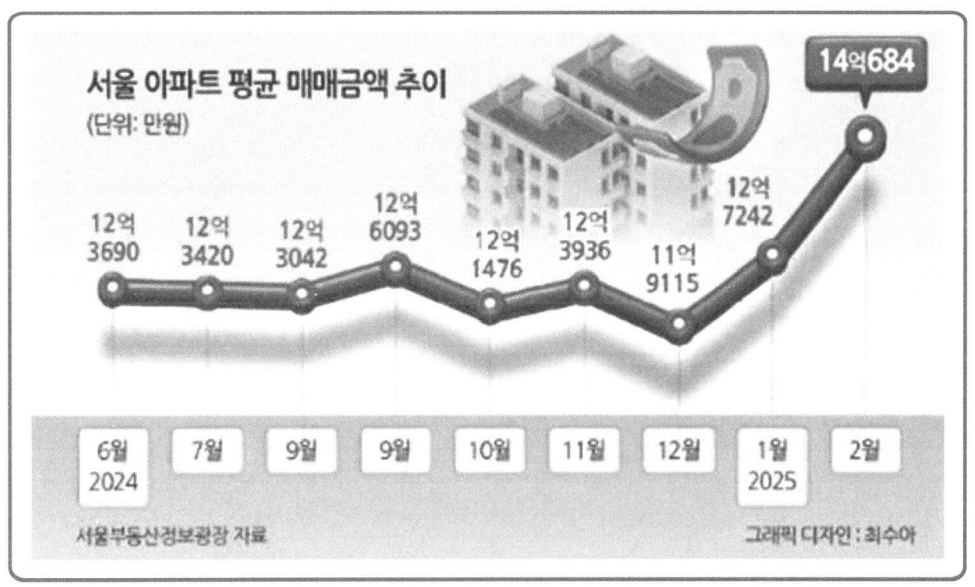

○ 한국과 미국의 동조화 현상

한국은 미국과 경제·금융적으로 밀접한 관계를 맺고 있다. 통계적으로 한·미 기준금리는 81% 확률로 동조화되어 움직인다. 미국이 금리를 내리면 한국도 비슷한 방향으로 갈 수밖에 없는 구조다.

한국 부동산 시장은 금리 인하의 영향을 크게 받는다. 한국 집값은 90% 확률로 상승할 것이라는 전망이 있다. 특히 수도권 아파트 시장은 대출 여건이 완화될 때마다 거래량이 늘어나고 가격이 회복되는 경향을 보였다. 주식시장 역시 유동성 확대의 수혜를 받는다. 코스피 지수는 외국인 자금 유입과 함께 상승할 가능성이 높다.

○ 글로벌 투자 전략: 우량주와 분산의 원칙

환율 상승기에 대비하는 가장 효율적인 방법 중 하나는 미국 우량주 투자다. 현재 시가총액 1위 기업은 엔비디아이지만, 2026년에는 애플, 마이크로소프트와 치열한 경쟁을 벌일 것이다. 투자자는 특정 종목에 몰입하기보다, 글로벌 시가총액 상위 종목을 중심으로 분산 투자하는 전략을 고려해야 한다.

또한 미국 대형주는 달러 기준으로 자산 가치를 유지하거나 상승시켜 환율 변동성을 완화하는 기능을 한다. 이는 한국 투자자에게 중요한 환헤지 수단이 될 수 있다.

○ 한국 은퇴자를 위한 시사점

은퇴 세대에게 이번 금리 인하는 두 가지 중요한 의미를 갖는다.

안정적 현금흐름 확보: 채권 비중을 확대하여 은퇴 후 생활비를 충당할 수 있는 현금흐름을 확보해야 한다.

분산 투자: 주식, 채권, 금, 달러 자산을 적절히 분산하여 위험을 줄이고 장기적으로 안정성을 확보하는 전략이 필요하다.

특히 한국의 고령층은 대부분 자산이 부동산에 집중되어 있다. 금리 인하로 집값이 오를 수 있지만, 장기적으로는 인구 감소와 공급 확대 요인을 고려해야 한다. 따라서 부동산 외의 다양한 자산군으로 분산하는 것이 바람직하다.

◎ 역사적 비교와 교훈

- 2001년 닷컴 버블 붕괴: 금리 인하에도 불구하고 성장 동력이 부족하면 회복까지 긴 시간이 걸릴 수 있다.

- 2008년 글로벌 금융위기: 대규모 금리 인하와 양적 완화가 자산 시장의 급반등을 이끌었으나, 동시에 부채 의존도를 높여 취약성을 키웠다.

- 2020년 코로나19 팬데믹: 제로금리와 대규모 부양책이 자산 가격 급등을 불러왔으나, 이후 인플레이션이라는 부작용을 낳았다.

이 사례들은 금리 인하가 언제나 긍정적 결과만을 가져오는 것은 아님을 보여준다. 투자자는 정책 효과와 부작용을 동시에 고려해야 한다.

◎ 2026년 이후 전망

2026년은 미국 경제와 글로벌 금융시장의 새로운 경쟁 구도가 펼쳐질 시점이 될 것이다. 빅테크 기업들의 시가총액 경쟁, 미국과 중국의 경제 패권 다툼, 한국을 비롯한 신흥국의 금리 정책이 복합적으로 얽힐 것이다. 금리 인하로 단기적인 자산 시장 상승은 가능하지만, 장기적으로는 구조적 성장 동력과 인구·기술 혁신이 더 중요한 변수가 될 것이다.

◎ 결론: 균형 잡힌 시각의 필요성

2025년 미국의 금리 인하는 단순한 정책 변화가 아니다. 이는 달러 약세, 채권시장 회복, 주식·부동산 가격 변동, 금값 상승, 환율 변화 등 글로벌 자산 시장에 광범위한 영향을 미칠 사건이다. 한국 역시 미국과 동조화되어 영향을 받을 수밖에 없다.

투자자는 이번 금리 전환기를 단순히 단기 수익의 기회로만 보지 말고, 장기적 관점에서 포트폴리오를 재구성해야 한다. 채권을 통한 안정적 수익, 달러 자산을 통한 환율 방어, 글로벌 우량주 투자를 통한 성장성 확보가 모두 필요한 시점이다. 특히 은퇴 세대에게는 안정성과 성장성을 동시에 고려하는 자산 관리가 절실하다.

결국 금리 인하는 자산 가격을 끌어올리는 강력한 요인임은 분명하다. 그러나 모든 투자는 확률적 예측 위에 서 있다. 88% 확률, 90% 가능성이라는 전망은 유의미하지만 절대적 진리가 아니다. 금융시장의 변동성을 인정하고, 위험을 분산하며, 장기적 안목으로 대응하는 것이야말로 진정한 투자 전략이라 할 수 있다.

7. 환율 급등 원인과 한국 경제 위기 대응 방안

한국은 외환보유고 확충과 한미·한일 통화스와프 체결이 시급하다. 최근 한국 원화 환율이 달러당 1,430원을 넘어서는 등 급등세를 이어가며 금융시장의 불안감이 커지고 있다. 올해 들어 전 세계 주요국 통화 중 원화의 가치 하락 폭이 가장 크다. 원화 약세는 단순한 수급 불균형이 아니라 구조적인 외환 불안의 신호다. 외환보유액 부족, 대외 투자 불균형, 미·중 패권 경쟁, 그리고 통상 마찰이 복합적으로 작용하고 있다. 정부와 한국은행은 외환시장 안정화를 위한 근본적 대책을 마련해야 한다.

○ 한국 환율 급등의 근본 원인

가장 큰 원인은 외환보유액의 절대적 부족이다. 2025년 10월 현재 한국의 외환보유액은 약 4,200억 달러 수준으로, 국내총생산(GDP)의 약 22%에 불과하다. 반면 대만은 GDP의 77%, 홍콩과 스위스는 100% 이상의 외환을 비축하고 있다. 대만은 충분한 외환보유고 덕분에 1997년 아시아 외환위기 당시에도 금융 충격을 거의 받지 않았다. 한국은 외환위기를 두 차례 겪고도, 여전히 낮은 수준의 보유고에 머물고 있다.

국제결제은행(BIS)은 한국 경제의 규모와 수입 의존도를 고려할 때, 적정 외환보유고 수준을 9,200억 달러로 제시한 바 있다. 지금보다 두 배 이상 늘려야 한다는 뜻이다. 외환보유액이 부족하면 외국인 자금이 빠져나갈 때 방어할 수단이 사라지고, 환율 급등으로 이어진다. 이는 수입 물가 상승, 금리 인상, 소비 위축 등으로 경제 전반에 충격을 준다.

○ 미국과의 통상 불균형과 통화스와프 필요성

환율 급등의 또 다른 요인은 한·미 간 통상 협상의 불확실성이다. 트럼프 대통령은 '미국 우선주의(America First)'를 더욱 강화하며, 한국을 비롯한 동맹국들에게 미국 내 직접투자 3,500억 달러(약 470조 원)를 요구하고 있다.

이는 한국 외환보유고의 84%에 해당하는 금액으로, 현실적으로 감당하기 어렵다.

현재 한국의 외환자산 중 약 90%는 미국 국채, 정부기관채, 회사채 등 간접투자 형태로 운용되고 있다. 이는 안정적이지만 유동성이 낮다.

미국이 직접투자로 요구하는 공장 설립·고용 창출과는 거리가 있다. 따라서 한국이 트럼프 행정부의 요구를 충족하기는 쉽지 않다. 이 때문에 한·미 통화스와프 체결이 절실하다.

통화스와프는 금융위기 시 달러 유동성을 확보할 수 있는 안전판이다. 2008년 글로벌 금융위기 당시 한국은 600억 달러 규모의 한미 통화스와프를 체결하며 외환시장을 안정시켰다. 이번에도 유사한 위기 상황이 재현될 가능성이 크기 때문에, 한국 정부는 미국과의 외교 채널을 통해 통화스와프 재개를 적극 추진해야 한다.

◉ 한·일 통화스와프의 복원도 필요하다

2008년에는 한·미 통화스와프 600억 달러, 한·일 통화스와프 700억 달러가 동시에 체결되어 한국 외환시장을 견고히 지탱했다. 그러나 현재 두 협정 모두 종료된 상태다. 특히 일본과의 통화스와프는 한일 관계 경색으로 중단된 이후 재개되지 않았다.

최근 일본 엔화 약세가 심화되고 있지만, 일본은 여전히 세계 3위의 외환보유국이다. 따라서 일본과의 통화스와프는 한국 경제 안정에 실질적인 도움이 될 수 있다. 외교적 갈등을 넘어서 경제안보 협력의 틀에서 한일 통화스와프를 복원해야 한다.

◉ 외환보유고 확충과 정책 대전환

한국은 이제 외환보유액을 9,200억 달러 수준으로 확충해야 한다. 이는 단기간에 불가능하지만, 중장기적으로 외환건전성 확보를 위해 반드시 필요한 목표다. 외환보유액 확대는 단순히 달러를 쌓는 문제가 아니라, 외채 의존도를 낮추고 수출 경쟁력을 강화하는 구조개혁과 함께 추진되어야 한다.

또한 외환보유고의 운용 방식도 바뀌어야 한다. 지금처럼 국채 중심의 간접투자에서 벗어나, 전략적 자산 다변화를 추진해야 한다. 일부를 금, 원자재, 해외 인프라 등 실물자산에 분산 투자함으로써 수익성과 안정성을 동시에 확보할 필요가 있다.

정부는 외환위기 가능성을 축소하기 위해 한미 통화스와프와 한일 통화스와프를 동시에 추진해야 한다. 이 두 가지 협정이 동시에 체결된다면, 한국은 달러 유동성을 확보하게 되어 환율 급등 위험이 크게 완화될 것이다.

○ 결론 – 외환은 국가의 방패다

국제금융시장에서 한국을 대신 지켜줄 나라는 없다. 외환 방어력은 곧 국가의 경제주권이다. 대만, 홍콩, 스위스 등은 GDP의 80~120%에 달하는 외환보유고를 확보해 어떤 위기에도 흔들리지 않는다. 한국도 이제 외환을 '비상식량'이 아닌 '국가방위력'으로 인식해야 한다.

지금의 환율 급등은 일시적 현상이 아니라 구조적 경고다. 외환보유고 9200억 달러 확충, 한미·한일통화스와프 체결, 투자구조 개선이 병행되지 않는다면 제2의 외환위기는 언제든 재발할 수 있다.

환율은 경제의 체온계이고, 외환보유고는 면역력이다. 위기를 두려워하기보다 철저히 대비해야 한다. 지금이 바로 대한민국이 외환 방패를 강화할 마지막 기회다.

제2 IMF 외환위기 다시 오는가?

초판 2쇄 발행일   2025년 12월 4일

발행인 김대종
발행처 리치노믹스 출판사
주소   서울시 광진구 능동로 209 세종대학교 301호(군자동)
Tel.   010-8366-5552
Email. daejong1968@gmail.com
편집디자인·인쇄 동호커뮤니케이션
출판 등록 제 2025-000080호

ISBN   979-11-995621-0-3